权威·前沿·原创

皮书系列为
"十二五""十三五"国家重点图书出版规划项目

BLUE BOOK

智库成果出版与传播平台

汽车蓝皮书

BLUE BOOK OF
AUTOMOTIVE INDUSTRY

中国汽车产业发展报告
（2020）

ANNUAL REPORT ON AUTOMOTIVE INDUSTRY IN CHINA
(2020)

面向 2060 年碳中和目标的中国汽车产业低碳发展道路

国务院发展研究中心产业经济研究部
中国汽车工程学会　　　　　／主　编
大众汽车集团（中国）

社会科学文献出版社
SOCIAL SCIENCES ACADEMIC PRESS (CHINA)

图书在版编目（CIP）数据

中国汽车产业发展报告. 2020：面向 2060 年碳中和
目标的中国汽车产业低碳发展道路／国务院发展研究中
心产业经济研究部，中国汽车工程学会，大众汽车集团（
中国）主编. -- 北京：社会科学文献出版社，2020.12
（汽车蓝皮书）
　ISBN 978 - 7 - 5201 - 7662 - 0

　Ⅰ. ①中⋯　Ⅱ. ①国⋯ ②中⋯ ③大⋯　Ⅲ. ①汽车工
业 - 经济发展 - 研究报告 - 中国 - 2020　Ⅳ.
①F426.471

中国版本图书馆 CIP 数据核字（2020）第 235127 号

汽车蓝皮书
中国汽车产业发展报告（2020）
　　——面向 2060 年碳中和目标的中国汽车产业低碳发展道路

　　　　国务院发展研究中心产业经济研究部
主　　编／中国汽车工程学会
　　　　大众汽车集团（中国）

出 版 人／王利民
责任编辑／张　媛　宋　静

出　　　版／社会科学文献出版社·皮书出版分社 （010）59367127
　　　　　　地址：北京市北三环中路甲 29 号院华龙大厦　邮编：100029
　　　　　　网址：www.ssap.com.cn
发　　　行／市场营销中心 （010）59367081　59367083
印　　　装／三河市东方印刷有限公司

规　　　格／开　本：787mm × 1092mm　1/16
　　　　　　印　张：20.75　字　数：310 千字
版　　　次／2020 年 12 月第 1 版　2020 年 12 月第 1 次印刷
书　　　号／ISBN 978 - 7 - 5201 - 7662 - 0
定　　　价／128.00 元

本书如有印装质量问题，请与读者服务中心（010 - 59367028）联系

汽车蓝皮书编委会

顾　　问	陈清泰　邵奇惠　隆国强　冯　飞　刘世锦
	鲁志强　李　骏　付于武　董　扬　潘教峰
	冯思翰　刘云峰
主　　任	付于武
副 主 任	赵昌文　张进华　苏巴鸿
主　　编	赵昌文
副 主 编	石耀东　侯福深　王晓明　孙　忱
主要执笔人	（以内容出现的先后为序）
	总报告：王晓明　王鹏飞　冯锦山
	全球篇：宋紫峰　刘雅甜　章素珍
	国内篇：朱永彬　王晓明
	现状篇：郑亚莉　杨道源　雷　韧　秦兰芝
	愿景篇：王鹏飞　朱永彬
	借鉴篇：马金秋　雷雪亚
	政策篇：石耀东　周　毅

序　加快推动我国汽车产业绿色低碳发展

　　共同应对气候变化、不断推动绿色发展，是实现人类可持续发展的必由之路。中国一直致力于推动国内的绿色发展，并积极为全球可持续发展做出贡献。2020 年 9 月 22 日，国家主席习近平在第七十五届联合国大会一般性辩论上发表重要讲话指出，人类需要一场自我革命，加快形成绿色发展方式和生活方式，建设生态文明和美丽地球，并提出中国将提高国家自主贡献力度，采取更加有力的政策和措施，二氧化碳排放力争于 2030 年前达到峰值，努力争取 2060 年前实现碳中和。这是中国对世界做出的庄严承诺，也充分体现了中国推动构建人类命运共同体、共同创造世界更加美好未来的大国担当。

　　2020 年以来，新冠肺炎疫情的全球大流行严重威胁着世界各国人民的身体健康和生命安全，给世界经济带来了难以估量的巨大冲击，当前及今后一个时期的复苏进程仍然存在很大不确定性。同时，疫情客观上为绿色发展增添了更强动力，加速了经济社会的数字化转型进程，这些都为后疫情时代的绿色发展提供了更好的机遇和条件，"绿色复苏"将成为拉动世界经济增长的关键动力。

　　在这样的大环境下，汽车产业绿色低碳发展也在加速。全球汽车产销在 2020 年特别是上半年遭受了史无前例的重创，但新能源汽车发展势头不减。2020 年前 10 个月，在全球主要新能源汽车市场中，新能源汽车销量同比正增长的占绝大多数，其中德国、意大利、法国等国家同比增幅超过 100%；挪威新能源汽车销量占汽车总销量的比重已超过 55%，瑞典接近 25%，荷兰超过 15%，德国也超过 10%。2020 年 1~10 月中国新能源汽车销量同比下降 7.1%，但目前稳中有升的发展态势明显，10 月单月销量同比大幅增长

104.5%。全球不少汽车企业集团也陆续提出了"净零排放"的发展方向。

经过长期努力，我国汽车产业绿色低碳发展成效显著，燃油经济性持续提高，新能源汽车市场规模全球领先，新能源汽车与可再生能源融合发展取得阶段性成果，共享出行渗透率快速提高，无人驾驶商业化应用迈出重要步伐，但同时也面临汽车保有量巨大且持续增长等客观限制。未来一个时期，推动汽车产业绿色低碳发展，是构建新发展格局、实现高质量发展的必然要求。为此，需要顺应国内外发展环境和技术经济条件变化，对标争取 2060 年前实现碳中和的远景目标，尽早做好谋划，尽快予以推动。

经过研究，课题组主要有以下观点和认识。

一是放眼全球，对汽车产业转向绿色低碳发展的时代背景进行了总结和分析。应对气候变化是实现人类可持续发展的必然要求。过去半个世纪里，在不时出现的重大波折中，国际社会不断凝聚广泛共识、明晰责任义务、确定行动路径，取得了明显成效。汽车产业作为能源消费和温室气体排放的重要部门，在转向绿色低碳发展方面付出了巨大努力，但依然任重道远。目前，这种转型的约束已越来越紧。

二是立足国内，对近年来整个经济社会及汽车产业绿色低碳转型的基本面进行了总结和分析。尽管应对气候变化的国际合作遇到了不少新挑战，中国坚持新发展理念，推动经济结构持续优化转型，扎实推进污染防治攻坚战，碳排放量增速出现了明显回落，碳排放达峰有望提前实现。具体到道路交通领域，尽管用能总量还在上升，但随着运输结构和能源结构的调整，绿色低碳转型也取得了重大进展。与此同时，借助 LCA 方法对典型车辆的"碳足迹"进行了分析，认为除电动化转型本身外，轻量化技术、绿色制造技术等对降低车辆全生命周期碳排放也会起到关键作用。

三是展望未来，重点研究了交通领域碳减排愿景，并与争取 2060 年前实现碳中和的目标进行了对标。从技术可行、经济合理、社会可接受、协同推进四个维度，在我国道路交通领域占碳排放总量比重的估算基础上，按照高、中、低三种排放情景，提出了我国道路交通中长期碳减排发展愿景。预计通过多种努力，到 2060 年实现碳中和目标。与此同时，还对汽车产业全生命周期碳减排问题进行了初步探讨。

四是问题导向，提出了一些政策建议。重点包括：持续创新及大力推广传统汽车节能技术、汽车全产业链绿色制造技术；加强关键核心技术攻关，优化政策支撑体系，完善基础设施体系，促进新能源汽车与能源、交通、信息通信深度融合，加快发展新能源汽车；优化监管体系，支持企业加大商业模式创新力度，加速形成新型产业创新生态；尽快研究建立与碳交易市场的衔接机制，在汽车行业管理体制改革中强化碳管理的重要地位；等等。

此外，本报告还总结了 2019～2020 年我国汽车产业发展的基本态势，分析了新冠肺炎疫情对汽车市场的冲击和影响，梳理了新能源汽车、智能网联汽车、共享出行等领域的最新进展，展望了汽车产业市场结构变革调整的前景，同时还总结整理了大量基础数据、一些重大政策和事件等，相信能够为读者朋友们全面了解我国汽车产业发展脉络和现状提供有益参考。

本报告是业内多位专家共同智慧的结晶。国务院发展研究中心产业经济研究部的赵昌文、石耀东、宋紫峰、周毅，中国科学院科技战略咨询研究院的王晓明、朱永彬，中国汽车工程学会的李骏、付于武、张进华、侯福深、郑亚莉、冯锦山、雷雪亚、马金秋、雷韧，大众汽车（中国）投资有限公司的刘云峰、孙忱、王玮、倪康等为本书撰写付出了辛勤努力。能源与交通创新中心的安锋、秦兰芝、李越，北京中创碳投科技有限公司的钱国强、陈志斌、闫婧宜，中国人民大学博士生刘雅甜、章素珍，北京汽车股份有限公司战略规划部的王鹏飞，交通运输部规划研究院环境资源所的徐洪磊、吴睿、王人洁、杨道源等做了很多基础性工作，社会科学文献出版社各位老师也为本书出版付出了大量努力。在此一并表示感谢。希望这一连续出版了13 年的成果，能够继续为相关政府和企事业部门提供决策参考，为我国汽车产业高质量发展做出贡献。

隆国强

2020 年 11 月 5 日

摘　要

"汽车蓝皮书"是关于中国汽车产业发展的研究性年度报告。2008 年首次出版，本书为第 13 册。本书是众多行业专家、企业高层顾问共同撰写的全面论述中国汽车产业发展的权威性著作。

当前，在极端气候和环境污染问题日益严重的背景下，面向碳中和的低碳发展道路已成为全人类生存和发展的必然选择。"碳中和"指测算国家、地方、企业、团体或个人在一定时间内直接或间接产生的温室气体排放总量，通过节能减排、植树造林等形式降低和抵消自身产生的二氧化碳排放量，实现二氧化碳"零排放"。

汽车产业是全球面向碳中和发展的重要一环，一方面，以汽车为核心的道路交通领域是能源消耗和温室气体排放的重要部门，面临较高的碳减排压力；另一方面，汽车产业"降碳""零碳""减碳"技术发展成果丰硕，具备较高的碳减排潜力。当前，新一轮科技革命正驱动汽车产业加速重构，叠加燃油经济性政策、碳排放法规、污染物排放法规等的影响，汽车产业正以碳中和为愿景在节能减排方面持续发力，相关技术水平不断提升，产品结构由传统内燃机占绝对主导地位的格局，进入诸多动力技术并存的动力多元化时代。

中国作为负责任大国一直积极应对气候变化，坚持绿色低碳发展。习近平主席在第七十五届联合国大会一般性辩论上发表重要讲话指出，中国将提高国家自主贡献力度，采取更加有力的政策和措施，二氧化碳排放力争于2030 年前达到峰值，努力争取 2060 年前实现碳中和。对于中国汽车产业的低碳发展，习近平主席强调，中国坚持走绿色、低碳、可持续发展道路，愿同国际社会一道，加速推进新能源汽车科技创新和相关产业发展，为建设清

洁美丽世界、推动构建人类命运共同体做出更大贡献。立足于此，本年度报告以"面向 2060 年碳中和目标的中国汽车产业低碳发展道路"为研究主题，对汽车产业碳中和的意义、实现路径与政策体系进行了全面梳理和系统分析，并提出了中国汽车产业面向 2060 年碳中和目标的"三步走"发展战略：2028 年实现碳达峰、2050 年实现近零排放、2060 年实现碳中和。

本年度报告包含以下主题研究内容：全球篇、国内篇、现状篇、愿景篇、借鉴篇、政策篇。全球篇系统梳理了半个世纪以来全球为应对气候变化而达成的合作共识，在此基础之上就国际合作、气候问题和绿色发展梳理了基本认识和相关评价，同时回顾了全球汽车产业低碳发展历程，指出汽车产业仍然面临低碳化转型压力。国内篇详细阐述了中国温室气体排放现状，并对当前复杂国际环境下中国节能减排形势进行了系统分析，同时剖析了交通运输部门能源利用特征与排放趋势，梳理了中国道路交通碳减排相关政策。现状篇客观论述了中国道路交通领域碳排放情况，运用生命周期评价（LCA）方法，对汽车碳排放影响因素进行了系统分析，提出了车辆"降碳""零碳""减碳"三条发展路径，并从管理政策、节能技术、车队结构、清洁燃料、电动化转型、燃料上游和轻量化角度对中国汽车产业的节能减排成效进行了全面展示。愿景篇从技术可行、经济合理、社会可接受及协同推进四个维度综合评估了碳减排目标，并以中国道路交通在国家排放中的占比估算为基础，综合考虑中国道路交通低碳政策的发展情况，提出了高、中、低三种排放情景下，中国中长期道路交通碳减排发展愿景，预计在低排放情境下，2060 年将实现生命周期碳中和。借鉴篇从排放法规、财税政策、扶持项目、发展规划等方面归纳了全球主要汽车市场为推动汽车产业低碳发展而采取的相关措施及相应成效，以期为中国汽车产业的低碳化转型提供可供借鉴的发展理念与经验。政策篇明确了汽车产业未来节能减排政策发展的总体思路和主要原则，介绍了可在全国范围试点推广的地方政策，勾画了发展节能与新能源汽车技术、优化交通系统等推动汽车产业低碳化的重点路径，并对汽车产业低碳发展提出了政策建议。

综上，2020 年"汽车蓝皮书"全面、细致地回顾了半个世纪以来汽车产业的低碳发展历程，客观、深刻地总结了当前汽车产业低碳发展成效，科学、深入地谋划了汽车产业中远期发展愿景，为中国汽车产业实现 2060 年碳中和目标指明了方向。本报告对汽车产业和生态环境领域的监管部门、研究机构、国际组织及相关企业具有重要的参考价值和借鉴意义。

关键词：汽车产业　碳中和　节能减排　新能源汽车　低碳化

Abstract

Blue Book of Automotive Industry is an annual research report on the development of China's automotive industry which was published for the first time in 2008. This book is the thirteenth volume. It is an authoritative book on the development of China's automotive industry which is jointly written by many industry experts and senior consultants of enterprises.

At present, against the background of the increasingly serious issues of extreme climate and environmental pollution, the decarbonisation development path oriented to carbon neutralisation has become the inevitable choice for the survival and advancement of all mankind. "Carbon neutralisation" means that countries, localities, enterprises, groups or individuals measure the total amount of greenhouse gas emissions directly or indirectly produced within a certain period of time, and reduce and offset their own carbon dioxide emissions by means of energy conservation, emission reduction and afforestation, so as to achieve "zero emissions" of carbon dioxide.

The automotive industry is a crucial part of the global carbon neutralisation development. On the one hand, the road transportation field with automotive as the core is an important sector of energy consumption and greenhouse gas emissions, which faces high carbon reduction pressure; on the other, the automotive industry has achieved fruitful outcomes in the development of "carbon drop", "zero carbon" and "carbon reduction" technology, which have higher carbon emission reduction potential. Currently, the new scientific and technological revolution is driving the automotive industry to accelerate its restructuring. With the influence of fuel economy policies, carbon emission regulations and pollutant emission regulations, the automotive industry is making continuous efforts in energy conservation and emission reduction with the vision of carbon neutralisation, and the level of its related technology continues to improve.

The product structure is moving from the absolutely dominant pattern of the traditional internal combustion engine to the era of power diversity and diversification in which many power technologies coexist.

As a responsible power, China has been actively dealing with climate change and adhering to green and low – carbon development. In his speech at the general debate of the 75th session of the United Nations General Assembly, General Secretary Xi Jinping pointed out that China will increase its national independent contribution, and adopt more effective policies and measures, striving to reach a peak in carbon dioxide emissions by 2030, and achieve carbon neutralisation by 2060. With regard to the decarbonisation development of China's automotive industry, General Secretary Xi Jinping stressed that China adheres to the path of green, low – carbon and sustainable development; and is willing to work with the international community to accelerate the scientific and technological innovation of new energy vehicles and the development of related industries, so as to make greater contributions to building a clean and beautiful world and constructing a community with a shared future for mankind. On such basis, this annual report takes "the low – carbon development path of China's automotive industry facing the objective of carbon neutralisation in 2060" as the research theme, and makes a comprehensive and systematic analysis on the significance, realisation path and policy system of carbon neutralisation of the automotive industry. It also puts forward a "three – step" development strategy for China's automotive industry to achieve carbon neutralisation in 2060: carbon peak in 2028, near zero emissions in 2050, and carbon neutralisation in 2060.

This report contains the following themes: global situation, domestic situation, current situation, vision, reference and policy. In the global situation section, the consensus on global cooperation to deal with climate change over the past half a century is systematically analysed, on which basis the fundamental understanding and evaluation of international cooperation, climate issues and green development are put forward. In the meantime, the decarbonisation development process of the global automotive industry is reviewed, and it is pointed out that the automotive industry still faces the pressure of decarbonisation transformation. In the domestic situation section, the current situation of greenhouse gas emissions in

China is described in detail, and the situation of energy saving and emission reduction in China in the current complex international environment is systematically analysed. Meanwhile, the energy utilisation characteristics and emission trends of the transportation sectors are analysed, and China's road traffic carbon emission reduction policies are summarised. In the current situation section, the situation of carbon emissions in the field of road transportation in China is discussed objectively. By using the method of life cycle assessment (LCA), the influencing factors of automotive carbon emission are analysed systematically, and three development paths of vehicle "carbon drop", "zero carbon" and "carbon reduction" are put forward. From the perspective of management policy, energy – saving technology, fleet structure, clean fuel, electrified transformation, upstream fuel and lightweight vehicles, the effectiveness of the energy saving and emission reduction of China's automotive industry is comprehensively demonstrated. The vision section comprehensively evaluates the carbon reduction targets in the four dimensions of technically feasible, economically reasonable, socially acceptable and coordinated promotion. Based on an estimation of the proportion contributed by China's road traffic to national emissions, and comprehensively considering the development of China's road traffic low – carbon policy from high, medium and low emission scenarios, the development vision for the medium – and long – term road traffic carbon reduction in China is put forward: it is expected that life cycle carbon neutralisation will be achieved in 2060. The references section summarises the corresponding results of relevant measures taken by the major global automotive markets to promote the decarbonisation development of the automotive industry in such aspects as emission regulations, fiscal and tax policies, supporting projects and development planning in order to provide development idea references and experience for the decarbonisation transformation of China's automotive industry. The policy section defines the general ideas and main principles of the future energy saving and emission reduction policy development of the automotive industry, and introduces the local policies that can be piloted and promoted throughout the country. In the meantime, it outlines the key paths to promote the decarbonisation of the automotive industry, such as the development of energy – saving and new energy vehicle technology and the optimisation of transportation system, and puts forward policy suggestions for the further decarbonisation development of the automotive industry.

To sum up, the Blue Book of the Automotive Industry comprehensively reviews the decarbonisation development process of the automotive industry in the past half a century, and objectively and profoundly summarises the effectiveness of the current decarbonisation development of the automotive industry. The scientific and in – depth planning of the medium – and long – term development vision of the automotive industry indicates the direction in which China's automotive industry can achieve the development objective of carbon neutralisation in 2060. The *Blue Book* provides significant reference value for regulatory departments, research institutions, international organisations and related enterprises in the field of the automotive industry and ecological environment.

Keywords: Automotive Indusry; Carbon Neutralisation; Energy Saving and Emission Reduction; New Energy Vehicle; Decarbonisation

目　录

Ⅰ　总报告

Ⅱ　主题研究——面向2060年碳中和目标的
中国汽车产业低碳发展道路

Ⅲ 附 录

皮书数据库阅读 **使用指南**

CONTENTS

I General Reports

II Theme Research: The Low–carbon Development Path of China's Automotive Industry Facing the Objective of Carbon Neutralisation in 2060

III   Appendixes

总 报 告

General Reports

B.1

新目标、新思路、新任务：
中国汽车产业的低碳发展路径

王晓明　王鹏飞*

摘　要：　绿色低碳发展转型战略已成为国家经济社会可持续发展和应
对全球气候变化的协同共赢战略，顺应并引领全球低碳发展
转型趋势，打造自身竞争优势，成为国家总体目标和发展战
略的重要组成部分。欧盟和中国分别提出到 2050 年和 2060
年实现碳中和的发展目标。由于当前能源和经济体系发展惯
性，中国实现 2060 年全社会碳中和目标将面临更大挑战，需
比发达国家 2050 年实现碳中和付出更大努力，并在长期目标

* 王晓明，中国科学院科技战略咨询研究院研究员，主要研究方向为第四次工业革命与国家创
新体系、产业技术创新战略与政策、区域创新体系和创新生态等；王鹏飞，北京汽车股份有
限公司战略规划部高级政策分析员，主要研究方向为政府及企业中长期战略规划、汽车市场
动态跟踪及趋势、前瞻技术及投资机会分析。

指导下"倒逼"各行业加快碳减排发展节奏。中国汽车产业绿色低碳发展成效显著。汽车节能技术取得进一步发展与突破，整体油耗水平保持平稳下降；车辆电动化转型加快发展，引领全球新能源汽车产业发展。伴随着全社会碳中和技术路线和行动计划逐步落地实施，未来汽车产业碳减排潜力巨大。本文根据汽车产业自上而下的减排需求和自下而上的减排潜力，提出面向2060年的汽车产业低碳发展路径，以"2028年达峰、2050年近零排放、2060年碳中和"的"三步走"战略分阶段实现碳中和长远目标，并提出汽车产业碳减排系统工程的顶层设计和系统谋划。

关键词： 汽车产业 碳中和 低碳发展 绿色发展 新能源汽车

一 百年大变局背景下，构建清洁美丽世界长期趋势不可逆

综观人类发展历史，20世纪70年代以来，随着极端气候和环境污染现象的出现，人们不得不重视环境变化问题，围绕国际社会关注的焦点问题，逐步推进国际合作从合作倡议到形成国际法律文件，虽然推进气候议题的国际合作过程困难重重，但是伴随着新一轮科技革命和产业变革，绿色低碳新兴产业逐渐成为新冠肺炎疫情影响下带动国家经济增长的新型产业，部分国家和地区依旧在推动绿色低碳发展方面进一步加大力度。从中远期来看，牢固树立和践行人类命运共同体理念，共同应对气候变化并携手构建一个清洁美丽世界是唯一出路。

（一）气候变化问题严峻，携手应对气候变化成为人类发展的共同选择

第二次世界大战后，百废待兴，全球各国纷纷为重建家园开展了大规模

工业化建设。人类用了几十年的时间，建立起崭新的全球工业时代，但是工业文明使生态平衡遭到了严重破坏。随着一些极端气候和环境污染现象的出现，人们不得不重视环境变化问题。在这种情况下，通过控制和减少温室气体排放来缓释甚至有效解决气候变化问题，成为国际社会关注的焦点问题，并陆续开展国际合作。

过去半个世纪应对气候变化的国际合作大致分为三个阶段：20世纪70～90年代，气候变化问题开始被国际社会作为一项重要事项提上议事日程。气候变化的国际合作从获得认知发展到签署公约。第一次联合国人类环境会议通过的《人类环境宣言》和《人类环境行动计划》，开启了国际社会共同讨论环境保护问题、共同承担环境保护历史责任的先河。到20世纪90年代，承担应对气候变化问题的责任开始从一种倡议逐渐发展成为国际法律义务。《京都议定书》的通过及正式生效，成为国际社会共同行动应对气候变化的一项标志性成果。《京都议定书》通过引入创新机制，如清洁发展机制、联合履行机制、国家之间碳配额交易机制等，成为国际社会应对气候变化的重要成果。到21世纪第二个十年，《巴黎协定》是继《联合国气候变化框架公约》《京都议定书》之后，国际社会应对气候变化第三个里程碑式的国际法律文本。《巴黎协定》达成了温控目标、适应能力、资金流向三项长期目标，并且建立了"自主贡献＋全球盘点"的温室气体减排机制。

综观国际社会对气候变化问题的认识和行动，针对工业文明之后出现的一系列气候问题，需要以科学的认知和态度，制定目标和计划，共同应对并携手构建一个清洁美丽世界是唯一出路。同时，从长期来看，世界主要国家应对气候变化问题的立场和态度是明显分化的，原则性共识达成容易，但实质性、有约束性的协议难以形成一致意见，应对气候变化的国际合作前行之路困难重重。

（二）应对气候变化的绿色发展与国家竞争力的关系越发紧密

自工业革命以来，"先污染后治理"成为很多国家实现经济起飞及发展绕不开的历史逻辑。但随着社会环境意识的普遍提高、能源结构转型及

能源管理技术的发展，更多体现绿色低碳发展的新兴产业逐渐发展壮大，"绿色溢价"逐渐显现，绿色发展逐渐从一种资金负担转变为国际竞争力的新来源。2016年，中共中央、国务院印发的《国家创新驱动发展战略纲要》指出，"全球新一轮科技革命、产业变革加速演进，科学探索从微观到宇观各个尺度上向纵深拓展，以智能、绿色、泛在为特征的群体性技术革命将引发国际产业分工重大调整，颠覆性技术不断涌现，正在重塑世界竞争格局、改变国家力量对比，创新驱动成为许多国家谋求竞争优势的核心战略。"

作为能源消费和温室气体排放的重要部门，汽车产业在转向绿色低碳发展方面取得显著成效。汽车燃油经济性不断提高。国际能源署（International Energy Agency，IEA）研究发现，2005~2017年世界主要国家和地区新注册轻型车的燃油经济性指标都在不断提高，百公里油耗年均下降1.7%，2017年油耗平均为7.2L/100km。汽车尾气排放标准不断加严，汽车动力电动化转型快速发展等都成为促进汽车产业绿色低碳发展的关键推动力，并且实际效果显著。

此外，部分行业领先企业不同程度地引领了整个产业的绿色低碳化转型，如大众提出的环境目标"goTOzero"，到2050年，大众将使产品全生命周期中所产生的温室气体排放量彻底降为零，并在中国以及全球其他市场完全实现碳中和；丰田汽车发布"丰田环境挑战2050"战略，积极"向零极限挑战"，实现"二氧化碳零排放"；福特汽车发布《可持续发展报告2018/2019》，通过减少产品排放及经营活动造成的排放，为实现《巴黎协定》设定的温升目标做出贡献；此外，特斯拉电动汽车市场份额的快速增长，也为绿色低碳发展注入了新的活力。

（三）新一代科技革命和产业变革，为构建清洁美丽世界提供了广阔空间和无限可能

新一轮科技革命和产业变革，其先进的技术和创新发展模式取得了积极进展，通过将数字化、网络化、智能化、绿色化作为技术基点，推动各领域

新兴技术跨界创新。尽管新冠肺炎疫情在全球范围内蔓延，对全球各国经济增长造成负面影响，部分国家和地区依旧在推动绿色低碳发展方面进一步加大力度。如德国、法国、意大利等十几个欧盟国家积极响应，将落实《欧洲绿色协议》作为各国经济恢复过程中的重要任务。中国在推动绿色低碳发展上的战略决心和行动力度长期有增无减，提出要坚决打赢污染防治攻坚战，大力淘汰落后产能，积极推动可再生能源、电动汽车、智能制造以及数字经济等新技术和模式的发展，倡导绿色低碳生活方式；在国际上，积极推动《巴黎协定》的谈判实施，呼吁携手共建一个更加清洁美丽的世界。

尽管受新冠肺炎疫情影响，各国经济衰退让发展绿色低碳经济的难度加大，同时各国在共同推动全球气候变化的合作及行动计划方面缺少实质性进展，但从中远期来看，唯一的出路就是牢固树立和践行人类命运共同体理念，加强合作。

二 重点领域道路交通碳减排需求持续升温

道路交通领域作为石油消耗大户，是 CO_2 排放控制的重点领域。中国道路交通碳排放已经从 2005 年的 3.12 亿吨增加到 2017 年的 6.73 亿吨，柴油与汽油消耗各贡献了其中的 50% 左右，且汽油的排放贡献比例有明显上升态势。道路交通碳排放占全国碳排放总量的比重逐年提高，2017 年达到 7.27% 的水平。2020 年 9 月 22 日，中国国家主席习近平在联合国大会一般性辩论上宣布，中国二氧化碳排放力争于 2030 年前达到峰值，努力争取 2060 年前实现碳中和。未来道路交通碳减排潜力巨大。

（一）中国二氧化碳排放力争于2030年前达到峰值，努力争取2060年前实现碳中和

全球应对气候变化的基本格局大致形成"两大阵营、三大板块、五类经济体"的总体格局。在推动全球气候谈判的进程中，前巴黎协定时期，"自上而下"的全球气候治理模式发生动摇。后巴黎协定时期，开启了全新

的气候治理模式，鼓励各国根据自身经济社会发展需要提出各自具有远见的减排目标、政策与行动。

在应对全球气候变化的世界格局中，20 世纪 80 年代的南北两大阵营不断分化重组，大致形成"两大阵营、三大板块、五类经济体"的总体格局。欧盟、小岛屿国家联盟力推强约束的国际减排模式，希望按照跨政府组织（IPCC）评估报告设定的全球减排目标，要求各国尽早达到排放峰值并实施国家整体减排目标。虽然欧盟在国际社会扮演的气候治理全球引领者角色日渐式微，但是欧盟积极的气候变化减缓政策是其能够成为全球气候治理领导者的重要原因。伞形国家（美国、日本、加拿大、澳大利亚和俄罗斯）则倾向于各国基于自身条件提出减排目标，建立相关机构对目标实施情况开展评审，督促其实现减排目标。发展中国家普遍认为，消除贫困、保持经济发展是首要任务，发达国家应该承担国际气候治理中的减排和供资义务，发展中国家则根据各国能力，自愿开展减少温室气体排放的行动。

各国自主承诺目标可有效减缓全球碳排放增长速度，但全球碳排放仍将持续增长，与 2℃升温目标存在较大差距。按照当前各国提出的 NDC 目标，全球总排放量到 2025 年将达到 55.2（52.0 ~ 56.9）$GtCO_2$ – eq，到 2030 年将达到 56.7（53.1 ~ 58.6）$GtCO_2$ – eq。与 1990 年、2000 年和 2010 年相比，全球总排放量预计将有所增加。各国按照自主减排贡献目标进行路径调整将对全球排放格局产生相应影响。随着当前各排放大国的减排力度加大，伞形国家、欧盟和基础四国（巴西、南非、印度、中国）的总排放比重将从 2010 年的 78% 降至 2030 年的 55% 以下。

中国于 2015 年正式向《联合国气候变化框架公约》秘书处提交了中国国家自主贡献目标，提出了 2030 年前排放达峰以及排放强度降低 60% ~ 65% 等一系列远景目标，彰显了中国绿色低碳发展的雄心。经过多年努力，中国通过调整产业结构、优化能源结构、节能提高能效、加强温室气体与大气污染物协同治理、增加碳汇和低碳试点等多措并举，应对气候变化工作取得显著进展。2018 年中国单位 GDP 碳排放比 2005 年累计下降 45.8%，提前完成减排目标，相当于减排 52.6 亿吨二氧化碳，非化石能源占能源消费总量比重达到 14.3%，基本扭转了二氧化碳排放量快速增长的局面。2020年9月22日，国家主席习近平在第七十五届联合国大会一般性辩论上发表重要讲话，郑重向国际社会宣布中国将提高国家自主贡献力度，采取更加有力的政策和措施，二氧化碳排放力争于 2030 年前达到峰值，努力争取 2060年前实现碳中和。该重要宣示被认为是过去 10 年最重要的气候新闻、全球气候治理史上的里程碑。或使全球实现碳中和的时间提前 5～10 年，对全球气候治理起到关键性推动作用。

（二）道路交通作为碳排放控制的重点领域，未来减排潜力巨大

交通部门作为石油消耗大户，不仅是发达国家 CO_2 排放控制的重点部门，也成为众多缔约方在国家自主减排贡献中重点关注领域。道路交通是中国汽油消费的主导部门，汽油消费的 98% 以上均用于客运和货运汽车，而且这一比例近年来还在持续提高，接近 98.7%。道路交通的柴油消耗量经历了一段时间的稳步增长之后逐渐趋于平稳，在柴油总消耗中的比重则从52% 提高到 62%，十余年间提升了 10 个百分点。从道路交通对两种油品的消耗结构来看，柴油和汽油消耗量总体基本持平。但从演变趋势来看，随着私人汽车的逐步普及，人均汽车保有量不断提高，道路交通的燃料结构已从2005 年的柴油消耗高于汽油消耗逐渐发展到 2017 年的汽油消耗明显超过柴油消耗。从中国道路交通碳排放构成来看，中国道路交通碳排放已从 2005年的 3.12 亿吨增加到 2017 年的 6.73 亿吨，柴油与汽油消耗各贡献了其中的 50% 左右，且汽油的排放贡献比例有明显上升态势。从道路交通碳排放占全国排放总量的比重来看，2005～2011 年这一比重稳定在 5.7% 左右，近年来逐步提高，2017 年达到 7.27% 的水平。

在减少道路交通能源需求方面，中国政策层面设置不同车型燃料消耗量限值，2019 年新版《乘用车燃料消耗量限值》和《乘用车燃料消耗量评价方法及指标》两项国标，提出中国乘用车新车平均燃料消耗量水平在 2025 年下降至 4L/100km，对应二氧化碳排放约为 95g/km 的国家总体节能目标。在加快电动出行渗透方面，国家及地方层面出台一系列财税及非财税激励政策，

加快节能与新能源汽车技术发展，加快市场培育。此外，中国还实施了一系列其他低碳交通发展政策和行动。如加快轨道交通及快速公交专用车道建设、限制机动车购买和使用等政策，以鼓励居民选择公共交通和自行车等绿色出行方式，来缓解城市交通拥堵和机动车大量使用导致的碳排放问题。

三　主要国家和领先企业的碳中和行动为 产业发展提供重要借鉴

从历史发展进程来看，汽车产业迈向低碳化的每一步几乎都与各国的国家能源战略紧密相关，而强有力的产业政策则为汽车低碳化转型提供了坚实后盾和发展动力。基于车辆的燃料经济性、基于二氧化碳的能耗法规管理、基于二氧化碳排放的机动车税管理等方法均是降低车辆二氧化碳排放量的有效手段，对汽车产业绿色发展起到较为明显的助推作用；而零排放汽车积分交易机制，则成为推动新能源汽车产业发展的重要手段；碳排放权交易系统和碳税等碳管理机制为中国交通领域低碳发展带来新启示与借鉴。除了政策层面，典型整车及零部件企业从能源环节减碳、绿色制造、产品绿色化等维度分别布局低碳化，成为碳减排领域的中坚力量。

（一）能耗管理与相关税制是汽车产业低碳化转型的催化剂

汽车燃油经济性指标有两类，一类是基于"单位体积燃油所能行驶的里程数"，燃油经济性越高，汽车越低碳环保；另一类是基于"行驶单位里程所消耗的燃油量"的燃料消耗量数值指标，燃料消耗量越低，汽车越低碳环保。按照评价基准，全球乘用车燃料消耗量管理可以分为质量和脚印面积两大体系。其中，中国、欧盟和日本均采用以整备质量为基准的油耗法规（以下简称质量法规），美国则采用以脚印面积为基准的油耗法规（以下简称脚印面积法规）。

1. CAFE 法规对美国轻型车燃料经济性发展起到了较为明显的推动作用

基于燃料消耗量的能耗法规管理方面，美国轻型车燃料经济性管理以CAFE 为基准，实行车队燃料经济性与车队温室气体排放并行标准，对轻型汽车（含乘用车和轻型卡车）的新车油耗与排放进行管理。自 2010 年以来，美国分别确立了轻型车队燃料经济性与温室气体排放联合管理的第一阶段和第二阶段目标。但特朗普政府上台后，车队平均燃料经济型标准有所下降。对于 CAFE 的绩效考核原则，CAFE 不达标企业将会受到经济处罚，车企可以通过赚取 CAFE 正积分来弥补其 CAFE 表现的欠缺。

CAFE 法规对美国轻型车的燃料经济性发展起到了较为明显的推动作用。截至 2018 年，乘用车队 CAFE 实际值在 1978 年水平上增加了一倍，轻型卡车车队 CAFE 实际值在 1979 年水平上提升了 61%。为了满足 CAFE 法规，获取更高的燃料经济性，各车企在降耗技术渗透上不断加码。整体上看，美国轻型车在典型降耗技术的应用上从 2000 年起开启了飞速发展时代，尤以 VVT 可变正时气门和 GDI 缸内直喷技术发展最快。

2. 基于重量分类的乘用车燃料经济性标准对推动日本车队平均燃料经济性的改善非常明显

日本的乘用车燃料经济性标准限值是基于重量分类的平均燃料经济性。2019 年，日本国土交通省和经济产业省联合发布关于新车销售的新版燃料经济性规定法案，提出 2030 年的平均燃料经济性应达到 25.4km/L（WLTC 工况），比 2016 年的实际水平改善 32.4%。新版标准的适用对象新纳入了电动汽车和插电式混合动力汽车，同时为了使这两类汽车与汽油车等具备可比性，新版标准采用了油井到车轮（WTW）的评价方法。

2000 年以来，日本国内乘用车队平均燃料经济性改善状况非常明显，2008 年平均燃料经济性便达到 15.6km/L（折合 6.5L/100km），2009～2014 年燃料经济性快速提升至 22.4km/L（折合 4.8L/100km），此后几年基本维持在该水平。同时，在日本，混合动力汽车、电动汽车、燃料电池汽车、插电式混合动力汽车、天然气汽车和清洁柴油汽车被称为"新一代汽车"（Next-generation vehicles），这些汽车的普及对降低车辆能耗起到重要作用。

3. 基于二氧化碳排放的能耗法规管理，利用强制手段对降低汽车碳排放效果立竿见影

以欧盟为例，目前欧盟乘用车通过碳排放标准来控制汽车的燃油消耗。

2009年4月欧盟通过了"乘用车二氧化碳排放标准",即通过强制性的立法措施,规定在欧盟境内注册的乘用车企业在2015年的平均二氧化碳排放控制在130g/km以内,该标准等价于汽油新车油耗需达到5.6L/100km,或柴油新车油耗达到4.9L/100km。实际上,这一目标在2013年就已达到,比原计划提前了两年。基于二氧化碳排放的能耗法规管理对乘用车企业起到正向的督促作用。2019年4月,欧盟理事会通过了汽车和货车二氧化碳排放新标准,此标准要求2030年开始,欧盟境内新型汽车平均二氧化碳排放量将比2021年水平减少37.5%,货车同期减少31%。2025~2029年,汽车和货车二氧化碳排放量应减少15%。

此外,在车辆购置和使用环节,还有基于二氧化碳排放的机动车税管理方法。在购置和使用环节,对机动车征收购置税、所有权税(如车船税)及燃油税等措施是控制和引导汽车低碳化转型的重要途径之一。不同国家对各类税收的规定和征收具有非常大的差异性。以购置环节的税收为例,欧洲很多国家以CO_2排放为基准,对低排放和零排放汽车设置了激励和奖励政策,中国、巴西等国家则以发动机排量为基准,对小于一定排量的汽车及节能与新能源汽车减征部分购置税。鉴于对低排放和零排放汽车的税收优惠政策,目前多数汽车相关税类或多或少都与二氧化碳排放水平相关。

(二)零排放汽车积分交易成为推动新能源汽车产业发展的重要手段

零排放汽车(ZEV)积分交易机制是美国加利福尼亚州温室气体减排目标的重要工具。ZEV政策为强制性法规,要求汽车制造商每年在加利福尼亚州市场的汽车销售总量中零排放汽车需达到一定比例。制造商每售出一辆零排放汽车就将获得相应积分,每个制造商每年需完成一定的积分目标。ZEV政策实施以来,根据技术进步先后进行了6次调整,目前,除加利福尼亚州外,已经有11个州实施ZEV政策。ZEV政策在实施过程中需要遵循6个关键步骤:企业规模确定、合规基数确定、积分要求、积分计算方法、积分使用规则、合规与违规。

ZEV 政策的实施极大地推动了加利福尼亚州零排放汽车的销售。2010年以来，纯电动汽车的销量由几百辆增加至接近 10 万辆，2019 年加利福尼亚州 BEV 新车销量占乘用车市场份额为 5.3%，BEV 和 PHEV 合计占乘用车市场份额为 7.7%。

中国新能源汽车积分政策与 ZEV 政策有相似之处，同时也存在较大差异。整体而言，加州 ZEV 政策更加复杂，灵活性更大，处罚机制也更为严格。

（三）碳管理机制为中国交通领域低碳发展带来新启示与借鉴

随着道路交通导致的温室气体排放量不断上升，国际上尝试使用市场机制将碳排放价格内部化至汽油价格中，促进使用者减少燃油汽车的使用，最终降低道路交通的碳排放。主要政策有碳市场和碳税两种。

1. 碳排放权交易系统（ETS）

碳排放权交易系统（ETS）是一个基于市场的节能减排政策工具，用于减少温室气体的排放，遵循"总量控制与交易"原则，政府对一个或多个行业的碳排放实施总量控制。在排放上限的约束下，参与实体可通过购买或出售排放配额满足其排放需求，使其在各履约期末持有足够配额来抵消排放。如果某企业持有的排放配额超过其排放需求，剩余配额可通过交易机制进行出售。碳交易市场机制的核心要素包括配额总量、覆盖范围、配额分配、排放数据的监测报告与核查（MRV）、履约考核、抵消机制以及市场交易。欧盟自 2005 年率先推行交易制度，随后碳定价机制在全球陆续铺开，碳交易市场的范围不断扩大。

由于车辆排放具有排放源分散、单位排放低等特点，政府对车辆排放核算进行了制度创新，通过管理上游或下游企业的方式进行排放控制。根据碳排放权交易受控的主体不同，面向车辆排放的碳排放权交易主要可分为两种机制：一是以燃料供应企业为交易对象的上游碳排放权交易机制，二是以公共交通运输企业为管控对象的下游碳排放权交易机制。

上游碳排放权交易被认为是一种管理成本低、机制设计简单、政治接受度相对高的可行方案。加州 – 魁北克碳排放总量与交易制度（CAL – ETS）

旨在通过经济杠杆影响燃料供应商对于使用何种燃料的决定。但是碳价上涨引发的燃料供应商履约成本的增加，通常由消费者来承担。加州碳排放权交易体系更大的作用是激励企业投资创新技术，并为清洁车辆、清洁燃料的发展和新能源技术提供资金支持。加拿大新斯科舍省碳排放交易系统（NOVA SCOTIA）被纳入工业、电力、建筑和交通等行业，覆盖新斯科舍省约80%的温室气体排放。同其他碳定价机制一样，新斯科舍省的碳排放权交易体系旨在通过增加高碳排放化石燃料的成本，促使市场转向电力和低排放、更清洁的能源，但碳交易市场的实际执行带来汽油价格大幅上涨。新西兰碳排放交易系统（NZ ETS）考核的产业有所不同，最初以林业为试点，最后进入农业，将土地利用行业的排放纳入交易体系，此外国内、国际双市场接轨，兼容多种交易方式，保证了市场的灵活性。德国国家碳排放交易系统（nEHS）将建筑业和交通业纳入其中，并于2021年正式启动，届时，德国政府将向销售汽油、柴油、天然气、煤炭等产品的企业出售排放额度，由此所增加的收入将用来降低电价、补贴公众出行等。中国8个碳排放权交易试点城市中，深圳、北京已将公路交通碳排放纳入了碳交易试点工作中，具体而言是覆盖公共交通领域，针对公共交通运输企业和公共交通排放设施的碳排放进行管理。深圳创新碳交易机制并推广新能源汽车应用，北京碳交易体系先后被纳入交通固定和移动源，交通运输类自愿核证减排项目开发日益增多。

此外，为促进下游个人消费者积极减少车辆排放，中国出现了针对个人车主的鼓励性政策——碳普惠机制。与传统碳交易强制控制目标不同，碳普惠机制通过奖励停驶机动车和驾驶新能源车的行为，引导个人车主减排，是碳交易机制的创新。

2. 碳税

碳税是指针对二氧化碳排放所征收的税，它是一种显性的碳定价形式，与二氧化碳排放水平直接挂钩的税，通常表示为每吨二氧化碳当量的价值。碳税以减少二氧化碳的排放为目的，发出的价格信号会逐渐引起整个经济体的市场反应，从而刺激排放主体转向温室气体排放强度更低的生产方式，并最终减少排放。

　　碳税与燃油税、燃料税、成品油消费税等能源税有所区别，主要体现在征收的目的和依据方面。在征收目的上，碳税的二氧化碳减排征收目的更为明确，而能源税的初期征收目的并不是二氧化碳减排；在计税依据上，碳税按照化石燃料的含碳量或碳排放量进行征收，而能源税一般是对能源的数量进行征收。截至 2019 年 12 月，全球共有 29 个国家和地区实施碳税机制。芬兰、瑞典、挪威、丹麦四个北欧国家和荷兰是全球最早推出碳税的五个国家。

　　根据征收对象的不同，碳税可分为不同类型，如交通碳税、燃料碳税等。税收政策在促进交通领域低碳发展上被广泛应用，包括燃油税、车辆购置税、车牌年费等，这些税收政策皆旨在通过价格手段来刺激消费者购买和使用排放量更低、更节油的车辆。在这些税收政策中，基于二氧化碳排放量进行计算的税收即交通领域的"碳税"。在当前已实施碳税政策的地区中，有近一半对交通行业进行了直接基于 CO_2 排放量的碳税征收——燃料碳税。针对燃料的碳税通过影响燃料价格，进而影响人类出行方式以及对汽车的使用和消费。由于各种燃料都有固定的含碳量，其 CO_2 排放量与所燃烧的化石燃料之间有着严格的比例关系，且化石燃料的使用数量易于确定，因此针对燃料产品的碳税即车辆购置碳税被广泛应用。车辆购置碳税通过将车辆消费税、公务车辆使用税等税收制度全面与碳排放指标挂钩，进而引导消费者选购碳排放水平低的汽车。当前，英国、法国和德国均建立了基于碳排放指标的车辆购置和保有税收政策。

　　碳税可通过影响燃料价格，进而影响人类出行方式以及对汽车的使用和消费，推动绿色交通发展。与碳税机制相比，碳排放交易机制更加灵活，能够降低全社会减排成本，而且减排效果更加可控。因此，中国政府选择优先发展全国碳市场，对电力、工业等高排放行业的固定排放设施进行管控。对交通行业而言，一方面应继续加强市场政策的研究，待全国碳市场相对成熟后，推动将交通行业纳入全国碳市场，进一步通过价格信号引导减排；另一方面支持各地碳普惠创新，从不同渠道激励公众使用新能源汽车，凝聚全社会低碳出行的共识。

（四）典型企业从能源环节减碳、绿色制造、产品绿色化方面分别布局低碳化，成为碳减排领域的中坚力量

能源环节减碳是重要抓手。各大主流企业分别从提升基础能源利用效率和增加可再生能源的使用比例两方面降低碳排放。如博世通过部署专有能源网络平台，跟踪和控制机器功耗，精准控制工厂运行的碳排放；增加可再生能源利用比例，通过扩充光伏系统、风力及太阳能等能源，加大清洁能源比例用于日常业务运营中。

促进生产和供应环节绿色化。一方面，通过相关技术实现自身工厂的低碳生产；另一方面，推动供应链中各环节的低碳化。奔驰制造工厂通过购买电力（清洁电力）或运营自己的电厂，为车间提供自产的绿色电力；同时，奔驰计划与相关组织合作，评估供应链对环境的影响，探讨确定有效的二氧化碳减排措施，并将碳排放水平作为未来供应商选择的关键标准。

积极开展绿色化产品的布局。一方面，制定电动化战略，推动产品绿色转型。沃尔沃提出到 2025 年，公司全球纯电动车型年销量达到总销量的50%。丰田在 2015 年发布了"丰田环境挑战 2050"战略，实现到 2050 年全球新车平均行驶过程中 CO_2 排放量将比 2010 年削减 90% 的战略目标。另一方面，实现产品研发技术显著提升，降低车辆自身排放水平。沃尔沃公司计划于 2018～2025 年，旗下每辆汽车全生命周期中的碳排放平均降低40%。丰田致力于开发燃油经济性较以往提高 10% 以上（JC08 工况行驶油耗），且最大热效率达到世界顶级水平的高热效率、低油耗发动机；推动硅碳化合物（SiC）功率半导体的开发，力求将 HEV 的燃油经济性提高 10%，同时推动 HEV 和 PHEV 等控制电能的动力控制总成（PCU）的高性能化和小型化等。

四　我国汽车产业低碳发展成效显著

对车辆碳排放效果的评估通过采用生命周期评价（LCA）方法，综合量化和评价汽车从原材料开采到报废回收的整个生命周期内的资源消耗和环境排放情况。评价方法分析得出，燃油经济性、车身轻量化技术、电动化转型等多项措施能够有效推进汽车领域低碳化和绿色发展。中国汽车节能技术取得进一步的发展与突破，车辆整体油耗水平不断下降，车辆电动化转型成效显著。

现阶段，汽车产业绿色低碳发展成为降低全社会碳排放量、增强国家竞争力的有效手段，全球主要国家均在积极推动汽车电动化战略与实践。中国在 2020 年发布的《新能源汽车产业发展规划（2021 - 2035 年）》又将新能源汽车发展目标更新到 2025 年新车销量占比达到 20% 左右。未来伴随着 2060 年中国全社会碳中和技术路线和行动计划的逐步落地实施，中国汽车产业碳减排潜力巨大。

（一）燃油经济性、车身轻量化技术、电动化转型等多项措施影响汽车产业低碳发展

纯电动车辆相比传统燃油车具有明显的碳减排效果。本文采用生命周期评价（LCA）方法，综合量化和评价汽车从原材料开采到报废回收的整个生命周期内的资源消耗和环境排放情况具有科学合理性。车辆的全生命周期可划分为燃料周期（WTW）和材料周期。通过 LCA 方法对典型车辆"碳足迹"进行剖析得出结论，纯电动车辆相比传统燃油车具有明显的碳减排效果。加快推广新能源汽车应用，将有效推进汽车领域低碳化和绿色发展。

通过 LCA 方法分析影响车辆"碳足迹"的因素发现，车辆小型化、车辆轻量化技术和制造工艺对促进汽车产业低碳化起到重要作用。小型乘用车的生命周期温室气体排放和大气污染物排放均低于中大型乘用车，排放总量整体随着车型级别上升而增加。开展轻量化、模块化、无（低）害化、循环利用等产品生态设计，加快相关重点工业领域的污染物削减，对于降低车辆全生命周期排放、促进大气环境质量改善具有重要意义。

动力电池生产相关的温室气体排放占材料周期排放总量的 47% 左右，

动力电池是纯电动汽车全生命周期排放的重要环节。高性能、高能量密度的电池将对燃料周期和材料周期的减排效果产生协同促进作用，推动高性能、高能量密度动力电池在电动汽车中的应用，可进一步促进纯电动车碳排放削减效果提升。

（二）中国汽车产品节能技术取得进一步发展与突破，整体油耗水平保持下降

近年来，节能汽车技术的提高使乘用车整车油耗水平不断下降。在中国乘用车整备质量整体提升的情况下，车辆油耗水平整体实现下降。乘用车按产量加权的平均油耗从 2012 年的 7.42L/100km 降低到 2019 年的 6.45L/100km，共降低了 13.07%，年均降幅 1.87% 左右。与此同时，平均整备质量却提高了 19%。

此外，汽油乘用车的涡轮增压技术应用逐渐普及。涡轮增压成为提升车辆动力性的同时实现节能的重要手段，可以在实现有效地提高燃油经济性的同时，降低尾气排放，实现动力性和环保性的双重目的。缸内直喷技术快速增长，占比超过一半。缸内直喷技术是改善汽油机燃油经济性的有效措施，节油效果可达 8% ~15%；不同类型的自动变速器具有不同的技术特点和性能特点。对汽车用户来说，省油、动感、舒适是主要诉求；对汽车厂商来说，技术条件和生产条件是选型的主要影响因素。现阶段，乘用车手动变速器市场呈现逐年下降趋势；自动变速器的市场份额逐年提高，从 2012 年的 42.31% 增长到 2019 年的 83.45%。AT 变速器成为主流，DCT 和 CVT 市场份额上升明显。以天然气为主的替代燃料乘用车市场份额明显提升。近年来，随着汽车节能减排压力的逐步提升，以低碳化燃料为主的替代燃料汽车逐步进入市场，当下中国主要的车用替代燃料包括天然气（CNG/LNG）和甲醇等，其中，天然气汽车应用较为广泛。混合动力乘用车（HEV）处于起步阶段，随着国家对节能型汽车的需求增长以及混合动力汽车技术路线的不断成熟，未来混合动力汽车市场份额将进一步加快提升，成为汽车产业碳减排的重要力量。

（三）车辆电动化转型成效显著，引领全球新能源汽车产业发展

相比于欧美等汽车发达国家，中国乘用车燃料经济性标准体系研究和制定起步较晚，参照欧美发达国家车辆燃料消耗量核算方法，并结合实际的国情，中国实行乘用车单车燃料消耗量限值与企业平均燃料消耗量（CAFC）目标值综合管理方式。

1. CAFC 促进乘用车企业平均燃料消耗量整体下降明显，年均降幅达到 4.3%

2011 年底国家发布《乘用车燃料消耗量评价方法及体系》，并从次年起开始实施乘用车企业平均燃料消耗量（CAFC）目标值评价体系。目前正在执行的是面向 2020 年的乘用车第四阶段燃料消耗量标准，要求国家新车车队平均油耗在 2020 年达到 5.0L/100km（NEDC 工况）。

自 2012 年以来，乘用车企业平均燃料消耗量核算值（即 CAFC 核算值）快速下降，国家整体 CAFC 核算值年均降幅达到 4.3%。其中，自主品牌企业整体 CAFC 核算值年均降幅最高，达到 6.7%；进口企业为 4.5%；合资企业整体 CAFC 核算值年均降幅则为 2.8%。自主品牌企业 CAFC 核算值降幅虽快，却主要得益于新能源汽车在 CAFC 核算中的倍数优惠。

2. 双积分政策促进中国新能源乘用车产量翻倍，新能源汽车产业整体向好

双积分政策将企业平均燃料消耗量与新能源汽车积分并行管理，在国际上实属创新之举，以期实现传统车节能与新能源汽车发展的双目标。双积分政策实施后，极大地促进了新能源汽车产业的发展。一方面，新能源产品多样性大幅提升，截至 2018 年，新能源汽车产品品牌有 168 个，车型数量超过 250 款；另一方面，新能源汽车市场规模快速扩张，2017 年以来，新能源乘用车计划产量翻了一倍。2019 年以来，由于汽车市场周期波动、新能源汽车补贴退坡等因素影响，新能源汽车整体规模略有下降，但新能源汽车行业整体向好的大趋势不会发生变化。

同时，我们也看到，新能源汽车在大规模推广应用的同时，也暴露出各种问题。一方面，新能源汽车销量规模大涨造成新能源汽车积分市场整体供

大于求，新能源积分交易价格不高；另一方面，新能源汽车在 CAFC 核算中的倍数优惠使得传统车节能技术发展滞缓，部分企业传统车油耗甚至出现反弹。

为此，在对企业、行业发展和监管部门管理的难点进行充分考察后，2019 年 7 月，工信部出台了《〈乘用车企业平均燃料消耗量与新能源汽车积分并行管理办法〉修正案》（征求意见稿）（以下简称"双积分修正案"），该办法适用于 2021~2023 年乘用车企业的双积分管理。新的双积分管理办法政策要点强调，"降低传统车油耗，实现国家汽车节能目标"与"推动新能源汽车产业健康快速发展"是双积分政策两大核心目标，且在双积分修正案中更加明确细化；建立新能源汽车积分核算方法，并根据产业发展及时进行积分公式调整，鼓励发展优质产品。CAFC 负积分有四种抵偿方式，新能源汽车积分与 CAFC 积分单向挂钩，并可自由交易，双积分修正案中允许传统能源乘用车燃料消耗量满足一定条件的企业产生的 NEV 积分向后结转。

总结新能源汽车十余年的快速发展历程，中国汽车电动化转型取得了显著成效。产业方面，电动汽车市场规模全球第一，产业体系基本建成，产业化程度和基础设施建设均走在世界前列，新的技术突破和商业运行模式不断涌现，中国逐渐成为全球电动乘用车、电动公交车和动力电池领域的领军者；政策方面，政策的全面性、系统性引领全球，涉及技术创新及产业化、车辆推广应用、基础设施建设、市场环境建设等多个方面，涵盖财税和非财税政策，贯穿电动汽车研发、生产、销售、使用、回收利用以及监管等各个环节。国家层面新能源汽车强制法规与地方层面激励政策相结合的综合效力明显，向全世界有效证明通过全面的政策可以实现电动汽车市场的快速发展。

五　健全的机制和方法协同推进，构建2060年汽车产业碳中和目标

道路交通碳排放作为交通领域碳排放的主要来源，其未来的排放路径将直接影响中国减排目标的实现。汽车产业碳减排目标的实现需要以技术可

行、经济合理、社会可接受为准则，多方利益主体综合协调、共同推进。在考虑汽车产业碳减排路径时，需要综合考虑排放路线与能源结构、车辆结构、产品技术的关系，重点围绕政策体系构建、能源结构多元化、汽车低碳技术发展、交通结构优化等多项指标进行评价。

（一）技术可行、经济合理、社会责任多项机制协调推进，共同促进汽车产业低碳发展

1. 汽车低碳技术方面，多条技术路线共存是未来常态

随着风能、太阳能等可再生能源技术的突破以及生物质能逐渐得到广泛应用，未来中国可能出现基于地域能源优势个性化推广使用新能源车、传统燃油车、生物燃料车（甲醇、乙醇汽油及乳化柴油）、其他燃料做动力的天然气和液化石油气车等举措，所以多技术路线共存是未来常态。为实现汽车产业碳排放的总体愿景目标，技术领域需要通过节能汽车、新能源汽车双管齐下，并借力信息化、轻量化、智能化、网联化技术的有效应用，实现低碳化技术的效能最大化，持续降低汽车产业给能源和环境带来的压力。

传统汽车节能技术仍然是近中期重要的节能减排措施。基于自身技术积累和优势，发展不同程度的混合动力技术，成为主要汽车企业实现节能减排目标的普遍选择。单一技术发展无法全面实现节能，多路径协同发展才能共同提升节能水平。乘用车领域的主要节能路径包括推动车辆小型化、大力发展混合动力、提升电子电器节能效果；商用车主要节能路径包括动力总成升级优化、逐步发展混合动力、利用智能网联技术提升运行效率。

新能源汽车技术领域，在全球燃油车禁售的背景下，发展新能源汽车成为全球主要汽车企业决胜未来行业地位的重要战略转型策略。目前，纯电动汽车技术成效已经凸显，纯电动汽车与智能网联技术更容易融合发展，实现智能驾驶；新能源汽车与充电基础设施体系可以实现多能源融合、多网融合，各种类型电能补给模式互补发展，满足车辆能源多元化需求。纯电动汽车作为主流技术路线，未来更多考虑动力电池技术的发展。氢能燃料电池是汽车低碳化转型的重要方向。从效益定位、技术定位、应用定位来看，燃料

电池均具有良好的发展前景，是卡车和公路客车等长途运载工具的最佳选择。中国开创了以燃料电池—动力电池混合型动力系统为核心的特色技术路线，中国燃料电池商业化进程已经开始，燃料电池商用车表现突出，但是燃料电池乘用车的发展落后于国际先进技术，未来随着技术进步，电堆成本持续下降，预计到2030年前后中国燃料电池乘用车将实现初步商业化。

2. 汽车低碳发展经济性方面，需要遵循经济合理原则

国家层面，短期来看，受新冠肺炎疫情、补贴退坡以及汽车市场周期性波动的影响，国家将新能源汽车财政补贴及购置税减免政策延续至2022年结束，目的在于短期内稳定新能源汽车市场。中长期来看，为促进新能源汽车产业良性发展，降低产业对财税激励政策的依赖程度，国家将建立起长期的稳定的可持续、可预期的综合性政策体系。未来，新能源汽车产业财税政策由单一的财政补贴政策向综合性财税政策转移，强化非财税政策的效果；补贴政策逐步退坡，持续完善的双积分政策成为新能源汽车发展的重要驱动力，以"优先权"为主导的需求侧支持政策成为下一步的重点，旨在通过长效管理机制推动新能源汽车产业良性发展。

企业层面，前期传统燃油汽车在综合成本方面具有显著优势。中远期来看，随着排放法规的逐渐趋严，技术升级的投入逐渐加大，节能汽车成本将逐渐提高。而新能源汽车随着动力电池技术的显著性突破，电池成本大幅下降将拉低生产成本，2024年前后，动力电池系统价格将低于100美元/kWh。预计到2024年，新能源汽车将具备显著制造成本优势。

个人层面，当前新能源汽车价格普遍高于同级别传统燃油车，成本回收期长。随着新能源汽车技术进步及电池生产规模化，新能源汽车成本将持续下降。根据国家信息中心联合多家企业的调查研究结果，主流A级BEV车型在2025年之后呈现成本回收期经济性，开始具备向家用普及的基础。

社会责任评估方面，低碳经济背景下，社会责任被赋予了新的内涵。为实现汽车产业2050年的碳减排目标，从汽车产业链各责任主体来讲，应该构建企业社会责任自律机制，自觉承担社会责任，企业主体应该在创造收益的同时考虑对环境的影响作用，不能单纯考虑企业利润最大化，应从中远期

经济和社会、环境效益平衡的角度来综合权衡。为承担社会责任，除了企业主体自身发挥主要作用之外还，还应该通过政府加强立法监督、行业协会发挥行业引领作用、社会公众强化舆论监督等多方位共同协作方式来推进汽车产业实现碳减排目标。

此外，中长期汽车产业碳减排愿景目标的实现，需要技术、经济、社会各个维度和各方利益主体之间综合协调并共同推进。汽车碳减排技术的发展必须以经济合理、社会责任为基础，同时其受到经济合理性、社会责任的制约。汽车低碳技术发展，首先应结合本地区自然资源的规模、经济发展条件、满足法律法规及社会责任条件等特点和需求，通过研发及产业化技术的不断进步实现产业结构的优化升级，最终实现企业最优经济发展规模与产业最优集聚规模的提高，实现产品的平均成本降低、经济效益提高，并满足公众对企业社会责任的要求。

（二）汽车产业碳减排评价方法为实现中长期低碳发展提供了重要路径支撑

1. 政策制定方面，需要顶层战略目标设计与合理、可持续的政策体系架构相结合

一方面，需要完成顶层战略目标设计。设立中长期汽车碳减排目标纲领性政策文件，并针对汽车产业碳减排目标制定市场目标，从汽车原材料、电池、能源、基础设施、标准国际化等方面制定发展战略、目标、技术路径和行动计划。另一方面，在政策体系制定方面，中短期双积分政策奖罚并用，中长期双积分政策逐渐转化为碳交易机制。政策制定既要兼顾中短期乘用车单车燃料消耗量限值与企业平均燃料消耗量（CAFC）目标值综合管理方法和双积分政策，奖罚并用；又要考虑中长期政策体系合理及目标完成情况，推动双积分政策逐渐转化为碳交易机制。在碳减排计量模型设计阶段，应考虑核算主体多样化。综合欧盟只针对整车企业征收碳税的管理机制，碳交易机制在计量模型设计时应体现责任主体完善原则，未来在中长期碳交易机制设计时，可以进一步增加核算主体，实现核算主体多样化，如在出行服务领

域设置碳减排计量指标，可以加快网约车运营企业推动汽车共享、整车企业向出行服务商转移的节奏；在财税政策与非财税政策等激励政策并行的政策体系构建方面，中短期需要适当给予财税补贴，并逐步突破，中长期则由市场机制发挥主导作用；在非财税激励政策方面，国家及地方政府应多措并举，采取差异化、多元化的政策措施优化低碳汽车使用环境。

2. 为实现中长期汽车产业碳中和的愿景目标，能源结构多元化是必备条件

目前，国内风力发电、太阳能光伏发电产业链较为成熟，风电年新增装机量和光伏电池产量居世界前列。未来，将大力发展可再生能源、推动能源结构调整；汽车领域应该着重以电力能源清洁化为目标，积极推动电力能源去煤化，推动在清洁能源领域持续布局；可加快明确氢能在能源体系中的定位，促进车用清洁能源高效利用。氢能作为高效二次能源，完全符合战略需求，同时具备"清洁低碳、安全高效"的根本特征，可加快绿色可再生燃料技术的推广应用。

3. 汽车低碳技术进步是评价汽车产业碳减排的重要维度

综合考虑汽车产业碳减排评价方法，提升传统燃油车的燃料经济性是重要方面。车辆整备质量、车辆节能水平是影响传统燃油车燃料经济性的重要指标，其二级子指标需要重点考虑车辆小型化、车用轻量化材料、车辆风阻系数、发动机结构、传动系统、制造工艺等关键技术要素。

新能源汽车产业化推广方面，未来中长期范围内，推广新能源汽车是中国实现汽车产业碳中和目标的关键手段。新能源汽车在应用环节实现零碳排放，若采用生命周期分析方法，可以重点考虑车辆上游能源类型（是否清洁能源）、动力电池配置（是否高性能、高能量密度动力电池）等关键要素指标。

发展替代能源车辆、汽车碳减排技术的发展，对替代能源车辆、实现车用能源多元化具有重要意义，应从氢能、生物质能等多项车用能源技术着手，加快替代能源重点技术研发及产业发展应用。因此，氢能、生物质能等新型能源类型成为衡量汽车产业碳减排的重要指标。

4. 通过交通结构优化显著提升交通运行效率，从而实现碳减排目标

交通结构优化将有效提升交通出行效率，直接降低道路交通碳排放规模。交通结构优化重点考虑以下几方面：优化城市布局，以公共交通为导向进行城市规划，鼓励公共交通出行；减少私人交通出行需求，加大道路限行和拥堵费政策的推广应用力度，经济手段方面可以采用征收拥堵费和加大停车收费力度，以进一步引导公众公共交通出行转向低碳交通；鼓励共享出行和汽车产业联动发展，整合汽车产业上下游资源。鼓励平台应用新能源车、自动驾驶技术，加速汽车产业电动化、智能化、网联化、共享化发展；加快城市货运清洁能源化，加大清洁城市货运的比例，同时优化清洁城市货运车辆的使用环境；借助数字化工具，加快全国交通大数据监控平台的建立和推行。从而促进城市管理信息化、科学化，推动交通运行效率提升，改善交通运行情况。

（三）实现2060年汽车产业碳中和目标"三步走"

1. 碳减排三种路线：降碳、零碳、减碳

评估汽车产业碳减排愿景和路径，需要根据能源类型和车辆类型，划分碳减排技术路线。能源分为一次能源和二次能源，其碳排放的程度不同。一次能源分为化石能源和非化石能源。化石能源包括煤炭、石油和天然气，在燃烧过程中会向空气中排放二氧化碳。二次能源中与车辆相关的能源包括汽油、柴油、氢气、电能、甲醇等。部分二次能源根据来源的不同，碳排放量有所不同。而从车辆使用环节来看，LNG、CNG 等采用天然气能源的车辆排放明显低于传统的汽油、柴油车辆，而纯电动车和氢燃料电池车在车辆使用终端是零排放的，从碳排放的角度来看明显优于传统车。因此，本报告将碳减排分为三种路线：降碳、零碳、减碳。

第一种是"降碳"。该技术路线相对于已有的技术路线可以减少碳排放，并不是完全的不排碳。

第二种是"零碳"。该技术路线既不吸附碳，也不排碳。如终端用车环节，通过纯电动汽车和氢燃料电池车的规模化推广应用实现使用环节零

排放。

第三种是"减碳"。该技术路线通过 CCS 技术碳捕捉和储存，可以吸附环境中的碳，降低大气中的二氧化碳排放。并且经过催化剂反应后，生成可以利用的清洁能源，如"液态太阳能燃料合成甲醇"。

中短期内，实现碳减排主要依靠"降碳"技术；中长期来看，要实现碳中和目标，必须采用减碳和零碳相结合的技术路线，优化车用能源结构，采用清洁可再生能源大规模替代化石能源。

2. 碳减排三种情景：高排放情景、中排放情景、低排放情景

2020 年 9 月 22 日，中国国家主席习近平在第七十五届联合国大会一般性辩论上发表了重要讲话。"中国将提高国家自主贡献力度，采取更加有力的政策和措施，二氧化碳排放力争于 2030 年前达到峰值，努力争取 2060 年前实现碳中和。各国要树立创新、协调、绿色、开放、共享的新发展理念，抓住新一轮科技革命和产业变革的历史性机遇，推动疫情后世界经济'绿色复苏'，汇聚起可持续发展的强大合力。"能源革命的顶层设计已经有了时间表，下一步需要的是设计各领域分阶段的目标、更具体的路线图以及具体的政策工具如碳定价的出台等。

对照中国 2060 年全社会碳中和目标，结合公安部统计的 2020 年全国汽车保有量 2.7 亿辆规模，在此分高、中、低三种情景对道路交通碳排放的中长期目标进行展望。

高排放情景主要基于现有技术路线和有关影响汽车碳排放的政策趋势，有效控制机动车规模增速，同时增加新能源汽车、混合动力汽车的使用占比。高排放情景下，假设随着机动车保有量的不断提升，到 2050 年汽车保有量规模达到 6.5 亿辆，道路交通碳排放的比重略有提高，并长期保持在 8% 的水平，国民经济各部门共同分担全国减排任务。在高排放情景中，2030 年后的道路交通排放降幅较平缓，2040 年和 2050 年、2060 年分别降至 8.3 亿吨和 7.6 亿吨、6.2 亿吨。

中排放情景主要基于"降碳"和"零碳"技术路线，推动车用能源清洁化和车辆使用环节电动化。假设中国顺应汽车电动化、绿色化趋势，在各

国纷纷提出燃油车退出时间表和各大车企在新能源汽车领域竞争加剧的背景下，为保持汽车产业国际竞争力和应对国内环境问题，采取被动应对策略。预计到2050年汽车保有量规模达到5.5亿辆，新能源汽车占比达到35%左右。到2030年排放比重达到8%的最高水平之后逐渐下降：2040年降至6%，2050年再次下降到4%，2060年下降至2%。在中排放情景中，2040年和2050年、2060年的道路交通碳排放分别降至5.5亿吨和3.1亿吨、1.7亿吨，降幅十分明显。

低排放情景的终极目标是到2060年实现碳中和目标。主要通过优化车用能源结构，采用大规模的清洁可再生能源替代传统化石能源，从源头上降低碳排放规模。汽车和交通领域主动出击，采取更加积极有为的策略，在全球引领汽车绿色低碳发展，抢抓新一代汽车发展机遇。新能源汽车整车效能大幅提升，固态电池实现产业化，新能源汽车产销规模占汽车产业当年规模的份额超过60%，最终提高中国汽车产业在绿色低碳技术领域的话语权和市场竞争力。届时，机动车使用方式和能源消耗结构发生深刻变革，到2030年道路交通碳排放比重降到6%的水平，2040年和2050年进一步下降到4%和2%的水平，2060年道路交通领域几乎实现零排放，进一步降低到0.2%的水平。在本研究的低排放情景下，道路交通碳排放从2020年前后开始减少，2030年降至5.6亿吨左右，较2020年减少18%；2040年降至3.3亿吨，与2005年排放水平相当；2050年则降至1.3亿吨，比2020年减少约80%；2060年道路交通达到碳排放源和碳汇的平衡，综合实现碳中和目标。

3. 道路交通碳中和三个阶段

本报告重点对低排放情景2060年道路交通碳中和进行展开分析，共分为三个发展阶段。

2020～2030年，道路交通碳排放于2030年达到峰值，道路交通碳排放相较于2020年下降32%。该时期内，"降碳"技术对碳减排的贡献约占70%，"零碳"技术对碳减排的贡献约占27%，"减碳"技术对碳减排的贡献约占3%。节能汽车技术大幅突破；中国新能源汽车销量将达到新车销量的40%左右；氢能燃料电池汽车在私人乘用车、大型商用车领域实现规模

化、商业化推广；共享出行领域，平台技术逐渐发展成熟，共享理念愈发普及，一部分人放弃拥有私家车，汽车共享出行呈线性增长，渗透率增至25%。

2030~2040年，道路交通碳排放呈指数级下降趋势，道路交通碳排放相较于2020年下降58%。该时期内，"降碳"技术对碳减排的贡献约占60%，"零碳"技术对碳减排的贡献约占35%，"减碳"技术对碳减排的贡献约占5%。到2040年，新能源汽车产销占比将达到50%；政策体系方面，将实施更加严格的油耗法规政策，限制私家车行驶里程；交通运输部门致力于增强公共交通运输体系的便捷性、舒适性和竞争力；共享出行渗透率指数型增长，到2040年渗透率增长至80%，更多人将放弃私家车出行。

2040~2060年，道路交通进入以高可再生能源比例为目标的绿色化、智能化发展阶段，综合实现碳中和目标，道路交通碳排放相较于2020年下降98%。该时期内，"降碳"技术对碳减排的贡献约占40%，"零碳"技术对碳减排的贡献约占40%，"减碳"技术对碳减排的贡献约占20%。产业发展领域，2050年燃油车与新能源车的保有量结构约为40∶60，纯电动汽车和插电式混合动力汽车实现分布式可再生能源与智能电网互动融合；氢能燃料电池汽车突破可再生能源制氢技术，氢能燃料电池汽车实现产业化规模推广；共享出行渗透率稳定在80%左右。受资源、技术局限或安全、经济等因素影响，到2060年道路交通领域并非绝对的零排放，仍然存在少量碳排放，可通过植树造林、海洋、"碳移除技术"增加碳汇，将道路交通排放对自然的影响通过技术创新降低到几乎可以忽略的程度，达到碳源和碳汇新的平衡。

六 汽车产业碳减排系统工程需要顶层设计和系统谋划

汽车产业节能减排是一项系统工程，要加强顶层设计，总体谋划，既要从技术环节考虑，大力推动传统汽车节能技术创新，又要大力推动新能源汽车的商业化应用；既要从制造环节入手，大力发展全产业链绿色制造，又要从使用环境和应用侧入手，优化道路、能源等使用环境，减少汽车使用，走共享化发展道路。

（一）汽车产业碳减排系统工程需要明确总体思路与原则

推动中国汽车产业节能减排发展的政策体系应遵循的总体思路包括以下几方面：加强顶层设计和总体谋划，增强各项节能减排政策的关联性、系统性和协同性；坚持"一主两翼"战略思路及相关政策导向，既要实现市场参与者全方位、宽领域和大力度地推进数字化技术、智能驾驶技术、共享出行技术、轻量化技术、绿色制造技术和资源再利用技术等先进技术研发与商业化应用，又要加快传统燃料汽车节能减排技术的持续优化升级和新能源汽车技术的深度市场渗透，两个轮子协同驱动；此外，在全产业链各环节上协同发力，努力形成政府引导、市场主导和社会力量协同推进的产业发展机制；从产业安全角度始终把握住产业发展的主导权，特别是在平台软件、高端芯片、核心部件和关键装备等领域，努力形成以国内循环为主、国内国际双循环相互促进的发展格局；最大限度地发挥市场机制优化配置资源的决定性作用，将发展主动权还给市场，由消费者进行最后的选择。

按照总体思路的指导，国家在切实推进汽车产业节能减排工作中要坚持的主要原则包括：经济利益和社会利益统筹兼顾，统筹考虑可再生能源利用与经济性问题等；短长期结合，先易后难。合理设置节能减排步伐，同时激励企业不断创新研发低碳技术，多种技术路线并存。单一技术路线并不能完全做到节能，需要多路径协同发展。统筹推进技术研发、标准制定、推广应用和基础设施建设，建立横向协同、纵向贯彻的协调推进机制。各项扶持政策要有明确的落日条款（对政策有效期的规定），以保持政策的稳定性与连续性。此外，监管还需做到审慎包容。

（二）技术创新与商业化应用相结合，多方位推进汽车节能技术进步、新能源汽车产业化应用

1. 大力发展节能汽车，提升传统汽车节能技术，通过产品设计与技术水平的提升，降低汽车排放水平

健全鼓励支持基础研究、原始创新的体制机制。加大基础研究领域投

入，在关键技术领域开展国际学术合作交流；稳妥推进国家能耗和排放新标准、新要求，鼓励引导整车企业加大节能技术研发力度，兼顾轻量化和操控性，修订完善材料节能技术标准，在保障质量和性能的前提下，实现节能各方面技术水平的提高；鼓励支持汽车企业与大学、科研院所联合攻关，强化技术创新，对研发成本高昂但节能效果较好的商用车领域，可在科研立项中适当加大支持力度；持续完善双积分政策，针对整车企业对节能汽车投入不足问题，通过积分政策调控，倒逼企业对节能汽车产业加大投入；加强人才队伍建设，完善科技人才和熟练工人的发现、培养、激励机制，国家、企业、高校和科研院所要探索形成产学研联合培养高端资深汽车工程师和专业技术人才的长效机制。

2.支持新能源汽车发展，需以市场主导、创新驱动、协调推进、开放发展为基本原则，通过综合性政策措施促进新能源汽车的技术研发、流通、使用、保养维修等各个环节共同发展

建立覆盖新能源汽车研发、制造和售后服务等全产业链上下游环节的行业组织，注重新能源汽车生态体系建设，促进新能源汽车与车联网、智慧能源、无人驾驶、智能交通、共享出行等全面深度融合，构建产业协同发展新格局；加强新能源汽车短板技术攻关，把集中力量办大事的制度优势、超大规模的市场优势同发挥市场在资源配置中的决定性作用结合起来，以企业为主体、市场为导向，产学研深度融合，支持整车企业和上下游各类主体融通创新，支持企业跨界协同，联合攻关基础交叉关键技术，提升创新能力；不断完善双积分政策，完善新能源汽车双积分交易市场和配套政策，有效解决积分交易供需不匹配、企业燃油节能技术推广力度不够、技术标准未更新等问题；通过实施有效的财税政策，鼓励引导企业加大研发投入，加强其他非财税政策对新能源汽车的激励作用，在新能源汽车路权优惠、基础设施完善等方面加大力度；加快重点领域的新能源汽车发展，在政府采购招标车辆领域，将自主创新纳入评分指标，进一步加大新能源汽车的采购比例。

加快对新能源汽车整车、动力电池及零部件的模块化、通用化、标准化

探索，政府和行业协会牵头组织建立开放共享的新能源汽车平台，对标准体系、连接通信协议、兼容测试等进行统一指导；积极探索氢能、生物燃料汽车的发展，既要防垄断，又要防止无序竞争，鼓励适度合并、规模化发展，提高竞争能力；有效发挥行业机构的作用，依托行业机构统筹推进资源共享、科技中介、成果转化等各类创新服务，提高技术转移、信息服务、人才培训、项目融资、国际交流等公共服务支撑能力。

（三）加快数字科技和智能节能技术应用，优化交通系统助力节能减排，倡导共享出行方式

智慧城市、智能网联等的发展产生了大量交通数据，实现对交通流量、车辆信息的统筹运算仿真，加大数字科技应用力度，可优化交通运行状况，节省资源，达到碳减排目的。

一方面，加大对产品智能化技术的支持和培养力度。加大对芯片、算法、制造工艺等领域的基础研究投入。在政府监管领域，需坚持包容性监管和审慎监管态度，既不要管得过度，也不要放任自流。

另一方面，积极发展智慧交通运输体系。一是要依据国家发展规划，合理规划综合交通体系建设。大力发展公共交通，努力提高交通运行效率。二是要全面引入大数据、互联网、云计算、5G 和人工智能技术，推动数据资源赋能交通发展，构建智慧交通管理和运行体系，集成车辆大数据研判、交通流量预警、"互联网＋交通信号管理"等功能，有效提升碳减排效率。三是要实现交通服务快速化、便捷化。优化城市道路规划和市政布局，构建以公共交通为主体的城市交通规划体系，优化城市交通公共服务。四是要倡导共享绿色出行方式。培育共享出行市场，引导市场需求。建立起基于消费者保护和安全的信任环境，加强共享出行宣传普及。完善共享出行领域法律法规，促进行业规范发展；鼓励共享出行企业的投资、联盟与运营。

（四）积极发展绿色智能制造，加大生产环节碳减排的贡献力度

生产制造环节要实现碳减排的目标，发展绿色制造是必经之路。绿色制

造是将碳减排融入全产品生命周期进行考虑,包括汽车绿色设计、绿色生产、绿色物流等,采用新技术、新设备、新材料,减少制造过程的能源消耗。绿色制造是一种考虑了环境影响和资源消耗的新制造模式,是制造业高质量发展的重要目标之一。具体应从以下几方面着力落实。

鼓励支持绿色制造研发中心的发展。绿色制造要兼顾环保、节能减排、质量和技术等,各环节都要有研发设计。需做出科学评估,对能源消耗做出评价,提升绿色制造低碳减排性能,提出解决方案。财政支持绿色制造研究,对相关领域加大研发投入。在制造环节,支持建立制造过程模型,重点对数控化改造进行研究。鼓励加强绿色制造共性技术研究,支持开发应用软件,并鼓励在减量化、再利用、再制造、再循环等多场景中应用。完善绿色制造标准体系。以标准制定为切入点,继续推进汽车行业绿色制造相关标准的研制工作,加快实施"国六"排放标准,淘汰不符合发展趋势的低端排放标准;另外,以现有的工作模式和工作内容为核心,进一步固化绿色制造标准的渠道和流程,提供更具时效的标准化服务,助力汽车企业高质量发展。支持企业开展重点循环制造和绿色供应链实践。对于标准件,增强互换性,通过简化再造工艺,在零部件拆解回收、机械再加工技术、可持续制造、生产物流再回收利用方面重点应用,完善绿色供应链;支持整车企业进行绿色化智能车间改造,提升汽车绿色低碳制造技术。

B.2
产业变革一触即发，疫情不改长期趋势

——2019~2020年中国汽车产业发展报告

冯锦山*

摘　要： 在世界正在经历百年未有之大变局的当下，汽车产业也迎来并积极拥抱百年未遇的大变革。本文主要从中国汽车产业面临的总体趋势特征、科技与产业变革的新动向、宏观政策环境、开放合作等角度对2019~2020年中国汽车产业的发展形势进行了回顾、分析和总结，并重点围绕汽车产业变革进行了具体刻画。

关键词： 汽车产业　汽车消费　新能源汽车

在世界正在经历百年未有之大变局的当下，汽车产业也迎来并积极拥抱百年未遇的大变革。2019~2020年，中国汽车产业整体上处于周期性下行与"电动化、智能化、共享化"趋势性变革的叠加交汇期，市场下行叠加新冠肺炎疫情影响，使2020年第一季度汽车市场出现暴跌。在中央及地方一系列政策措施作用下，加之中国汽车市场作为世界汽车市场龙头的地位及其发展韧性和潜力，其后汽车市场出现了持续的反弹。更为重要的是，在这种叠加趋势下，汽车产业电动化、智能化、共享化变革已一触即发，新能源汽车补贴政策退坡乃至逐步淡出后，市场驱动作用开始显现，部分典型车型

---

* 冯锦山，国际汽车工程科技战略研究院汽车智能化与未来出行研究中心副主任，中国汽车工程学会汽车智能共享出行工作委员会副秘书长，主要研究方向为汽车产业政策、战略规划、智能化与未来出行。

已具备超越燃油车的综合竞争力，技术回归市场本质；智能网联技术加速发展，PA级智能网联技术实现规模化应用，CA级及以上高级别自动驾驶正在加紧研发并已有量产计划；共享出行渗透率大增，并成为电动化、智能化的最佳应用场景，同时，为共享出行而生的定制化电动共享汽车进入发展元年。为应对新一轮科技革命和产业变革，共同分担成本，提升效率，"抱团合作"成为产业发展的主旋律。在政策趋势上，环保要求加严、产业准入放宽、扩大对外开放成为主基调。

一 汽车产业正处于周期性下行和趋势性变革叠加交汇期

（一）汽车产业面临的宏观经济形势和社会环境发生显著性变化

中国经济发展进入新常态。预计未来一段时间，中国经济将在"调结构、稳增长"的新常态下运行，从原来的高速增长转向高质量发展阶段，在2020年新冠肺炎疫情等突发事件影响下，将经历更大挑战和考验。增长动力将经历新老动能的切换，高效率、低成本、可持续成为经济增长新动能的必然要求；产业结构和需求结构也将发生显著变化，制造业的数字化、服务化转型成为产业升级的重要方向。根据有关机构预测，至2035年中国GDP将在2020年的基础上翻一番，需要相关支柱产业在新时代不断转型升级，并发挥更大作用。

汽车消费挤出效应。2019～2020年，经济下行、居民消费受压、企业信心不足，同时消费挤出效应显著，主要表现在：一是近年来居民按揭贷款快速增长导致居民部门杠杆水平上升，抑制居民的消费支出能力，形成挤出效应；二是股票市场调整和理财产品收益率下降影响居民财产性收入增长，不利于消费增长。在显著的消费挤出效应等多重因素的影响下，中国汽车市场承压，2019年汽车销量2576.9万辆，同比降低8.2%，出现明显负增长。

美丽生态环境和温室气体减排需求愈发强烈。2018～2020年，中国实施了《打赢蓝天保卫战三年行动计划》，提出综合应用经济、法律、技术及必要的行政手段，以京津冀及周边地区、长三角地区、汾渭平原等区域为重点，持续开展大气污染防治行动，明显增强人民群众的蓝天幸福感。中国提出的2035年"生态环境根本好转，美丽中国目标基本实现"的战略目标，以及"于2030年左右使二氧化碳排放达到峰值并争取尽早实现""努力争取2060年前实现碳中和"的目标都将形成长期的环保需求及倒逼效应。

（二）从经济周期的角度来看汽车产业从"爆发式增长"进入"微增长"甚至"负增长"的产业下行周期

过去几十年间，中国汽车产业经历了高速发展，1992年汽车产销量迈入了百万辆的时代，随后用了8年时间，产销量实现翻番，到2000年达到了200万辆的规模。到2009年则突破了1000万辆的大关，达到1350万辆以上，产销增速分别达到48%和46%（见图1），跃居成为全球汽车产销量第一大国。2013年中国汽车市场再攀高峰，开启了2000万辆的产销新时代。到2020年，中国已经连续12年成为世界汽车最大产销国，创造了世界汽车史上的发展奇迹。

图1　2001～2019年中国汽车销量及增长情况

2018年，受多重因素制约，中国汽车产销出现了自2009年以来的首次下降，全年产销分别完成2780.9万辆和2808.1万辆，比上年同期分别下降

4.2%和2.8%。2019年，中国汽车产销分别达到2572.1万辆和2576.9万辆，同比下降7.5%和8.2%，降幅进一步扩大。

（三）从产业变革和科技革命的角度来看汽车产业处于"电动化、智能化、共享化"巨变的前夜

新一轮科技革命与产业变革孕育兴起，推动了以"汽车＋"跨界融合为特征的新能源汽车与新一代的能源、交通、信息等深度协同，电力驱动、智能网联、共享出行等各类前沿技术、新型模式、新兴业态"交相辉映、彼此赋能"，进一步催生了汽车产业结构、产业价值链、产品形态、消费模式、出行方式等诸方面的系统性变革，世界汽车产业正迎来百年不遇的大变革时代。

而当前正处于汽车产业"电动化、智能化、共享化"巨变的前夜。从技术渗透的角度来看，根据相关机构的统计数据，新能源汽车市场渗透率已经达到5%上下，在新能源汽车补贴逐步退坡的趋势下，特斯拉Model 3、上汽通用五菱MINI EV等车型单月销量达到1万~2万辆，性价比和产品竞争力基本追平甚至领先同级别燃油车；L2级自动驾驶技术在乘用车中的渗透率已经达到15%，L4级自动驾驶汽车也进入了测试示范阶段；共享出行里程渗透率也显著提升，共享出行用户规模超过4亿人，2016~2019年实现了倍增。由此可见，汽车电动化、智能化、共享化正在以惊人的速度发展，而未来将从产业结构、产业价值链和产业生态等各方面重塑汽车产业格局。

（四）汽车产业周期性变化和趋势性变革同期而至，需综合采取逆周期调节政策工具和加速产业变革的政策工具灵活应对

对应周期变化，需适度采用逆周期工具，保持汽车产业的稳定发展。2020年3月，国务院常务会议确定三大举措促进汽车消费：一是将新能源汽车购置补贴和免征购置税政策延长2年；二是中央财政采取以奖代补，支持京津冀等重点地区淘汰"国三"及以下排放标准柴油货车；三是对二手车经销企业销售旧车，从2020年5月1日至2023年底减按销售额0.5%征

收增值税。同时，各地也在此基础上，进一步出台了相关汽车消费促进政策，对于下行周期同时遭遇疫情的汽车产业来说，起到了显著的稳定和拉动作用，并在一定程度上助推了汽车产业整体效率的触底反弹，坚定了中国汽车产业界的发展信心。

对应趋势性变化：需制定积极的产业政策，加快推动转型升级。为引导和加速汽车产业电动化、智能化、网联化、共享化新变革，国务院及相关部门发布了《智能汽车创新发展战略》《新能源汽车产业发展规划（2021－2035年)》《关于开展燃料电池汽车示范应用的通知》等顶层设计及相关具体政策措施，为中国汽车产业转型升级指明了方向、描绘了蓝图。同时，汽车行业企业联合编制了包括新能源汽车、智能网联汽车、节能汽车等主要技术领域的《节能与新能源汽车技术路线图2.0》，为中国汽车产业转型升级提供了具体的技术指引。

二 疫情带来短期剧烈影响，市场显示出强大韧性并恢复性增长

（一）汽车月度销量降幅收窄，市场波动寻底，疫情后触底反弹

2019年，受宏观经济下行、中美贸易摩擦持续、消费信心不足，以及"国六"排放标准提前实施、新能源汽车补贴大幅退坡等诸多因素影响，中国汽车销量2576.9万辆，同比下降8.2%，市场需求持续低迷，连续18个月出现负增长。其中，2019年下半年以来，汽车月度销量已从二位数的负增长逐步上移至个位数负增长。其中，乘用车的大幅下滑是拖累整体车市下行的主要因素，商用车销量经历2019年5~8月的"深V"调整后，转为正增长（见图2）。

2020年1~9月，受疫情影响，2月和3月汽车销量分别出现了80%、40%的大幅下滑。进入4月以来，随着新冠肺炎疫情逐步得到有效控制，以及国家和相关地方政府出台了一系列扶持政策，中国汽车市场在2020年5~

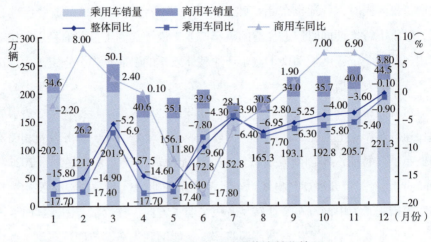

图2 2019年1～12月中国汽车销售情况

9月触底反弹，并恢复至正增长阶段，但从1～9月整体来看，同比仍处于负增长，同比降幅出现了明显收窄达到6.9%。

（二）乘用车市场需求延缓和需求升级并存，整体车市同比下滑，豪华车市场保持两位数增长

2019年，乘用车累计销量2144.4万辆，同比下降9.6%，相对于2019年的整体车市而言，乘用车的销量下滑幅度大于整体车市，同时也远大于商用车的下降幅度。从轿车、SUV、MPV、交叉型乘用车等细分结构来看，均呈下滑趋势，其中，SUV同比下降6.3%，其余车型降幅在10%～20%，这主要是由于经济增速放缓、消费挤出效应等。

2020年1～9月，中国乘用车销量达到1337.6万辆，同比下降12.4%，降幅较1～8月继续收窄3个百分点，疫情对2020年上半年汽车销量的影响逐步减弱。从细分车型来看，其中，MPV销量降幅最大，达到32.7%，轿车降幅次之，同比降幅达到16%，SUV、交叉型乘用车降幅在8%以下。

从汽车消费结构和消费水平来看，汽车消费升级等因素推动豪华车未受整体车市低迷的拖累，同时保持了高速增长的趋势。2019年，主要豪华车品牌实现了显著增长。宝马、奔驰、奥迪2019年销量分别达到72.4万辆、

70.2万辆、69.0万辆，正在从50万~75万辆级向75万~100万辆级迈进，同比分别实现增长13.1%、4.0%、4.1%。雷克萨斯、沃尔沃2019年销量分别达到20.0万辆、15.5万辆，正在从10万辆级向20万辆级迈进，同比分别实现25.0%、18.4%的高速增长（见表1）。

表1 2019年豪华车销售情况

品牌	2019年销量（万辆）	同比增速（%）	同比增速与整体车市增速相比（百分点）
宝马（含MINI）	72.4	13.1	21.3
奔驰（含SMART）	70.2	4.0	12.2
奥迪	69.0	4.1	12.3
凯迪拉克	21.4	−6.3	1.9
雷克萨斯	20.0	25.0	33.2
沃尔沃	15.5	18.4	26.6

（三）商用车需求基本稳定在400万辆，中重卡销量微降，客车销量小幅下滑

2019年中国商用车市场销量达到432.4万辆，同比微降1.1%，商用车需求总体稳定在400万辆上下的水平。从商用车细分市场来看，中重卡、轻卡同比分别下降0.9%、0.6%，而微货、客车则出现了小幅下滑，同比分别下降1.8%和2.2%。

2020年1~9月，中国商用车销量完成374.1万辆，同比增长19.8%，增幅较1~8月继续扩大2.5个百分点。分车型产销情况看，受疫情、其他交通方式替代等多重因素影响，客车销量同比下降9.5%；受益于经济的逐步恢复反弹，以及相关经济刺激政策的出台，货车销量同比实现了大幅增长，增幅达到23.2%。

（四）头部企业集中度上升，部分企业陷入困境，市场进入淘汰赛新阶段

从汽车整车市场来看，市场集中度进一步提升。2019年，重点汽车

企业集团销量合计为2329.4万辆，占汽车总销量的90.4%，与2018年同期相比提升了1.5个百分点（见表2）。市场集中度的提升集中体现了强者恒强的现象，而一些尾部企业则进一步陷入被动局面，特别是2020年新冠肺炎疫情发生之后，对于部分企业来说，其面临更为被动甚至退出市场的挑战。一是部分自主品牌企业走向举步维艰甚至退市的边缘，如众泰、力帆等部分企业；二是2020年上半年，造车新势力迎来"至暗时刻"，大批造车新势力陷入破产清算的边缘；三是部分弱势的合资品牌已难以适应汽车市场的竞争压力，如部分法系车品牌、韩系车品牌开始没落，市场竞争进入从增量向存量转变的淘汰赛阶段，市场结构也进一步优化整合。

表2 2019年中国汽车市场集中度

类别	销量		集中度	
	数值（万辆）	同比增长（%）	数值（%）	同比增长（百分点）
前十家	2329.4	-6.7	90.4	1.5
前五家	1756.5	-6.6	68.2	1.2
前三家	1324.1	-7.2	51.4	0.6

从汽车关键零部件市场来看，动力电池市场集中度提升明显。2020年1～9月，中国动力电池市场TOP 10企业的总装机量所占市场份额达到91.71%，与2019年1～9月的88.01%相比，增长了3.7个百分点。在《新能源汽车产业发展规划（2021－2035年）》等政策的引领下，中国动力电池市场集中度有望进一步提升，动力电池产业进入从结构分散向进一步集中发展的新阶段。

（五）短期新冠肺炎疫情对下行期的汽车市场影响巨大，长期发展趋势不改，未来发展空间较大

2020年初新冠肺炎疫情在全球范围内快速蔓延，其波及范围之广、

持续时间之长、影响程度之深超过预期。根据相关机构统计，截至 2020 年 3 月底，中国汽车行业 23 个重点企业集团复工率已经达到 97.1%，而复产率严重不足，仅仅达到 56.9%，这在一定程度上是汽车市场的急速下滑向供给侧传导而导致的。疫情发生后，从需求侧来看，消费者因担心收入下降等而在购车需求、消费能力和信心等方面呈现明显下降趋势；从供给侧来看，汽车供应链一度遭遇短暂断供的风险。而随着中国对疫情的基本控制、相关汽车消费促进政策的推出，以及经济的触底反弹，汽车销量呈现"深 V"反弹的发展趋势，至 2020 年 9 月，汽车销量已连续出现 10% 以上的月度增长，至 2020 年底，中国汽车市场有望实现或接近正增长，其背后也体现出中国作为全球最大汽车市场的强大担当、韧性和潜力。

从近中期来看，疫情对汽车市场规模的影响将是"剧烈而短暂"的，真正能够带来的长期影响是对技术和供应链的影响：在技术层面加速汽车产业向电动化、智能化的转型发展，疫情大幅提升了消费者的数字化观念和数字化生活方式的接受度，同时政府层面为提振和恢复经济，将新能源汽车产业作为重要抓手，由此可以预计，疫情对于加速汽车产业技术变革将产生显著而长期的影响；在产业链层面，将进一步促进中国对汽车供应链的重视，汽车产业链的稳定和安全将进入汽车产业政策的优先领域，围绕汽车产业链的"补链、固链、强链"将提上日程。

从中长期来看，近期中国汽车产业处于下行周期，叠加疫情影响，面临较大的压力，而从长期来看，中国仍处于汽车普及的中期阶段，长期平稳增长仍然可期。综合考虑中国经济发展总体平稳、长期向好的基本趋势，居民收入增长与经济增长基本同步的预期目标，民众出行需求与二、三、四线城市汽车消费潜力仍待进一步释放，道路交通基础设施将进一步完善等关键因素，中国汽车市场容量远未饱和，普及度仍待提高，换购与新购仍将带来巨大的增量空间，长期平稳低速增长与间歇性波动下滑将成为产业发展的主旋律，未来发展仍然值得期待。

三 新能源汽车财税政策撬动效应减弱，
技术回归市场本质

（一）央补退坡，地补取消，新能源汽车市场增速大降，10年来首现负增长

在以新能源汽车财政补贴、税收减免为核心的财税激励政策的驱动下，中国新能源汽车销量保持爆发式增长趋势。在新能源汽年年销量基数相对较小的2013~2014年，销量曾经达到300%~350%的超高速增长。2016~2018年，新能源汽车年销量保持高速增长，年增速连续保持在50%以上，其中，2018年为61.65%。而2019年，受新能源汽车补贴政策的大幅调整、经济增速放缓、"国六"标准切换等多重因素影响，新能源汽车年销量出现了10年来首次下滑，年销量120.6万辆，同比下降3.98%，与2018年61.65%的增速相比，相当于下降65.63个百分点（见图3）。其中，国家财政补贴大幅下调，地方补贴取消是增速下滑的主要因素。

图3 2012~2019年中国新能源汽车销量及同比增速

2020年1~9月，受新冠肺炎疫情、经济放缓等因素影响，中国新能源汽车销量为73.4万辆，同比下降17.7%，降幅从2020年1~3月的

56.4%、1～6月的37.4%大幅收窄，并出现持续回升的趋势（见图4）。分技术类型来看，纯电动汽车销量实现57.9万辆，同比下降18.6%，插电式混合动力汽车销量15.4万辆，同比下降13.9%，燃料电池汽车销量579辆，同比下降53.7%。

图4　2020年1～9月中国新能源汽车销量降幅稳步收窄

（二）政策调控效应减弱，新能源汽车产品开发的市场需求导向增强，磷酸铁锂动力电池技术路线得到"再审视"

以财税政策为主体的激励政策对中国新能源汽车产业从小到大、从弱到强的成长发挥了巨大的不可或缺的核心驱动作用，以一定的行政资源撬动了新能源汽车的市场化发展。但同时，新能源汽车激励政策也会带来一定的负面作用。

一方面，财税政策对于某些技术指标的关联度过高，在某种程度上会影响企业产品的技术研发，部分车企为了获得某一档位的财税激励，而采用的产品定义、技术参数未必是最合理的。在续驶里程层面，对于续驶里程指标的过度关注，在一定程度上会削弱小型短续驶里程的新能源汽车车型的市场竞争力。随着补贴政策的逐步退坡乃至2020年底的淡出，车企在新能源汽车技术研发过程中将不再导入"政策变量"，更有利于新能源汽车产品研发

回归技术本质。

另一方面，随着新能源汽车补贴政策效应的减弱，原来将新能源汽车补贴力度与动力电池能量密度强挂钩的效应也相应减弱，在此背景下，以磷酸铁锂动力电池为代表的先进适用技术，以其经济、安全、能量密度"够用"的特点，重新得到市场参与主体的"再审视"。特别是随着比亚迪"刀片电池"的推出，磷酸铁锂动力电池装车规模和企业数量显著增加。其中，2020 年 9 月，磷酸铁锂动力电池实现同比 34.0% 的增速，远高于三元动力电池 0.7% 的同比增速（见表 3）。

表 3　2020 年以来不同材料动力电池装车量情况

单位：MWH，%

材料种类	9 月	1~9 月累计	环比增长	同比增长	同比累计增长
三元材料	4753.7	27286.1	8.8	0.7	-33.7
磷酸铁锂	3839.0	18302.1	27.5	34.0	-9.6
锰酸锂	20.0	117.5	-37.5	-66.8	-94.2
钛酸锂	2.6	62.6	-92.4	160.0	-72.4
合计	8615.3	45768.3	15.7	12.7	-28.05

在 2020 年工业和信息化部第 10 批推荐目录车型中，有 42.42% 的新能源乘用车搭载了磷酸铁锂电池，随着比亚迪将一些新能源汽车的动力电池切换至磷酸铁锂，大众与国轩的资本与配套合作的推进，特斯拉磷酸铁锂版本 Model 3 的推出，以及比亚迪磷酸铁锂动力电池的拆分和外供，预期磷酸铁锂装车量将于近中期快速增长。

（三）经济社会环境的综合影响下，新能源汽车迎来大规模市场化的临界点，特斯拉等企业正在引领新能源汽车市场化新发展

在 2020 年世界新能源汽车大会上，全国政协副主席、中国科协主席万钢指出"当前，新能源汽车进入市场化和高质量发展攻坚期，要保持战略定力，坚定新能源汽车重大战略方向，加快推动新能源汽车由政策驱动向'市场 + 政策'双轮驱动转变"，这是对当期新能源汽车市场化发展阶段的

重要判断。

　　随着中国新能源汽车产业的爆发式增长及其性价比的显著提升，充电基础设施及相关配套环境的不断完善，消费者认知度和接受度的提高，一揽子综合性扶持政策体系的建立，在这种经济社会环境的综合影响下，新能源汽车正在迎来大规模市场化发展的临界点，这主要表现在以下三个方面。

　　一是以宏光 MINI 为代表的小型纯电动汽车在完全不依赖财政补贴的情况下，其经济型轿车获得市场充分认可。宏光 MINI 完全以市场需求为导向，续驶里程包括 120 公里和 170 公里两个版本，在 2020 年 8 月一经上市就实现了 1.5 万辆的销量，2020 年 9 月环比增长 34.33%，月度销量进一步提升至 2 万辆以上，并取得新能源汽车月度销量第一的佳绩（见表 4）。

表 4　2020 年 9 月中国新能源汽车销量 TOP10

单位：辆，%

排名	车型	当月销量	本年累计	上月	环比
1	宏光 MINI EV	20150	35150	15000	34.33
2	Model 3	11329	77898	11811	-4.08
3	欧拉黑猫	5141	21032	3748	37.17
4	AION S	4548	30515	4071	11.72
5	奇瑞 eQ	3823	19974	3307	15.60
6	汉 EV	3624	7229	2400	51.00
7	帕萨特 PHEV	3555	11924	992	258.37
8	理想 ONE	3504	18160	2711	29.25
9	秦 EV	3474	30301	2437	42.55
10	蔚来 ES6	3226	20387	2840	13.59

　　二是以特斯拉 Model 3 为代表的智能电动汽车形成了较强的产品竞争力和性能魅力，并获得市场的充分认可，其接受度甚至超过了同级别的传统燃油汽车，并以其综合竞争力开始向海外出口。2019 年底 Model 3 实现国产化

之后，特斯拉产品价格大幅下探，并建立了本地化零部件供应链体系，助推其 2020 年 1～9 月在中国实现了约 8 万辆的销量，并将以性价比实现对德国、法国、意大利等欧洲国家的出口。同时，作为全球新能源汽车的引领者，特斯拉更是获得全球资本市场的认可，2020 年 6 月其市值超过 1870 亿美元，超过丰田汽车的 1755 亿美元，从而成为全球市值第一车企。截至 2020 年 9 月，特斯拉市值已达到 4000 亿～5000 亿美元，是市值第二名丰田汽车的 2～3 倍。全球资本市场对特斯拉的认可，充分体现了全球范围对"智能新能源汽车大规模市场化时代正在加速到来"达成高度一致性预期。

三是以比亚迪汉、蔚来 ES6 等为代表的中高端电动汽车初步获得市场化成功。价值在 20 万～40 万元的中高端乘用车一直是中国自主品牌的禁区，甚至相关车企推出 15 万～20 万元的乘用车也多次无果而终，这在一定程度上反映了在品牌溢价上国内外车企的巨大差距。而在新能源汽车领域，在新能源汽车财政补贴政策力度较小甚至即将淡出的背景下，比亚迪汉、蔚来 ES 等一系列 20 万～40 万元区间本地品牌新能源汽车热销，并获得市场的初步认可，在一定程度上不仅体现了中高端新能源汽车性价比的大幅跃升，也体现了对本土新能源汽车车企品牌价值的重新审视和宝贵认可。

（四）中国在新能源汽车整车、动力电池全产业链方面，正在孕育世界级汽车和零部件龙头企业

中国新能源汽车产业从培育期进入发展期，成为引领全球汽车产业转型升级的重要力量。根据工业和信息化部的数据，截至 2020 年底，中国累计推广 480 万辆新能源汽车，年度产销量连续 5 年居全球第一，累计推广新能源汽车占全球的比例超过 50%。带动国内新能源汽车全产业链投资累计超过 20000 亿元，产业链上下游有效贯通，电池、电机、电控领域创新活跃，其中，动力电池技术水平和产业链规模处于全球前列。

中国新能源汽车产业已形成了从原材料供应、动力电池和驱动电机等关

键零部件研发生产，到整车设计开发及充电基础设施配套建设的完整产业链，形成了京津冀、长三角、珠三角、中南部地区四个集研发、产业化及推广应用于一体的新能源汽车产业聚集群。从整车方面来看，新能源商用车引领全球，宇通客车成为全球最大新能源商用车企业，并实现了海外出口。新能源乘用车方面，比亚迪、吉利等进入2019年全球新能源乘用车销量前十。

在动力电池领域，动力电池、电池材料、智能装备、电池管理系统等方面形成了一批具有较强国际竞争力的领军企业，包括动力电池领域的宁德时代、比亚迪，动力电池上游材料领域的贝特瑞、当升科技、赣锋锂业、天齐锂业，电池隔膜领域的恩捷、璞泰来、星源材质，动力电池装备领域的先导智能等均在各自的细分领域成为全球供应链中的领军企业。随着新能源汽车产业进入快速发展期，预计中国将在新能源汽车整车及动力电池全产业链领域诞生一批世界级汽车和零部件龙头企业。

（五）氢能和燃料电池汽车发展预期明显升温，总体仍处于小批量示范推广阶段

燃料电池汽车示范应用推广步伐加快。截至2020年6月，中国燃料电池汽车累计产销量分别达到6651辆和6581辆，相比2016年累计产销量增长了近10倍。燃料电池汽车应用领域以客车和物流车等商用车为主，其中，客车占比约60%，物流车占比约40%。燃料电池客车的主要生产企业有佛山飞驰、上汽大通、郑州宇通及北汽福田，物流车的主要生产企业有中通客车、上海申龙、东风汽车及佛山飞驰。燃料电池汽车示范区域主要集中在京津冀、长三角和珠三角地区，其中，公交车示范城市集中在张家口、郑州、佛山和云浮，物流车集中在上海、山东和佛山。2020年9月，财政部、工业和信息化部、科技部、发展改革委、国家能源局等五部门联合发布了《关于开展燃料电池汽车示范应用的通知》，标志着国家层面推动下的中国新一轮燃料电池汽车示范应用进入新阶段，有望遵循新能源汽车产业化发展道路，在未来5～10年实现燃料电池汽车产业培育和发展。

燃料电池产业链体系初步建立。中国燃料电池产业链体系已基本建立，关键零部件已启动国产化，尤其是在电堆、系统等方面，中国已基本实现国产化供应，车用燃料电池电堆生产供应企业从 2016 年的 4 家上升到 2019 年的 18 家，年产电堆数量从 630 台到 3023 台，输出总功率从 20MW 上升到 175MW。其中年产量在 2019 年达到百台以上的企业已有 4 家，包括上海神力、大连新源动力、江苏清能、广东国鸿等。

四　智能网联汽车示范测试纷纷落地，
　　PA 级自动驾驶技术加速普及

（一）智能网联汽车政策、法规体系初步建立，支撑了各地快速发展的智能网联汽车示范测试

智能网联汽车政策、法规体系初步建立。2018 年 4 月，工业和信息化部、公安部、交通运输部三部门联合印发《智能网联汽车道路测试管理规范（试行）》，为中国智能网联汽车上路奠定了政策法规的基石。同时，智能网联汽车相关的顶层设计也在不断完善。2018 年 6 月，工业和信息化部、国家标准化管理委员会联合印发《国家车联网产业标准体系建设指南（总体要求）》，为中国智能网联汽车标准体系建设提供了行动计划和蓝图。2019 年 9 月，国务院发布《交通强国建设纲要》，提出加强智能网联汽车（智能汽车、自动驾驶、车路协同）研发，形成自主可控完整的产业链。2020 年 2 月，发改委等 11 个部门联合印发《智能汽车创新发展战略》，明确提出建设中国标准智能汽车和实现智能汽车强国的战略目标，对中国智能汽车发展做出了全面部署和系统规划。2020 年 11 月，国务院正式发布《新能源汽车产业发展规划（2021－2035 年）》，明确了未来中国智能网联汽车的量产规模、能力水平和商业化应用范围等发展目标。2020 年 10 月，中国汽车工程学会发布《智能网联汽车技术路线图 2.0》，提出了中国智能网联汽车行业面向 2035 年技术层面的发展蓝图和优先行动项。

各地积极推进智能网联汽车道路测试区的建设工作，并开展自动驾驶

车辆道路测试（见表5）。截至2019年8月底，北京、上海、重庆、长沙、广州、杭州等超过20个城市规划开展自动驾驶道路测试，合计颁发测试牌照超过250张。截至2020年6月，全国已建成16个国家级测试示范区，20多个城市已允许企业开展道路测试，开放道路里程超过2600公里，70余家企业获得超过400余张道路测试牌照，部分城市已开展载人载物测试。

表5　2019～2020年全国各地出台的智能网联汽车道路测试相关政策

序号	省	市	时间	相关政策法规
1	广东	深圳	2020年3月	《深圳市关于推进智能网联汽车应用示范的指导意见（征求意见稿）》
2	浙江	嘉兴	2020年1月	《嘉兴市智能网联汽车道路测试管理办法实施细则（试行）》
3	北京	—	2019年12月	《北京市自动驾驶车辆道路测试管理实施细则（试行）》
4	广东	广州	2019年12月	《广州市智能网联汽车"三同"测试车辆管理办法（试行）》
5	河北	沧州	2019年9月	《沧州市智能网联汽车道路测试管理办法（试行）》
6	上海	—	2019年9月	《上海市智能网联汽车道路测试和示范应用管理办法（试行）》
7	北京	—	2019年9月	《北京市自动驾驶车辆测试道路要求（试行）》
8	湖南	长沙	2019年8月	《湖南省智能网联汽车道路测试管理实施细则（试行）》
9	安徽	合肥	2019年7月	《合肥市智能网联汽车道路测试管理规范实施细则（试行）》
10	北京	—	2019年6月	《北京市自动驾驶车辆测试道路管理办法（试行）》
11	湖南	长沙	2019年6月	《长沙市智能网联汽车道路测试管理实施细则（试行）v2.0》
12	浙江	湖州	2019年6月	《德清县关于支持开展自动驾驶测试服务的七条意见》
13	浙江	湖州	2019年4月	《湖州市自动驾驶汽车道路测试管理实施细则（试行）》
14	江苏	—	2019年3月	《关于做好智能网联汽车公共测试道路管理有关工作的通知》

续表

序号	省	市	时间	相关政策法规
15	浙江	湖州	2019 年 3 月	《湖州市自动驾驶汽车道路测试管理实施细则（征求意见稿）》
16	广西	柳州	2019 年 2 月	《柳州市智能网联汽车道路测试管理实施细则（试行）》
17	陕西	西安	2019 年 2 月	《西安市规范自动驾驶车辆测试指导意见（试行）》《西安市自动驾驶车辆道路测试实施细则（试行）》
18	海南	—	2019 年 1 月	《海南省智能网联汽车道路测试实施细则（试行）征求意见稿》

在互联互通方面，2019 年 10 月，中国智能网联汽车产业创新联盟联合相关机构开展了"四跨"互联互通应用示范活动，增加信息安全验证平台，对不同厂家 C - V2X 技术方案互联互通进行了规模测试，验证了中国 V2X 协议栈和安全机制的有效性。2020 年 10 月，中国智能网联汽车产业创新联盟联合相关机构开展了新四跨互联互通示范，在深化互联互通示范的基础上，同步开展了 C - V2X 先导应用大规模测试，开展了在 180 台 C - V2X 车载终端和路测单元真实工作的背景环境下，面向芯片模组、终端、整车、安全等全产业链的先导性应用功能和性能测试（见图 5）。

（二）智能网联汽车技术创新日趋活跃，PA 级自动驾驶技术加速普及，CA 级及以上高级别自动驾驶技术研发步伐加快

在以人工智能、5G 通信为代表的科技革命与产业变革的推动下，汽车作为新技术应用的最佳载体，正在加速智能化、网联化发展进程。目前，配备 PA 级辅助驾驶功能的乘用车已规模量产，同时，多家整车企业已经规划CA 级自动驾驶产业化目标。

PA 级自动驾驶技术加快市场渗透。根据中国智能网联汽车产业创新联盟的统计数据，2020 年 8 月，智能网联乘用车（PA 级）销量为 27.0 万辆，环比增长 7.9%；1~8 月，智能网联乘用车（PA 级）总销量为 164.4 万辆。

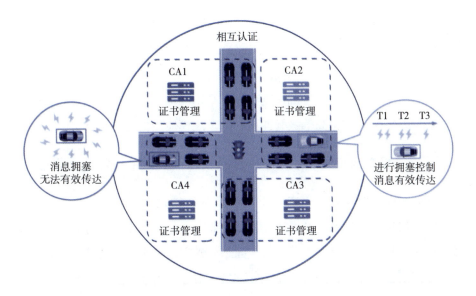

图 5　C-V2X 规模化运行能力的验证及 C-V2X 跨域安全身份认证

8 月智能网联乘用车（PA 级）销量占乘用车销售总量的 15.4%（见图 6）；
1~8 月，智能网联乘用车（PA 级）销量占乘用车销售总量的 14.6%。

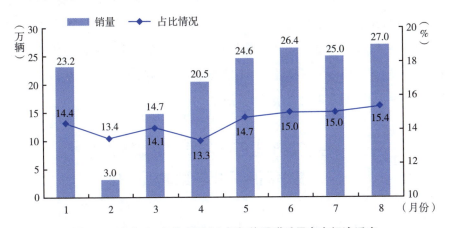

图 6　2020 年 1~8 月中国 L2 级智能网联乘用车市场渗透率

数据来源：中国智能网联汽车产业创新联盟。

同时，国内汽车企业纷纷加快具备 CA 级、HA 级自动驾驶功能及 C-V2X 功能的汽车研发，并发布相关量产计划。在网联化方面，中国 C-V2X

快速发展，产业生态体系健全。2019 年，上汽、一汽、东风、长安、北汽等 13 家车企共同发布 C - V2X 商用路标，计划于 2020~2021 年量产搭载 C - V2X 终端的汽车。同时，计算平台、激光雷达、毫米波雷达等核心零部件纷纷取得国产化突破。基础设施建设、高精度地图和高精度定位等取得阶段性进展，提升了支持高等级智能网联汽车规模应用的能力。

（三）智能网联汽车关键零部件研发与核心技术研发及产业化

在高精度传感器方面，中国 24GHz 毫米波雷达实现量产，77GHz 毫米波雷达也逐步实现量产；国内激光雷达企业的产品开发不断取得突破，多线激光雷达产品性能直追欧美产品，在固态激光雷达上也有所突破。

在控制芯片方面，国内企业从 ADAS 专用芯片到高等级自动驾驶计算平台等领域逐渐参与市场竞争，代表性企业有地平线、华为、全志、杰发科技等。在北斗高精度定位方面，国产的北斗系统具有后发技术优势，目前正进行大规模市场推广和产业化应用，2020 年 6 月，中国北斗系统组网成功。

在车载终端方面，通信终端厂商中，大唐、德赛、东软、华为、金溢科技、千方科技、三旗通信、万集科技、星云互联、中兴等国内企业均可提供支持 LTE - V2X 的车载终端和路测单元产品。在操作系统方面，国内华为、中兴、东软等积极开发自动驾驶操作系统核心平台技术，但仍需一定时间实现与汽车产业链的真正融合集成及落地。

五　智能共享出行稳步发展，成为汽车
制造商服务化转型的新支柱

（一）智能共享出行成为连接未来汽车、交通、能源、城市的战略制高点，汽车和科技公司加速布局

以网约车和分时租赁为代表的共享出行快速发展。共享出行是顺应共享经济时代市场消费新需求而出现的一种新型汽车消费文化。2019 年，中国

网约车用户规模超过 4 亿人，与 2016 年相比增长了 80.3%（见图 7a），在网民中的普及率达到 47.4%（见图 7b）；2019 年 10 月，中国分时租赁用户月均使用时长达到 2 小时（见图 7c），与 2018 年 11 月相比增长了 81.8%。

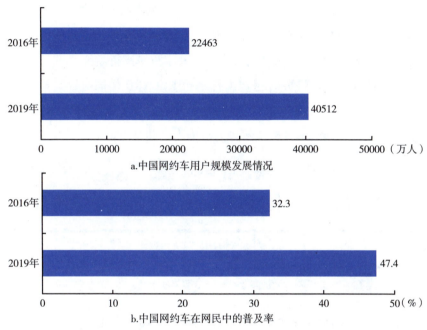

a.中国网约车用户规模发展情况

b.中国网约车在网民中的普及率

数据来源：国家信息中心。

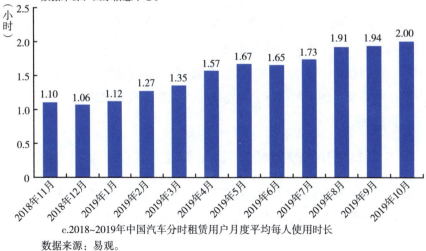

c.2018~2019年中国汽车分时租赁用户月度平均每人使用时长

数据来源：易观。

图 7　2016~2019 年共享出行相关数据

传统汽车制造商不仅聚焦于如何制造出安全可靠的产品，而且加快向绿色智能出行服务商转型升级。中国一汽、东风汽车和长安汽车三家汽车集团不仅分别成立了出行公司，还通过整合资源，联合腾讯、阿里等互联网企业，于2019年3月在南京共同出资组建T3出行服务公司，联手进入汽车共享出行领域，着力打造"智慧出行生态圈"。吉利汽车推出了新能源汽车出行服务品牌"曹操出行"，长城汽车推出了共享汽车出行品牌"欧了出行"，上海汽车集团在继续推进分时租赁出行平台EVCARD的同时，又推出了全新移动出行战略品牌"享道出行"，一汽、广汽、北汽、江淮等汽车企业，以及威马汽车、小鹏汽车等造车新势力也推出了共享出行平台（见图8）。

图8　相关汽车企业纷纷推出智能共享出行平台

滴滴出行通过一系列兼并重组逐步成为网约车市场的引领者，不仅占据国内网约车市场主导地位，同时还将业务拓展至海外市场，以及汽车资产和后市场、分时租赁、自动驾驶、智慧交通等领域。2019年，聚合模式受到高度关注和重视，继美团出行、高德出行发力聚合模式之后，滴滴出行也启动了聚合模式。

（二）共享出行成为新能源汽车、智能网联汽车的最佳应用场景

新能源汽车在智能共享出行领域实现大规模应用。截至2019年6月底，滴滴平台注册电动汽车数共96.7万①，在全国纯电动汽车保有量中的占比

---

① 截至2019年6月30日，在滴滴平台（国内）注册成功的网约电动汽车数量。

超过 3 成（34.4%）①。2019 年 6 月，仅在滴滴平台上纯电动汽车行驶里程数就达到 12 亿公里，在全国纯电动汽车行驶里程数中的占比超过 4 成（42.6%）②。

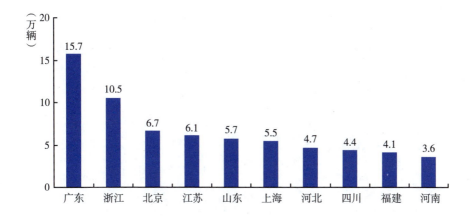

图 9　平台注册电动车数 TOP10

国内相关企业和城市加速推动无人驾驶共享汽车的示范测试。2019 年 9 月，45 辆百度 RoboTaxi 自动驾驶出租车在长沙智能示范区启动了试运行。该车型是由百度和红旗合作打造的一款前装的具备 L4 级自动驾驶功能的汽车，其整车电子电气架构都经过重新设计，减少了信号干扰和容易松脱等问题。2020 年 6 月，滴滴出行在上海嘉定投入了约 20 辆自动驾驶出租车，消费者可以通过滴滴出行 App 预约试乘，报名人数近 4 万人。此外，大众、曹操出行、小马智行、文远知行等汽车企业或科技公司也纷纷启动了在国内相关城市的自动驾驶出租车示范运营活动（见表 6）。

---

① 据公安部官方消息，截至 2019 年 6 月，全国纯电动汽车保有量 281 万辆，占新能源汽车总量的 81.74%。

② 据新能源汽车国家大数据联盟发布，2019 年 6 月，新能源汽车运行里程为 34.1 亿公里；其中纯电动汽车运行里程为 28.2 亿公里，纯电动汽车运行里程占比 82.7%。

表6 2018～2020年投入示范运行的RoboTaxi企业情况

企业	示范城市	示范规模	RoboTaxi打车平台	测试所用车型	示范情况
百度	北京、长沙、沧州	北京40辆、长沙45辆、沧州30辆	百度地图、DUTaxi、Apollo官网	红旗E－HS3	进一步扩大至重庆、广州等地
大众	合肥	10辆	奕妙App	奥迪e－tron	2021年开始启动载人测试
滴滴出行	上海嘉定	20辆	滴滴出行App	沃尔沃XC60、林肯MKZ	报名人数近4万人
小马智行	广州、北京	超100辆	Pony Pilot	林肯MKZ、广汽Aion LX、丰田Lexus RX	累计完成8万多次订单
文远知行	广州黄埔、开发区	40辆	We Ride Go App、高德地图	东风日产轩逸纯电、林肯MKZ	4000多名用户乘坐
曹操出行	杭州	5辆	曹操出行App	几何A	2021年开始启动载人测试
Auto X	上海嘉定	30辆	高德地图App，大众出行	林肯MKZ	进一步扩大至其他城市

（三）定制化共享汽车进入发展元年

由于共享出行用车与私家车在产品需求特征上有显著的差异，随着共享出行市场规模的不断增长，结合共享出行需求，设计和制造定制化的共享汽车便成为行业发展的需求。2020年，滴滴出行联合比亚迪共同设计了一款新能源共享汽车D1，标志着专门为共享出行而设计和制造的定制化共享汽车进入发展元年。

D1是两家公司专门为网约车服务开发的车辆。目前，两家公司在2020年内将1万辆车辆交付给滴滴的车队合作公司，2021年，D1的市场订单将达到10万辆。滴滴当前正在开发一系列与汽车相关的技术，并与大众、丰田、北汽和比亚迪等汽车制造商成立了多家合资企业，以在智能共享汽车开发和车队管理方面开展合作。

此外，曹操出行、T3 出行、一汽出行等出行平台也背靠吉利、一汽、东风等汽车企业，加快定制化电动共享汽车产品的开放，预计 2021～2022 年，将迎来一批面向共享出行而生的定制化电动共享汽车产品。

六 "抱团合作"成为企业应对技术变革和市场调整的共同选择

（一）新一轮产业变革和市场格局演变让汽车企业协作成为战略需求，全球车企、科技公司纷纷走向联合，凸显行业抱团趋势

为应对新一轮科技革命与产业变革，以及复杂的市场竞争格局，相关企业之间的联合显得格外重要。2019 年 7 月，大众和福特正式结成联盟合作关系，探索联合开发汽车的可能性，以分担设计新汽车和开发新技术的高昂成本。2020 年 6 月，双方进一步宣布将彼此的合作扩大至新能源汽车、自动驾驶汽车、商用车等新领域，目前大众已完成对福特控股的自动驾驶初创企业 Argo AI 的 26 亿美元投资。

2019 年 12 月，菲亚特克莱斯勒（FCA）与 PSA 集团关于对等合并正式达成共识，并签署了具有约束力的备忘录。2021 年将完成合并，合并后的新公司研发费与设备投资根据双方 2018 年实际支出来合计，约达 150 亿欧元，仅次于大众和丰田。新公司将有效利用这一优势，开发新四化等新一代技术。

2020 年 9 月，通用汽车与本田汽车达成战略合作，将在北美地区建立汽车业务联盟，围绕新能源汽车和智能网联汽车加强合作，以联盟的形式为各自的品牌开发车型。这进一步凸显行业抱团降低成本、提升效率的发展趋势，通过战略合作降低成本，加速汽车电动化、智能化转型成为汽车企业的必然选择。

（二）中国汽车企业、科技公司在加强"抱团合作"的同时，不断加快国际化步伐

发生在跨国车企间的研发和生产联盟同样发生在跨国车企和国内本土汽

车品牌之间，遗憾的是本土品牌之间的战略协作仍然难觅，或者缺少驱动力量。首先，跨国车企与国内本土相关整车企业围绕新能源汽车研发和量产开展合作。例如宝马汽车与长城汽车围绕新能源汽车合作成立了新公司"光束汽车"，根据宝马 MINI 车型联合研发一款小型电动汽车。丰田汽车与比亚迪成立合作公司，围绕新能源汽车领域开展联合研发和量产。

其次，围绕新能源汽车关键零部件的合作也被跨国车企和本土车企提上日程。典型事例是丰田汽车联合 5 家中国企业成立商用车燃料电池系统研发公司，并向相关车企供应燃料电池客车零部件。参与合资的 5 家企业分别是中国一汽集团、东风汽车集团、广汽集团、北汽集团、北京亿华通科技。丰田出资 65%、亿华通出资 15%，其他 4 家公司各出资 5%。

最后，在相关部门的引导和推动下，本土车企之间的联合协作也被提上日程。标志性事件是中国一汽、东风汽车、长安汽车三家央企之间，围绕前瞻技术、移动出行生态等产业链上游和下游开展合作，并以"T3 出行""T3 科技"等联合体的形式落地。

七 低碳加严、准入宽松、加快开放成为新时期汽车政策主基调

（一）蓝天保卫战背景下，低碳环保要求持续加严

2018～2020 年实施的蓝天保卫战三年行动计划提出了"经过 3 年努力，大幅减少主要大气污染物排放总量，协同减少温室气体排放，进一步明显降低细颗粒物（PM2.5）浓度，明显减少重污染天数，明显改善环境空气质量，明显增强人民的蓝天幸福感"的发展目标。汽车产业作为贯彻落实蓝天保卫战的重点产业之一，在大力推进"国三"及以下排放标准营运柴油货车提前淘汰更新、加快淘汰采用稀薄燃烧技术和"油改气"的老旧燃气车辆、部分地区提前实施"国六"排放标准、严格超标排放监管等方面开展了大量工作，燃油经济性标准不断加严。

在蓝天保卫战之外，中国还在实施温室气体减排政策。中国国家主席习近平在 2020 年 9 月召开的联合国大会上表示："中国将提高国家自主贡献力度，采取更加有力的政策和措施，二氧化碳排放力争于 2030 年前达到峰值，争取在 2060 年前实现碳中和。"国家层面提出的碳达峰与碳中和目标，将在宏观层面形成对汽车产业碳减排的长期倒逼效应，从这个角度来看，预计汽车产业面临的来自环境保护方面的压力将呈持续加严的基本态势。

（二）"放管服"改革背景下，产业准入政策有序放宽

在"放管服"改革深入推进的背景下，针对汽车产业多头管理带来的产业低效问题，国家已开始采取行动。2019 年 6 月，《道路机动车辆生产企业及产品准入管理办法》正式实施，其获得广泛关注的内容有对"代工生产"的放行，即"鼓励道路机动车辆生产企业之间开展研发和产能合作，允许符合规定条件的道路机动车辆生产企业委托加工生产"，以及推行集团化管理，即"鼓励道路机动车辆生产企业实施企业集团化管理"。2019 年 8 月，《国务院办公厅关于印发全国深化"放管服"改革优化营商环境电视电话会议重点任务分工方案的通知》提出：优化机动车产品准入，依法整合汽车产品公告、强制性产品认证、环保型式核准目录、道路运输车辆燃料消耗量达标车型公告等，实现一次送检、全面检测、结果互认。

2020 年 7 月，工业和信息化部与财政部、国家税务总局协商一致，将《新能源汽车推广应用推荐车型目录》《享受车船税减免优惠的节约能源使用新能源汽车车型目录》《免征车辆购置税的新能源汽车车型目录》《道路机动车辆生产企业及产品公告》同期发布，实现企业"一次申报、一并审查、一批发布"，大幅压缩审批时间，减轻企业负担，有力支持新能源汽车产业发展。

除了公告之外，准入政策的有序放宽还体现在汽车产业投资由核准制改为备案制这一政策改革上。2019 年 1 月，中国正式实施新版《汽车产业投资管理规定》，意味着此前由国家发改委实施核准制的严格的投资管理政策，调整为由地方发改部门实施的备案制。

（三）经济逆全球化回潮背景下，对外开放合作明显加快

2018 年以来，以美国为主挑起的贸易战及经济逆全球化给全球经济开放合作带来了严重的影响。为了应对这一挑战，中国实施了更高水平开放合作的基本对策。汽车产业是高度全球化的产业，中国汽车产业对外开放合作步伐明显加快。其中关于允许外商独资企业入场及放开合资股比限制的政策，在 2019～2020 年得到市场的积极回应。宝马提升了其在华晨宝马合资公司的股份至 75%，大众汽车收购了江淮汽车 50% 的股份，同时进一步将其在江淮大众合资公司的股份提升至 75%，而特斯拉则在中国设立了第一家外商独资汽车企业。

主题研究——面向2060年碳中和目标的中国汽车产业低碳发展道路

Theme Research: The Low – carbon Development Path of China's Automotive Industry Facing the Objective of Carbon Neutralisation in 2060

B.3

全球篇——汽车产业迈向碳中和目标是大势所趋

宋紫峰　刘雅甜　章素珍*

摘　要： 应对气候变化是人类实现可持续发展的必由之路。在过去半个世纪里，全球应对气候变化的国际合作尽管不时遭遇重大

---

* 宋紫峰，国务院发展研究中心产业经济研究部研究室主任、研究员，主要研究方向为新工业革命、产业政策、汽车产业、行为和实验经济学；刘雅甜，中国人民大学博士研究生，主要研究方向为产业经济学、网络经济学；章素珍，中国人民大学博士研究生，主要研究方向为产业经济学、网络经济学。

波折，但总体上依然取得了明显进展，凝聚了各方共识、明晰了责任义务、确定了行动路径。作为全球能源消费和温室气体排放的重要部门，汽车产业在转向绿色发展方面也付出了长期努力，取得了不少成效，但比照宏伟目标依然任重道远。2020年以来，新冠肺炎疫情全球大流行使世界百年未有之大变局加速演进，绿色转型发展加速并尽快实现"碳中和"目标就是其中一个重要特征。要真正做到这一点，仍需要克服一系列困难和挑战，成功的关键在于牢固树立和践行人类命运共同体理念。

关键词： 气候变化　国际合作　绿色发展　人类命运共同体

构建一个更加清洁美丽的世界，是全人类的共同期盼，也是实现可持续发展的必由之路。自20世纪70年代至今，国际社会对人类活动的环境影响特别是环境危害有了更加科学、系统和清醒的认识，就应对气候变化等关键议题的国际合作达成了一系列共识、倡议和法律文件；世界主要国家在推动节能减排、转向绿色发展等相关方面提出了很多战略规划和行动方案，一些国家取得了明显成效；汽车产业等关键产业部门也积极响应，力图在更好地满足出行需求的同时大幅减少全生命周期的环境污染和温室气体排放。但比照目标、环视挑战，过去几十年的努力程度和行动力度很可能依然不够。当今世界正处于百年未有之大变局，这是一幅涵盖主要国家综合国力对比、技术经济范式、国际政治格局、全球治理体系以及商业逻辑、社会结构、文化思潮、民族宗教、科技伦理等多维度全方位深刻变化的波澜壮阔的人类社会图景。在这个大的时代背景下，牢固树立人类命运共同体理念，是实现构建清洁美丽世界目标的重中之重。

一 对应对气候变化国际合作历程的简要总结

在国际社会层面，应对气候变化是构建清洁美丽世界的关键抓手。从现在的研究论证看，气候变化问题在人类社会进入工业文明时代后就已经实际出现了，但在发生之初人们既缺少感性认识，同时更缺乏理性认识。直到20世纪70年代，一系列极端天气的出现、海平面上升和北极海冰减少的事实以及其他生态系统的变化，让人们逐渐认识到气候变化问题的威胁，并开始有意识地开展行动。在这种情况下，通过控制和减少温室气体排放来缓释甚至有效解决气候变化问题，成为国际社会关注的焦点问题。

（一）20世纪70～90年代：从获得认知走向签署公约

20世纪七八十年代，气候变化问题开始被国际社会作为一项重要事项提上议事日程。1972年6月5～16日，为保护和改善环境，在瑞典斯德哥尔摩召开了第一次联合国人类环境会议。这是世界各国政府及主要国际机构共同探讨环境保护问题的第一次国际性会议。会议最终讨论通过了《人类环境宣言》和《人类环境行动计划》，阐明了保护和改善环境的7点共同看法及在此基础上的26项原则。尽管这次大会并没有直接涉及全球变暖问题，但开启了国际社会共同讨论环境保护应对问题、共同承担环境保护历史责任的先河，为后续行动树立了标杆。1974年联合国第六次大会特别联大要求世界气象组织（World Meteorological Organization，WMO）承担起研究气候变化问题的任务，联合国环境规划署管理协会第二届会议也对气候变化问题做出相应的决定。1979年2月12～23日，第一次世界气候大会在瑞士日内瓦举行，来自世界50多个国家的代表参加了此次会议。大会通过的宣言指出，粮食、水源、能源、住房和健康等各方面均与气候有密切关系；人类必须了解气候，才能更好地利用气候资源和避免不利的影响。宣言还要求各国有力支持"世界气候计划"的实施，而这个计划则强调要研究自然因子和人类活动因子对气候的影响和气候预测问题。这次大会最终推动建立了政府

间气候变化专门委员会（Intergovernmental Panel on Climate Change，IPCC）、世界气候计划和世界气候研究计划等一系列重要国际科学倡议，提高了人们对气候变化的意识和科学认识水平，对推动气候变化相关研究和评估工作有着重要贡献。①

1988 年，联合国环境规划署（United Nations Environment Programme，UNEP）和 WMO 联合发起设立了 IPCC。根据决议，IPCC 的职责包括提供关于气候变化问题的科学知识、气候变化问题的社会和经济影响的全面梳理，并就可能的全球性应对战略提出意见建议。自 1988 年至今，IPCC 共开展了5 轮评估并相应提交了报告，这些报告也成为世界范围内关于气候变化问题最权威的研究报告，并对应对气候变化的全球行动产生了重要的直接影响。

20 世纪 90 年代，承担应对气候变化问题的责任开始从一种倡议逐渐发展成为国际法律义务。1990 年，IPCC 出具了第一份评估报告，该报告确认了气候变化问题是一个重要的全球性挑战，并且强调应对这一挑战需要全球合作。1990 年底，联合国大会通过了设立气候变化框架公约政府间谈判委员会的决议，这标志着全球气候变化公约的协商、谈判进程正式开启。

1992 年 5 月 9 日，《联合国气候变化框架公约》（*United Nations Framework Convention on Climate Change*，以下简称《公约》）在联合国大会上正式通过，并于同年 6 月在巴西里约热内卢召开的联合国环境与发展会议期间开放签署。《公约》是国际社会第一个以控制二氧化碳等温室气体排放为主要目标的国际公约，也成为世界各国在应对气候变化问题上开展谈判和合作的基本起点。《公约》的核心内容包括四个方面②：一是确立了应对气候变化的最终目标，即将大气中温室气体的浓度稳定在防止气候系统受到危险的人为干扰的水平上；二是确立了国际合作应对气候变化的基本原则，主要包括"共同但有区别的责任"原则、公平原则、各自能力原则和可持续发展原则

① 中国气象报社：《第一次世界气候大会与 IPCC 的诞生》，http：//2011. cma. gov. cn/ztbd/qihoumeeting/beijing/200908/t20090827_ 43047. html。
② 外交部：《〈联合国气候变化框架公约〉进程》，https：//www. fmprc. gov. cn/web/ziliao_ 674904/tytj_ 674911/tyfg_ 674913/t1201175. shtml。

等；三是明确了发达国家应承担率先减排和向发展中国家提供资金技术支持的义务；四是承认了发展中国家有消除贫困、发展经济的优先需要。《公约》于 1994 年 3 月 21 日正式生效，也奠定了应对气候变化国际合作的法律基础，是具有权威性、普遍性、全面性的国际框架。

《京都议定书》是《公约》机制的延续，也是国际社会应对气候变化问题共同行动的一项标志性成果。《京都议定书》于 1997 年 12 月在日本京都举行的《公约》第三次缔约方会议上获得通过，并于随后两年开放签署。《京都议定书》提出，到 2010 年所有发达国家的二氧化碳等 6 种温室气体排放量要比 1990 年减少 5.2%，并约定在获得占全球温室气体排放量 55% 以上的 55 个国家批准后就成为具有法律效力的国际公约。

（二）21世纪第一个十年：《京都议定书》正式生效

尽管有一些评论认为《京都议定书》商定的温控标准过于宽松，并不足以应对气候变化带来的挑战，但毫无疑问，《京都议定书》的正式生效及其提出的一系列机制安排，是 21 世纪初国际社会在应对气候变化问题上取得的最关键成果之一。

2000 年 11 月，《公约》第六次缔约方会议在荷兰海牙举行，但由于美国坚持要求大幅减少其减排指标，会议陷入僵局。[①] 2001 年 3 月，美国政府正式宣布退出《京都议定书》。作为当时二氧化碳排放全球第一大国，这无疑给国际社会应对气候变化问题共同行动的前景蒙上了一层阴影。2001 年 11 月，《公约》第七次缔约方会议在摩洛哥马拉喀什召开，这次会议通过了与《京都议定书》履约问题有关的如执行规则、新型融资方式、规划工具等的一揽子高级别政治决定，为附件一缔约方国家批准《京都议定书》并促使其生效奠定了坚实基础。随后几年，《公约》缔约方会议在技术转让、资金机制等关键问题上经历了艰难的谈判。

最终，在 2004 年底触发了条约规定的生效机制后，《京都议定书》于

---

① 《盘点历届气候变化大会成果》，搜狐网，https：//www.sohu.com/a/204534502_752843。

2005 年 2 月 16 日强制生效。为达到《京都议定书》中所规定的限排目标，减少发达国家为达到限排目标而付出的代价，缔约方在经过讨价还价后引入了三种新的机制。一是清洁发展机制，即发达国家的政府或企业，以资金和技术投入的方式，帮助发展中国家实施减少温室气体排放项目的一种合作机制；二是联合履行机制，即发达国家之间通过项目合作实现的减排单位可以转让给另一个发达国家缔约方，但是同时必须在转让方的分配数量配额上扣减相应的额度；三是排放交易机制，即允许那些已经超额完成减排配额的国家将自己多减排的部分转卖给那些达不到减排配额的国家。① 同年底，在加拿大蒙特利尔举行的《公约》第十一次缔约方会议上，通过了双轨路线的"蒙特利尔路线图"，《京都议定书》缔约方在该框架内启动 2012 年之后发达国家温室气体减排责任谈判，而《公约》缔约方则同时在该框架内就应对全球变暖开展对话，实际上是确保美国不至于游离在全球性行动之外。2009 年 12 月，《公约》第十五次缔约方会议暨《京都议定书》第五次缔约方会议在丹麦哥本哈根举行，分别以《公约》以及《京都议定书》缔约方会议决定的形式发表了《哥本哈根协议》，决定延续"巴厘路线图"谈判进程，授权两个工作组继续进行谈判，并在 2010 年底完成工作，以代替将于2012 年到期的《京都议定书》。

（三）21 世纪第二个十年：《巴黎协定》力图接续

《京都议定书》及其第二承诺期解决了 2020 年之前全球温室气体减排目标问题，而 2020 年之后的问题需要依靠《巴黎协定》。《巴黎协定》是继《公约》《京都议定书》之后，国际社会应对气候变化第三个里程碑式的国际法律文本。

2011 年底，《公约》第十七次缔约方会议暨《京都议定书》第七次缔约方会议在南非德班举行，这次会议商定把《京都议定书》的法律效力延

---

① 《〈京都议定书〉来由始末》，中国网，http://www.china.com.cn/zhuanti2005/txt/2005 - 02/16/content_ 5787109. htm。

长 5 年（原定于 2012 年生效），并决定实施《京都议定书》第二承诺期及启动绿色气候基金。2012 年底，《公约》第十八次缔约方会议暨《京都议定书》第八次缔约方会议在卡塔尔多哈举行，这次会议就自 2013 年起开始执行为期 8 年的《京都议定书》第二承诺期达成一致。经过这两次会议，《京都议定书》事实上明确了 2020 年之前的全球温室气体排放控制问题，但 2020 年之后怎么办依然争执不下、悬而未决。

2015 年底，《公约》第二十一次缔约方会议在法国巴黎召开。经过之前长时间的谈判和准备，会议最终通过了《巴黎协定》。《巴黎协定》采取了"决议＋协议"的形式，内容覆盖目标、减缓、适应、损失损害、资金、技术、能力建设、透明度、全球盘点等内容。《巴黎协定》共 29 条，体现和聚焦了三方面内容。一是在坚持《公约》基本原则的基础上兼顾平等。《巴黎协定》明确了"共同但有区别的责任"和"平等以及各自能力原则"，强调所有缔约方均要承担温室气体减排的责任和义务，但发达国家和发展中国家在减排目标、资金、技术等方面有不同责任。比如，在减排目标方面，发达国家要率先实现温室气体绝对减排目标，而发展中国家则是逐步实现。再如，在资金援助方面，发达国家承诺在 2020 年之前实现每年向发展中国家提供 1000 亿美元的目标，并进一步提高资金的"可预测性"，同时鼓励其他国家在自愿基础上提供援助。二是达成了温控目标、适应能力、资金流向三项长期目标。比如，在温控目标上，《巴黎协定》提出要把全球平均气温升幅控制在高于工业化前水平 2℃以内，并力争控制在 1.5℃以内。三是建立了"自主贡献＋全球盘点"的温室气体减排机制。一方面，通过各个缔约方自主贡献以及公布各自的温室气体来实现减排并提高"透明度"；另一方面，利用全球盘点机制来督促提高行动力度。《巴黎协定》规定，自 2023 年起每 5 年对各国行动效果进行一次全球盘点，同时要求各缔约方主动汇报和评估应对气候变化行动进展。

近几年来，国际社会继续围绕《巴黎协定》的实施机制展开讨论和谈判。《公约》第二十二次缔约方会议给出了《巴黎协定》后续谈判的时间表和路线图，明确了 2018 年为制定和实施《巴黎协定》规则手册的最后时间

节点。2019 年 9 月 23 日，在第七十四届联合国大会开幕期间，联合国秘书长古特雷斯牵头召开了联合国气候行动峰会。会上，70 个国家宣布将在 2020 年前提升国家自主贡献目标，77 个国家、10 个地区以及 100 多个城市承诺在 2050 年前实现"碳中和"，即达成二氧化碳净零排放（排放量与消除量对等）。但是，《巴黎协定》在 2020 年后的实施依然存在一些阻碍。2019 年 11 月，美国政府正式通知联合国，要求退出《巴黎协定》；2019 年底，在西班牙马德里召开的《公约》第二十五次缔约方会议未能就《巴黎协定》实施细则的一些关键性议题达成一致。

（四）一些基本认识和评价

综观近半个世纪里国际社会应对气候变化问题的认识和行动，能得出以下一些基本判断，对当下也有启发和借鉴意义。

一是气候变化问题正严重威胁着人类发展的当下和未来，积极携手应对气候变化是唯一的理性选择。WMO 最新数据显示，2019 年是有仪器记录以来全球第二热的年份，平均气温比工业化前（以 1850～1900 年为参照）高了 1.1±0.1℃；2018 年全球温室气体浓度又创新高，二氧化碳浓度为百万分之 407.8±0.1，甲烷浓度为十亿分之 1869±2，一氧化二氮为十亿分之 331.1，分别比工业化前（以 1750 年为参照）增长了 147%、259% 和 123%，预计 2019 年仍持续增长；2019 年全球海平面平均高度也是自有高精度测量记录（1993 年 1 月）以来的最高值。这种情况不是今天才发生的。这些关键性指标出现类似的变化趋势，以及多种极端天气在世界各地的肆虐状况，在人类社会进入工业文明时代后已经持续了很长一段时间。以今天的科学和认知水平看，面对这种挑战，共同应对并携手构建一个清洁美丽的世界是唯一出路。

二是世界主要国家应对气候变化问题的态度长期以来都是明显分化的，有实质性约束的共同行动的达成很可能越发困难。全球应对气候变化问题的共同行动具有公共品属性。从理论上讲，公共品自愿供给是存在的，但如果缺乏长期有效的监督执行机制，自愿供给只能维持在一个相对较低的水平，并不足以实现集体利益最大化。实践也是如此。在这种情况下，主要国家的态度就具有风向标意义。总的来看，以欧洲国家为代表的发达国家和以中国以及一些小岛国为代表的发展中国家是比较积极的，而以美国为代表的发达国家以及部分发展中国家则相对消极。这种分化的状态是由经济发展阶段、产业发展情况、资源环境禀赋、社会价值取向等多方面复杂因素造成的，在短期内估计很难出现明显变化。在这种情况下，国际社会要达成有实质性约束的共同行动是比较困难的。从《公约》《京都议定书》《巴黎协定》这三个重要里程碑文件的谈判过程也能明显看到这一点，原则性共识容易达成，但越实质性、越具体的协议则越难形成一致意见，甚至多次出现明显的妥协和退让。这也启示我们，对应对气候变化国际合作有可能出现的波折反复要有清醒的认识和充分的准备。

三是绿色发展已经越来越内化成产业竞争力的重要组成部分，应对气候变化的行动与国家竞争力之间的同向关联将越发紧密。自工业革命以来，"先污染后治理"成为很多国家实现经济起飞及发展绕不开的历史逻辑。但随着社会环境意识的普遍提高、能源结构更多地向可再生能源转型、能源管理技术的不断发展应用、更多体现绿色的新兴产业的发展壮大以及生产制造服务过程效率的提升，产业发展的绿色化转型已经不再仅仅是方向和趋势，而是在很多领域成为现实。过去几十年来，这样的产业已经出现了很多，持续发展100多年的汽车产业是典型例证，发展历程较短的节能环保产业也是。在这样的变化之中，"绿色溢价"将在越来越多的产业中出现，绿色发展逐渐从一种资金负担转变为国际竞争力的新来源，绿色发展的内生基础正在持续集聚和夯实。从这个维度来看，很多国家应对气候变化问题的内在动机会越来越强，这对于更有效地开展国际合作是一个利好。

二 汽车产业实现碳中和目标任重道远

经过100多年的发展，汽车已经深度融入了人们的生产生活全过程，成为不可或缺的必需品。但在满足人们日益增长和多元化的交通运输需求的同时，汽车全生命周期的能源消耗和温室气体排放也在不断增加。展望未来，

汽车产业需要更快地向低碳绿色的方向转型，进而为构建一个更加清洁美丽的世界做出应有的贡献。

（一）汽车产业在转向低碳绿色发展方面已经取得明显成效

过去几十年里，汽车产业在转向低碳绿色发展方面做了大量工作，包括大幅提高生产制造效率、持续增加可回收材料用量、开发普及小排量汽车、快速提高燃油经济性、推动电动汽车和氢燃料电池汽车发展、发展二手车交易市场和汽车回收业务等。其中，最重要的是提高燃油经济性、实施更严格的汽车尾气排放标准和持续推动产品的电动化转型。

1. 燃油经济性提高、排放标准提高以及动力系统的电动化转型推动了汽车产业的低碳绿色发展

燃油经济性是汽车在保证动力性的前提下，以尽可能少的油耗量实现经济行驶的能力。汽车产品的燃油经济性与能源消耗及温室气体排放关联最为紧密。推动汽车产业持续提高燃油经济性的因素有很多，从外部看主要包括政府提出的企业平均油耗法规和征收燃油税，以及石油价格的阶段性高涨、行业自律等；从内部看主要是减少全生命周期使用成本从而提高产品市场竞争力。国际能源署（International Energy Agency，IEA）组织开展的一项研究发现，2005～2017年世界主要国家和地区新注册轻型车的燃油经济性指标都在不断提高，百公里油耗年均下降1.7%，2017年油耗平均为7.2L/100km。但与此同时，这些国家和地区之间还有比较大的分化，大致可以分为三类：第一类是油价低于1美元/升的发达国家包括澳大利亚、加拿大、美国等，这些国家2017年新注册轻型车燃油经济性指标在7.9～9L/100km，2005～2017年年均下降2%；第二类是油价高于1美元/升的发达国家包括欧盟成员、日本、韩国等，这些国家2017年新注册轻型车燃油经济性指标在5.2～6.9L/100km，同期年均下降2%；第三类是新兴市场国家，这些国家2017年新注册轻型车燃油经济性指标在6.5～8.5L/100km，同期年均下降1.2%。

汽车尾气排放标准的不断加严也是促进汽车产业低碳绿色发展的一个关

键推动力，实际效果也是非常明显的。以中国重点参考借鉴的欧洲标准为例，该标准是通过由欧洲经济委员会发布的排放法规和欧盟发布的排放指令得以实现的。自1992年开始实施欧Ⅰ标准以来，欧洲平均每4年左右就更新一次排放标准，目前执行的是欧Ⅵ标准。从欧Ⅰ到欧Ⅵ，标准及测试方式的变化是很大的，主要包括三个方面。一是覆盖的废气污染物种类不断增加，目前包括一氧化碳（CO）、烃（THC）、挥发性有机物（NMHC）、氮氧化物（NO_X）、烃＋氮氧化物（HC＋NO_X）、颗粒物（PM）等废气污染物。二是排放测试要求更加严格。除型式认证和生产一致性排放限值外，自2018年9月起又强制实施了全球统一的轻型车测试程序（WLTP）和实际道路行驶过程测试（RDE）两项新的排放测试要求。以RDE为例，车辆需要分别行驶在城市道路、乡村道路、高速公路上进行循环实测。测试要求的严格化和多样化，进一步确保了相关排放标准能够得到真正执行。三是排放限值要求持续趋紧。以欧Ⅵ和欧Ⅲ（前后相差13年）的对比为例，在轻型车方面，欧Ⅵ要求的CO排放标准是1g/km（欧Ⅲ标准是2.3g/km），NO_X排放标准是0.06g/km（欧Ⅲ标准是0.15g/km）；在卡车方面，欧Ⅵ要求的THC排放标准是0.13g/kW·h（欧Ⅲ标准是0.66g/kW·h），PM排放标准是0.01g/kW·h（欧Ⅲ标准是0.1g/kW·h）。

汽车动力的电动化转型近年来进展很快，再加上能源结构的低碳化转型，对推动汽车产业低碳绿色发展具有长期重要意义。根据IEA的统计，2005年全球电动汽车（包括纯电动汽车和插电式混合动力汽车）销量仅为0.189万辆；2005~2010年，全球电动汽车的年销量都在1万辆以下；2010年开始实现高速增长，2010~2012年都实现了三位数的同比增速；2012年首次迈过10万辆大关；2017年同比增长54.3%，并且首次迈过100万辆大关，市场渗透率超过1%；2018年同比增长68.2%，年销量接近200万辆（见图1），市场渗透率超过2%。根据EV Volumes网站的统计，2019年尽管中国、美国这两大市场销量同比负增长，但由于欧洲市场销量同比大幅增长，全球电动汽车销量同比依然实现了正增长，但增速下降到9%左右。不过考虑到2019年全球汽车市场总体的萎靡，电动汽车的发展依然是相对较

好的。与此同时，尽管体量规模还很小，氢燃料电池汽车的销量增长却是很快的，相关配套建设也在积极推进中。综合一些主要因素，包括电池技术的不断成熟和成本的持续下降、充电基础设施的快速成网，以及自2015年以来很多国家和地区特别是欧洲掀起了"燃油车禁售"浪潮等，电动汽车和氢燃料电池汽车的快速发展势头还将长期持续。2020年疫情发生以来，尽管全球汽车市场遭遇了史无前例的阶段性重创，但由于欧盟等推行"绿色复苏"政策等，电动汽车销量占比有大幅提高。

图1 2005～2018年全球电动汽车年度销量及同比增幅

资料来源：IEA（2019b）。

2. 一批行业领先企业在过去曾不同程度引领整个产业的低碳绿色转型，也希望在未来继续借此来巩固和提高竞争力

行业领先企业的行动通常代表了整个行业前进的方向，观察行业领先企业的发展是理解行业转型脉络的关键之一。我们如今讲的行业领先企业，有些是长期领先的，有些是后发先至的，有些则是刚进入者，但其中有一个共同点就是曾经在某个阶段引领了整个产业的低碳绿色转型发展，并借此获取竞争力。

一是大众汽车集团。作为世界主要的汽车生产制造企业之一，大众在实现低碳绿色转型发展上也有新的动作。近期，大众提出了新的环境目标即

"goTOzero"（见图2）。其内涵是，大众将致力于最小化其所有产品和移动出行解决方案的全生命周期环境影响。为了实现这个目标，大众将优先满足相关环保法规、标准要求并提供自愿保证。在实施这个环境目标的过程中，大众会重点聚焦四个领域，包括气候变化、资源、空气质量和履行环境法规。到2050年，大众将使产品全生命周期中所产生的温室气体排放量彻底降为零，并在中国以及全球其他市场完全实现碳中和；为了确保实施过程的完全透明，从2020年开始，大众将通过专为中国设定的"减碳指数"，对战略的实施进行衡量。[①]

图2　大众汽车集团 goTOzero 战略的基本原则

资料来源：大众汽车集团官网，https：//www. volkswagenag. com/en/news/stories/2019/07/co2 – getting – to – zero. html。

二是丰田汽车公司。综观其发展历史，丰田一直把减少车辆全生命周期的能源消耗和环境影响作为其竞争力的一个重要来源，也因此获得了多次成功。比如，丰田在20世纪70年代推出小排量汽车，在石油危机期间成功打入美国市场，低油耗已经成为企业的重要标签；自20世纪末推出世界上最

---

① 《实现零碳排放大众汽车在中国推进可持续发展》，碳排放交易网，http：//www. tanpaifang. com/jienenjianpai/2019/1104/66196. html。

早批量生产的混合动力汽车——普锐斯以来，在混合动力领域一直位居世界领先地位；最近几年，又依靠在氢燃料电池领域的长期积累，持续推进"氢电共存"的长期产品战略。再如，丰田在吸收借鉴他国先进经验的基础上，首创了精益生产方式，显著降低了汽车在生产制造过程中的能源消耗，也对全生命周期能耗及排放的降低有着重要意义。丰田于 2015 年发布了"丰田环境挑战 2050"战略，后续又于 2018 年发布了"2030 阶段目标"。根据这些规划①，丰田将积极"向零极限挑战"，实现"二氧化碳零排放"，具体包括六个方面。其一是挑战新车二氧化碳零排放。目标是到 2050 年，全球新车平均行驶过程中二氧化碳排放量比 2010 年削减 90%；到 2030 年的阶段目标是比 2010 年削减 35% 以上。其二是挑战全生命周期二氧化碳零排放。目标是到 2050 年，从材料制造到零部件、车辆制造，再到车辆的行驶与报废，力求在汽车的整个生命周期内实现二氧化碳零排放；到 2030 年的阶段目标是生命周期内的二氧化碳排放量较 2013 年削减 25% 以上。其三是挑战工厂二氧化碳零排放。目标是到 2050 年，全球工厂实现二氧化碳零排放；到 2030 年的阶段目标是较 2013 年削减 35%。其四是挑战将对水环境的影响降到最低。目标是到 2050 年，根据各个国家和地区的情况，实现用水量降到最低并进行排水管理，力求建成共享健康水环境的社会；到 2030 年的阶段目标包括优先在水环境影响较大区域开展行动等。其五是挑战构建循环型社会与体系。目标是到 2050 年，通过实践使用环保材料、延长零部件使用寿命、开发循环再利用技术、有效利用报废汽车的汽车生产四大支柱项目，实现最终极的可循环社会；到 2030 年的阶段目标包括确立从电池回收到再资源化的全球机制，建设完成 30 家合理处理报废车辆的示范设施。其六是挑战建立人与自然共生的未来。目标是到 2050 年，充实自然保护活动，将积累的知识与经验推广到周边社会和世界，为美好未来打下坚实基础；到 2030 年的阶段目标包括在日本国内建设 12 家"与自然共生的工厂"，在海外建设 7 家等。为实现这些目标，近年来丰田在普及推广油耗性能好的车

---

① 资料来源：丰田中国官网。

型、推进运输方式的转换、通过日常改善活动降低二氧化碳排放、灵活使用清洁能源等方面推出一系列举措，成效比较明显。

三是福特汽车公司。福特是最早关注气候变化问题的整车企业之一。2005 年底，在《京都议定书》正式生效后不久，福特选择了与当时的美国政府截然相反的态度，发布研究报告讨论气候变化问题、二氧化碳排放和全球能源问题对汽车产业发展的影响，认为积极应对气候变化问题包括减少矿物燃料使用等是维持企业长期竞争力的关键所在。在当时这个大的判断之下，福特就针对提高混合动力汽车和混合燃料汽车的产量、减少北美工厂温室气体排放、培养公众良好驾驶习惯等提出了一系列计划。近期，福特在其发布的《可持续发展报告 2018/2019》中明确提出①，通过减少产品排放及运营活动造成的排放，整车生产企业能够为实现《巴黎协定》设定的温升目标做出贡献。在福特制定的可持续发展战略中，气候变化战略是一个重要方面。福特认为，承担好应对气候变化共同行动中的职责，是其关键的责任和战略优先考虑因素。为达到这个目标，福特重点关注三个领域：其一是电动化，其二是提升混合动力和传统内燃机汽车的效率，其三是高效制造。与此同时，福特还建立了关于二氧化碳排放的模型，以确保其战略和行动力度能够符合 2℃温升的硬性要求。

四是特斯拉。特斯拉是汽车产业的新进入者，但凭借其在电动汽车领域的技术和产品优势，短短几年就成为全球汽车产业市值最高的企业。在汽车产业领域，特斯拉专攻电动汽车，并意图打造一个由 Powerwall、Powerpack 和 SolarRoof 等组成的清洁能源解决方案。近两年来，随着 Model 3 等新车型的推出和量产能力的提升，特斯拉在电动汽车领域中的行业领先地位越发稳固。2019 年，特斯拉的电动汽车销量同比增长约 50%，年销量约 36.78 万辆（其中仅 Model 3 车型就超过 30 万辆），在全球汽车企业中排名第一，超过排名第二的比亚迪近 14 万辆，两者之间的差距不断拉大。而且，与其他电动汽车车型重点依赖部分区域市场不同，特斯拉在美国市场表现最好，在

---

① "Our Future is in Motion：Sustainability Report 2018/2019"，福特公司官网。

中国、欧洲这些主要市场也都有抢眼表现。与此同时，作为一个新进入者，特斯拉发展电动汽车的思路与其他传统汽车公司有明显差异，也给这个市场注入了新的活力，推动了电动汽车的快速发展。

（二）汽车产业依然是能源消费和温室气体排放的大户

受内外部多种因素的共同推动，汽车产业多年来持续推进低碳绿色转型发展。但是由于在过去几十年中呈现持续增长态势并且保有量规模巨大，汽车产业面临的转型发展压力依然巨大。在过去30年里，从世界范围来看，交通领域能源消费占最终能源消费总量的比重呈现稳步提高态势，逐渐发展成为最大的能源消费部门。根据IEA的统计，1990～2007年，全球最终能源消费总量从6263948千吨标准油（ktoe）增长到9717294千吨标准油；同期，交通部门最终能源消费总量从1570530千吨标准油增长到2808148千吨标准油，交通部门最终能源消费增量占了全球最终能源消费增量的35.8%，是增速最高、净增贡献最大的单一部门。

二氧化碳排放量与能源消费量高度相关。根据IEA的统计，1990～2007年，交通部门的碳排放强度下降很有限，仅从$70.4gCO_2/MJ$（克二氧化碳/兆焦）下降到$68gCO_2/MJ$；同期，交通部门的二氧化碳排放量从459500万吨增长到804000万吨，几乎翻了一番。根据IEA"Tracking Transport 2020"的最新数据，2000～2019年，全球交通部门全年二氧化碳排放的年均增速为1.9%。目前，交通部门二氧化碳排放占燃料燃烧直接产生二氧化碳排放总量的24%，其中公路交通排放占交通部门总排放量的75%左右。

三 携手构建更加清洁美丽世界的长期趋势不会逆转

当今世界正处于百年未有之大变局，引发和引领这个大变局的核心变量有两个，一是新一轮科技革命和产业变革的发展走势及节奏，二是大国博弈及其导致的国际政治经济格局深层次变化。2020年以来在全球蔓延的新冠肺炎疫情，严重威胁着各国人民的身体健康和生命安全，还打乱了整个世界经济社会发展的正常秩序，引发了世界经济衰退。这些短期和长期因素，给应对气候变化国际合作等相关重要议题的推进带来了新的机遇和挑战。但无论如何，站在人类社会可持续发展的战略高度，牢固树立人类命运共同体理念、携手构建一个更加清洁美丽的世界，依然是唯一的正确选择。

（一）新一轮科技革命和产业变革蓬勃发展，为构建更加清洁美丽的世界提供了更多具有经济性的技术和模式选择

自第一次工业革命出现以来，科技革命和产业变革就成为改变人类社会生产生活面貌、决定大国兴衰以及重塑世界政治经济版图的决定性力量之一。在第一次工业革命中，英国通过发明改进蒸汽机和体系化创新，迅速推动了棉纺织等行业的发展，并借此成为世界第一强国。在第二次工业革命中，德国在化学工业中开创了企业内设 R&D 机构的先河，美国率先推动了电力工业的发展并在汽车工业中改进且实现了大规模流水线生产和纵向一体化企业发展模式。在第三次工业革命中，美国在航空航天、电子信息等行业实现了军民融合发展，推动人类进入历史上第一个"大众消费时代"，还进一步巩固了自身的世界领先地位。在当今新的时代中，历史的逻辑还将延续。

新一轮科技革命和产业变革进入大众视野已有近 10 年时间，在很多先进技术和发展模式等领域已经取得了积极进展，有些甚至已经取代传统技术和模式成为领先或者普遍实践，这其中不少都与汽车产业的低碳绿色转型发展有着紧密关联。比如，在电动汽车这一轮大规模发展的早期，主要是由于电源结构中传统化石能源占比依然很高，对电动汽车存在"节能不减排"的认识。近几年来，可再生能源发电的快速发展已经扭转了这个认识，这是因为目前风力发电、太阳能发电的技术成熟度已经很高，在很多国家的成本已经低于传统火电。与此同时，尽管世界范围内对电动汽车的补贴力度有所下降，但综合各种因素考虑，电动汽车与传统燃油车的"平价竞争"时代还是会很快来临。再如，智能制造的发展也会降低生产制造汽车过程中的能源消耗和温室气体排放。世界经济论坛联合麦肯锡发布的《全球"灯塔工

厂"网络：来自第四次工业革命前沿的最新洞见》报告从全球1000多家企业中筛选出44家"灯塔工厂"，其中与汽车产业紧密相关的最多，至少包括雷诺集团的巴西工厂和法国工厂、塔塔钢铁的荷兰工厂和印度工厂、宝马集团的德国工厂、福特奥特森的土耳其工厂、西门子的中国工厂、福田康明斯的中国工厂、潍柴的中国工厂、上汽大通的中国工厂、博世的中国工厂、宝山钢铁的中国工厂、浦项制铁的韩国工厂。这些"灯塔工厂"在生产效率、可持续性、敏捷性、上市速度、定制化等重要指标上相比行业普遍水平都有显著提升。雷诺集团法国工厂通过员工互联使浪费减少13%，通过数字化优化流程使生产效率提升10%，全数字化能源管理系统在部署后的一年内将能耗降低了5.8%；潍柴中国潍坊工厂通过对设备性能进行实时监控使维护成本降低10%；等等。再考虑到无人驾驶技术、共享出行模式、智慧交通体系等先进技术和模式的发展及数字经济的广泛渗透，新一轮科技革命和产业变革的蓬勃推进为汽车产业低碳绿色发展提供了更多可能性和更广阔空间。

（二）主要国家和领先企业依然在大力推动低碳绿色发展，为实现"碳中和"长期目标、构建更加清洁美丽的世界提供了更多内生动力

近几年来，主要国家和领先企业在推动低碳绿色发展方面的长期战略并没有发生改变，多数还在进一步加强。欧盟一直是绿色发展的积极倡导者和推动者。欧盟委员会主席冯德莱恩近期呼吁，欧盟应坚持实施总投资规模高达1万亿欧元的"欧洲绿色协议"投资计划，并将其作为应对疫情、恢复经济的重要事项；德国、法国、意大利等十几个欧盟国家积极响应，将落实"欧洲绿色协议"作为各国经济恢复过程中的重要任务。① 欧洲媒体分析认为，尽管新冠肺炎疫情导致欧盟经济陷入衰退，各成员国将提振国内经济作为当前首要任务，但各国对气候变化等问题的重视程度有增无减。欧洲议会

---

① 《欧盟重申绿色发展计划》，人民网，http://world.people.com.cn/n1/2020/0508/c1002-31700338.html。

环境委员会执行副主席弗朗斯·蒂默曼斯也表示，经济的"绿色复苏"不仅是可以实现的，而且对欧盟十分重要，欧盟不能再重蹈覆辙，现在需要让经济更加清洁及可持续发展。作为世界上最大的发展中国家，中国在推动低碳绿色发展上的战略决心和行动力度长期有增无减。在国内，中国提出创新、开放、绿色、协调、共享的新发展理念，提出要坚决打赢污染防治攻坚战，大力淘汰落后产能，积极推动可再生能源、电动汽车、智能制造以及数字经济等新技术和模式的发展，倡导低碳绿色生活方式；在国际上，积极推动《巴黎协定》的谈判实施，呼吁携手共建一个更加清洁美丽的世界。

在这样的战略导向下，各类绿色发展指向的法律法规和行业标准被陆续推出，对企业而言实现低碳绿色转型不仅关乎提高竞争力的"高线"目标，还越来越成为关乎企业生存的"底线"目标。汽车产业面临的中长期发展环境也是如此。随着多国政府对燃油经济性和温室气体排放标准的持续加严，汽车企业绿色转型发展面临的压力越来越大，无法提供符合相应标准并且仍有竞争力的产品就意味着失去整个市场。类似的例子近几年里多次出现，这无疑给整个汽车产业转向低碳绿色发展施加了很大的外部压力。但更为重要的是，整个社会转向绿色发展的明确战略方向，为汽车产业积极创新行动提供了长期稳定的外部环境，使企业能够有通过绿色转型实现更好发展的稳定预期，这实际上为企业提供了更多的内生动力。

（三）构建一个更加清洁美丽的世界确实面临不少挑战，关键是要牢固树立和践行人类命运共同体理念

人类活动对环境造成显著负面影响的历史已经很久，从第一次工业革命开始算起大约已有两个半世纪；而人类对这个问题有科学认识和应对的历史则明显较短，如前所述大约只有半个世纪。应该认识到，在当下要解决这些历史遗留问题本身就很有挑战性。而且，围绕实现这个目标的共同行动还面临着很多扰动因素。比如，从《京都议定书》到《巴黎协定》，每一次里程碑文件的达成都是经过重大妥协才实现的，其设定的目标和行动力度都是打了折扣的，产生这个问题的很大一部分原因是一些主要国家特别是大国的反

复和不合作态度。这样的问题在未来一段时间内很可能难有改观。再如，新冠肺炎疫情暴发这种概率低、影响大的事件出现也将在中短期带来重大影响。疫情暴发使世界各国几乎在同一时刻"停摆"，根据世界银行2020年6月《全球经济展望》的预测，2020年全年世界经济预计将收缩5.2%，这将是第二次世界大战以来程度最深的经济衰退，人均产出下降的经济体数量将是1870年以来最多的。这种经济衰退对绿色转型有积极影响，但也有不少消极影响，包括石油价格的大幅下跌在短期内扭转了新能源与传统能源的比价关系并阻碍了对新能源的投资，居民收入下降抑制了"绿色溢价"，等等。这些都可能使低碳绿色转型的步伐在一段时间内放缓。如果类似的冲击多次发生，考虑到应对气候变化等问题的紧迫性，其后果是非常严重的。

面对这些既有长期也有短期、既能预见也不可预见的挑战，要尽快实现构建更加清洁美丽的世界这样一个对人类社会可持续发展至关重要的目标，相互猜忌、拒不合作是不可取的，各自为政、"各扫门前雪"也是不够的，唯一的出路就是牢固树立和践行人类命运共同体理念，从人类社会发展的长远和大局出发携手应对挑战，切实加强合作。汽车产业作为全球能源和温室气体排放的重要部门，有责任有义务加快推动低碳绿色发展，并为实现"碳中和"长期目标做出应有贡献。

参考文献

国务院发展研究中心产业经济研究部、中国汽车工程学会、大众汽车集团（中国）主编《中国汽车产业发展报告（2018）》，社会科学文献出版社，2018。

世界经济论坛、麦肯锡：《全球"灯塔工厂"网络：来自第四次工业革命前沿的最新洞见》，2019年12月。

宋紫峰、周业安：《收入不平等、惩罚和公共品自愿供给的实验经济学研究》，《世界经济》2011年第10期。

International Energy Agency, "Fuel Economy in Major Car Markets: Technology and

Policy Drivers 2005 – 2017", March 2019.

International Energy Agency, "Global EV Outlook 2019", May 2019.

World Bank Group, "Global Economic Prospects", June 2020.

World Meteorological Organization, "WMO Statement on the State of the Global Climate in 2019", 2020.

B.4
国内篇——国家减排承诺倒逼汽车产业实现碳中和

朱永彬　王晓明*

摘　要： 本报告回顾了改革开放以来，伴随工业化进程的推进，中国温室气体排放的阶段性特征与现状，发现2012年之后，中国大体进入工业化后期和经济增长新常态，加之中国采取的一系列减排行动和政策，碳排放量增速出现明显回落。同时，由于近年来国际局势和时代背景发生了深刻变化，本报告也对中国减排形势进行了分析：一是美国退出《巴黎协定》给中国带来巨大的减排压力；二是2020年暴发的新冠肺炎疫情严重冲击全球经济，也给各国应对气候变化带来不确定性。在这些复杂的国际环境和时代背景下，中国始终坚定不移推进气候变化国际合作，认真落实自身减排责任，为全球应对气候变化创造良好氛围、树立信心。对于交通部门来说，随着未来经济社会发展对交通服务的需求还将增长，交通用能也会不断上升。此外，以道路交通为主的运输结构调整、减少对化石能源的依赖以及通过技术进步降低交通部门能源强度等方面举措有望扭转交通领域技术路径，向绿色低碳方向转型。从具体实践效果看，中国为缓解城市交通拥堵、改善

---

* 朱永彬，中国科学院科技战略咨询研究院副研究员，主要研究方向为气候变化与绿色低碳转型、数字经济与数字化转型、产业技术创新体系与政策等；王晓明，中国科学院科技战略咨询研究院研究员，主要研究方向为第四次工业革命与国家创新体系、产业技术创新战略与政策、区域创新体系和创新生态等。

城市空气质量、保证交通用能安全以及推动交通可持续发展而制定的许多相关政策都将促进交通领域的碳减排。

关键词： 减排形势　交通碳排放　交通用能　低碳政策

《巴黎协定》开启了全新的气候治理模式，其鼓励各国根据自身经济社会发展需要提出各自具有远见的减排目标、政策与行动。中国于 2015 年正式向《联合国气候变化框架公约》秘书处提交了中国国家自主贡献目标，提出了 2030 年前碳排放达峰以及碳排放强度降低 60%～65% 等一系列远景目标。根据《巴黎协定》要求，各缔约方要在 2020 年前提出面向 2050 年的减排目标，以指导各国中长期减排行动。

2020 年 9 月 22 日，中国国家主席习近平在第七十五届联合国大会一般性辩论上发表重要讲话，做出了"碳排放力争于 2030 年前达到峰值，努力争取 2060 年前实现碳中和"的承诺。习近平指出："这场疫情启示我们，人类需要一场自我革命，加快形成绿色发展方式和生活方式，建设生态文明和美丽地球。应对气候变化《巴黎协定》代表了全球绿色低碳转型的大方向，是保护地球家园需要采取的最低限度行动，各国必须迈出决定性步伐。中国将提高国家自主贡献力度，采取更加有力的政策和措施，二氧化碳排放力争于 2030 年前达到峰值，努力争取 2060 年前实现碳中和。要树立创新、协调、绿色、开放、共享的新发展理念，抓住新一轮科技革命和产业变革的历史性机遇，推动疫情后世界经济'绿色复苏'，汇聚起可持续发展的强大合力。"

一直以来，交通领域都是碳排放的重要来源，也是发达国家的重点减排部门，中国交通领域碳排放近年来也呈逐年递增的态势。其中道路交通碳排放作为交通领域碳排放的主要来源，其未来的排放路径将直接影响中国减排目标的实现。因此，本报告在回顾中国总体碳排放历史趋势和现状的基础上，分析了现阶段在复杂国际局势和新冠肺炎疫情影响下中国面临的减排形

势，进而对交通运输部门能源消费特征进行研究，涉及中国道路交通碳排放的总体趋势以及未来可以采取的低碳政策和行动。

一 中国温室气体排放现状与减排行动

（一）中国温室气体排放现状

从经济部门的温室气体排放情况来看，工业部门无疑是人类活动最大的能源消耗和温室气体排放部门。根据 IPCC 第五次评估报告，2010 年全球 490 亿吨 CO_2 当量排放中，工业部门直接温室气体排放占总排放的 21%，来自电力和热力的间接温室气体排放占总排放的 11%，二者之和占全球总排放的 32%，高于其他部门（如建筑、交通）的排放。

对正在经历快速工业化的中国来说，工业排放更是占据总排放中的主导地位，且占总排放的比重随工业化进程的推进不断上升。进入 21 世纪后，尤其是 2003 年以来在重化工业快速发展的背景下，工业部门排放随之迅速增加，其中以重化工业为代表的能源密集型制造业能源消耗占工业总能耗的近 80%。

改革开放以来，中国工业化进程加速推进，经济总量也表现为持续高速增长的态势。统计数据表明，中国国内生产总值从 1978 年的 3679 亿元已经增长到 2019 年的 988528 亿元。若按可比价格计算，1979～2019 年平均经济增速达到 9.6%。自 1995 年开始，中国便开启了对老牌发达资本主义国家的追赶进程：经济总量在 1995 年超过加拿大、2000 年超过意大利、2005 年超过法国、2006 年超过英国、2007 年超过德国、2010 年超过日本，完成了对 G7 国家中 6 个国家的赶超，经济排名从第 11 位提高到第 2 位。若按 2010 年美元不变价计算，中国经济总量在全球经济中的占比已经从 1978 年的 1.8% 上升为 2019 年的 16.4%，1979～2017 年中国经济对世界经济增长的贡献率平均达到 18.3%，2013～2017 年的平均贡献率更是高达 28.1%，比美国高出 11.5 个百分点。与此同时，中国同美国经济总量上的差距也快速缩小：1978 年仅为美国的 6%，1995 年则提高到美国的 10%，2006 年达到美国的 20%，2012 年突破 50%，如今已经超过 67%，成为经济总量位居世界第二的经济大国。

经历了改革开放后 40 多年的工业化快速推进过程，中国已经从工业化初期发展到工业化后期，实现了历史性的飞跃。1979 ~ 2019 年，中国三次产业的平均增速分别为 4.5%、10.7% 和 10.6%，其中第二产业发挥了显著带动作用。当前，中国已跃升为世界第一大工业产出国，非农产业增加值占比也已超过 90%，主要的工业和农业产品产量都位居世界前列，粮食、肉类、油料等农产品以及原煤、钢材、水泥和发电量等也连续多年居于全球首位，在 500 多种主要工业品中，有 220 多种产量位居世界第一。中国已经建立起全世界最完整的现代工业体系，成为全世界唯一拥有联合国产业分类中全部工业门类的国家；并且伴随着工业化进程的快速推进，中国制造业还在不断发展壮大，在全球 230 多个国家和地区，几乎都能见到"中国制造"的产品。从发展历程来看，中国从 2010 年开始就已成为产出第一的制造大国，与该地位相匹配，2013 年中国又跃升为世界第一货物贸易大国。联合国数据表明，2019 年中国制造业增加值达到 55897.94 亿美元，占世界比重达到 24%，比位居第二的美国制造业增加值多出了 2 万亿美元，几乎是美国、日本、德国等国家制造业增加值的总和。伴随中国制造业发展的突飞猛进，全球制造业的分布格局也发生了巨大改变：世界制造业中心经过两个多世纪的迁移已经转移到中国。

IPCC 第五次评估报告指出，受到《京都议定书》的排放目标约束，发达国家纷纷将高耗能、高排放的工业部门转移到发展中国家，近几十年来工业产品的生产和消费已经转移到亚洲，而中国已经成为几种主要工业产品（水泥、铁矿石和有色金属、石油化工产品等重化工业产品）最大的生产国和消费国。尤其是进入 21 世纪以来，中国的主要工业品产量持续翻番，主要工业产品均居世界前列，中国在成为世界第一制造大国的同时，也成为世界第一排放大国。

随着中国工业化进程的推进，尤其是在重化工业主导和外向型经济特征的驱动下，中国能源消耗量和碳排放量呈现快速增长的显著趋势。根据世界银行提供的碳排放历史数据，可以发现，中国碳排放的阶段性特征非常明

显。第一阶段对应1978年到2001年，此时中国碳排放处于缓慢增长阶段，碳排放总量从1462 $MtCO_2$增长到3488 $MtCO_2$，20多年仅增长了1.4倍，与当时第一排放大国美国和第二排放地区欧盟相比，中国碳排放总量在1978年不足美国的30%，到2001年已经达到美国的62%；与此同时，由占欧盟排放量的38%提高到与欧盟排放量基本持平；在全球总排放量中的占比则由不足8%提高到14%左右。

第二阶段对应2002年到2012年，由于加入世界贸易组织（WTO）的缘故，中国经济潜能进一步释放，外向型经济进一步带动工业化进程的加速推进，世界制造业中心加速向中国转移。此时中国碳排放处于高速增长阶段，碳排放总量从3850 $MtCO_2$增长到10028 $MtCO_2$，10年间就增长了1.6倍。在此期间，中国碳排放总量于2005年超过美国成为第一排放大国（世界银行数据，业界通常认为2007年中国碳排放超过美国），2010年更是超过美国和欧盟之和，到2012年则超过美国、欧盟和俄罗斯的排放之和。与其他国家相比，2012年中国碳排放量在全球的比重已经达到28.4%，是美国的1.97倍，欧盟的3.3倍，俄罗斯的5.5倍，日本的8.1倍，印度的4.9倍。

第三阶段对应于2012年之后，很多学者认为中国自2012年之后便进入工业化后期，该时间节点与中国经济进入"新常态"基本一致。基于工业化规律，处于工业化后期的经济体，其产业结构会由重化工主导转向技术密集型产业主导，同时经济增速也将由高速增长相应地转向中高速增长。从中国近些年经济运行呈现的新常态特征——增速趋缓、结构趋优、动力转换来看，其与上述工业化规律也基本一致。在此阶段，中国碳排放增速显著放缓，根据世界银行提供的数据，中国碳排放总量在2012年到2014年仅增加了260 $MtCO_2$，与第二阶段高达1000 $MtCO_2$的最高年增量相比已经有了明显的回落。而且数据显示，2014年到2016年中国碳排放总量还出现了下降。

尽管不同机构给出的碳排放数据存在一定的差异，但其所反映的趋势性特征大体一致。关于中国历史排放数据，官方并没有发布连续时间序列的排放数据，仅在2004年、2012年、2017年和2018年向UNFCCC提交的《中华人民共和国气候变化初始国家信息通报》、《中华人民共和国气候变化第二次国家信息通报》、《中华人民共和国气候变化第一次两年更新报告》以及《中华人民共和国气候变化第三次国家信息通报》和《中华人民共和国气候变化第二次两年更新报告》中报告了 1994 年、2005 年、2010 年、2012年和 2014 年国家温室气体清单（见表 1）。

表 1　1994～2014 年中国二氧化碳排放清单

单位：亿吨二氧化碳当量

类　别　＼　年　份	1994	2005	2010	2012	2014
1. 能源活动	27.95	56.65	76.24	86.88	89.25
2. 工业生产过程	2.78	7.13	10.75	11.93	13.30
3. 农业活动	—	—	—	—	—
4. 废弃物处理	—	0.03	0.08	0.12	0.20
5. 土地利用、土地利用变化和林业	−4.07	−8.03	−10.30	−5.76	−11.51
总量(不含 LULUCF)	30.73	63.81	87.07	98.93	102.75
总量(包含 LULUCF)	26.66	55.78	76.77	93.17	91.24

　　结合其他数据来源，如 IEA 和 BP，可以看出自 2012 年以来中国碳排放总量增长趋势已经明显放缓（见图 1）。

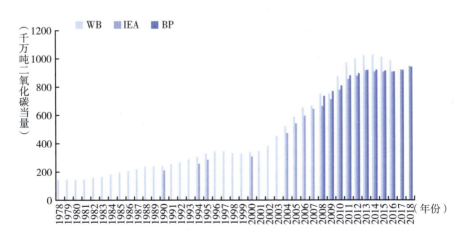

图 1　1978～2018 年中国碳排放总量增长趋势

（二）中国减排行动与立场

自党的十七大报告提出生态文明以来，中国生态文明思想不断发展与升华。随着对气候变化科学认知的不断深化，中国从相对被动应对逐渐向积极贡献和争取引领的方向转变，应对气候变化的理念发生了明显变化。随着理念创新，中国应对气候变化的目标也在不断拓展更新。

"十二五"规划首提约束性减排目标。中国在"十一五"规划中首次提出量化节能目标，2010年相比2005年将单位GDP能源消耗降低20%，但只提及"相应减少二氧化碳排放"。为落实哥本哈根会议承诺目标，"十二五"规划将单一的节能目标扩展为一组节能低碳目标，2015年相比2010年单位GDP能源消耗降低16%，二氧化碳排放降低17%，非化石能源占一次能源消费比重达到11.4%，这是中国首次在社会经济发展规划中提出约束性的、量化的减少二氧化碳排放目标。

中国应对气候变化的减排力度不断加大。2009年哥本哈根气候大会前夕，中国政府自主提出2020年应对气候变化目标：2020年相对2005年单位GDP二氧化碳排放下降40%~45%，2020年非化石能源占一次能源消费比重达到15%左右，2020年相对2005年森林面积增加4000万公顷，森林蓄积量增加13亿立方米。为确保2020年减排目标的实现，为2030年自主贡献目标打好基础，"十三五"规划提出一系列约束性目标，到2020年单位GDP能源消费比2015年下降15%，单位GDP二氧化碳排放下降18%，非化石能源比重达到15%，森林蓄积量比2015年增加14亿立方米左右。随后出台的《"十三五"节能减排综合工作方案》强调，要实施能源消费总量和强度双控措施，力争2020年能源消费总量控制在50亿吨标准煤以内，煤炭占能源消费总量比重下降到58%以下，其中电煤占煤炭消费量比重提高到55%以上，非化石能源占能源消费总量比重达到15%，天然气消费比重提高到10%左右，基本形成以低碳能源满足新增能源需求的能源发展格局。

中国确立2030年碳排放达峰目标。为推动巴黎气候大会成果的实施，2014年11月和2015年9月，中美两国元首先后发表《中美气候变化联合声明》和《中美元首气候变化联合声明》，中国提出在 2030 年前后实现碳排放峰值并将努力争取早日达峰，这是中国首次提到峰值目标，同时提出了一系列具体的减排目标和政策措施，其中包括 2017 年启动全国碳排放交易体系的计划。2015 年 6 月 30 日，巴黎会议前，中国政府正式向《联合国气候变化框架公约》秘书处提出 2020 年后强化应对气候变化的国家自主减排贡献 NDC 目标，其中包括：碳排放到 2030 年前后达到峰值并争取尽早达峰，单位 GDP 碳排放强度在 2005 年基础上下降 60%~65%，非化石能源占一次能源消费比重达到 20% 左右，森林蓄积量比 2005 年增加 45 亿立方米左右等。

中国做出 2060 年实现碳中和的最新承诺。2020 年 9 月 22 日，中国国家主席习近平在第七十五届联合国大会一般性辩论上发表重要讲话，做出了"二氧化碳排放力争于 2030 年前达到峰值，努力争取 2060 年前实现碳中和"的重大承诺，显示出中国绿色低碳发展的雄心。在生态文明和可持续发展理念引领下，经过多年努力，中国通过调整产业结构、优化能源结构、节能提高能效、加强温室气体与大气污染物协同治理、增加碳汇和低碳试点等多措并举，应对气候变化工作取得显著进展。数据表明，2018 年中国单位 GDP 碳排放强度比 2005 年累计下降 45.8%，提前完成承诺的减排目标，若换算为减排量，相当于减排了 52.6 亿吨二氧化碳；非化石能源占一次能源消费的比重达到 14.3%，基本扭转了碳排放快速增长的局面。此外，中国持续推进大规模国土绿化和生态保护修复工程，不断增强国家适应气候变化的能力，应对气候变化的体制机制也不断完善，全社会应对气候变化的意识得到大幅提升，为应对全球气候变化做出了突出贡献。

二 复杂国际环境与时代背景下中国减排形势分析

2020 年是国际气候应对进程的关键年，各国在 2015 年巴黎气候变化大会上同意在此之前重新审视各自的气候承诺，并在 2020 年提交新的承诺。2020 年 3 月 23 日是第 60 个世界气象日，世界气象组织将 2020 年的主题确

定为"气候与水",旨在进一步提醒人们关注新形势下气候与水跟人类生产生活的关系,以更切实有效的行动守护蓝色星球。

回顾《巴黎协定》签署以来发生的一系列事件,包括美国退约、新冠肺炎疫情引发的全球政治经济格局大调整,都将对全球应对气候变化产生深远影响,也给中国未来减排形势带来诸多压力和不确定性。

(一)美国退出《巴黎协定》导致中国承受的减排压力增大

《巴黎协定》是人类历史上第一份全球意义上的减排协定,相比《京都议定书》参与减排的国家大幅增加。该协定明确提出 2020 年之后全球气候合作的目标,采取以"国家自主贡献"为核心的"自下而上"的温室气体减排模式,在"共同但有区别的责任"原则框架下,由各国提出各自在减缓和适应等领域的具体减排措施,由此奠定了 2020 年后的全球气候治理格局。

然而,2017 年 6 月初,特朗普突然宣布美国将退出《巴黎协定》,其认为该协定是"华盛顿签署的对美国不利而有益他国的协议中最新的证明"。在特朗普看来,发展石油、煤炭等传统能源工业有助于带动美国就业,进而恢复美国经济,而"《巴黎协定》将破坏美国经济、扼杀美国工人、削弱美国主权,该协定施加给美国不可接受的法律风险,并使美国在面对世界其他国家时,永远处于不利地位"。这种"不利"主要表现为三个方面。一是美国会为此付出沉重代价。特朗普认为,《巴黎协定》签署后,美国为落实其自主减排承诺,将付出一系列代价,包括失业增加、工厂倒闭、经济缩水等。并且预计到 2025 年,美国为此减少的就业岗位将达到 270 万个,其中制造业岗位占比将近 1/6;到 2040 年,美国的竞争力和经济实力将进一步受到削弱,受影响尤为严重的行业包括煤炭、钢铁、天然气和水泥等高耗能行业。最终评估认为,美国因《巴黎协定》将遭受 3 万亿美元的 GDP 损失,流失约 670 万个工作岗位。二是美国在全球合作减排中遭遇不公平待遇。特朗普声称,中国在其所提交的国家自主贡献方案中承诺在 2030 年实现碳排放达峰,意味着在此之前中国的碳排放还会出现巨大增长;印度的煤炭产量不仅可以在 2020 年之前翻番，而且其还为参与全球减排设置了前提条件，即获得发达国家的大量资金援助。三是《巴黎协定》实施的减排效果存疑。特朗普援引一份研究报告的结论称，即便所有国家兑现各自的减排承诺，到本世纪末对全球变暖的抵消作用也不会超过 0.2℃。本质上讲，特朗普试图摆脱《巴黎协定》对美国经济的约束，其根本目的就是继续维持并延续美国的霸权。

美国退约给全球气候治理带来严峻挑战。中美作为经济总量和温室气体排放量最大的两个国家，两国之间的气候合作是《巴黎协定》得以达成、签署和生效的最关键因素，也是全球气候治理的核心动力。美国退出《巴黎协定》的决定，不仅将导致发达国家承诺"2020 年以前每年向发展中国家提供 1000 亿美元的资金援助"在资金份额分配上发生变化，使得原本就对资金援助存在争议的发达国家阵营再次面临分裂的可能，而且发展中国家应对气候变化的政策也可能由于资金援助等问题而生变，最终退回到观望和"搭便车"的立场，甚至可能出现"多米诺骨牌效应"导致其他国家先后退约。而《巴黎协定》确定的"自下而上"的全球气候治理模式，发挥作用的关键在于大国在其中可以起到至关重要的引领和示范作用。

美国退约给中国带来巨大的减排压力。中美两国温室气体排放总量占到全球温室气体排放的 40%，美国退出《巴黎协定》后，已批准国家的温室气体排放总量占全球温室气体排放的比例骤然下降到 67%，而中国在其中就占到了高达 1/3 以上的比例，由此国际社会都把希望寄托在中国身上，希望中国接过全球气候治理的领导权，带领各国实施《巴黎协定》。因此，中国因美国退约而面临空前的减排道义压力，其应对气候变化的每项政策和行动，都会被国际社会解读和评判，进而做出是否符合"负责任大国"的标准判断。

中国应对气候变化行动与立场。面对美国退约留下的"减排真空"等严峻挑战和压力，中国继续以高度负责任的态度，在气候变化国际谈判中发挥积极、建设性作用，加强与各国在气候变化领域的多层次磋商与对话，促进各方凝聚共识，为推动全球气候治理进程、深化应对气候变化国际合作发

挥了重要作用。中国政府继续积极参与《巴黎协定》后续相关谈判，推动建立公平合理、合作共赢的全球气候治理体系，在波恩气候大会和其他气候变化对话磋商中发挥了积极的建设性作用。习近平主席在联合国日内瓦总部发表《共同构建人类命运共同体》的演讲，表示《巴黎协定》的达成是全球气候治理史上的里程碑，各方要共同推动协定实施，不能让这一成果付诸东流。

在气候变化多边进程面临不确定性的背景下，中国积极展示推进生态文明建设的行动，表明继续推动全球气候治理的积极意愿，坚定发出支持多边主义的强烈政治信号，建设性参与《联合国气候变化框架公约》（以下简称《公约》）主渠道谈判。在谈判中，积极推动会议就重要议题达成共识，坚定维护《公约》的合作框架，坚持公平、"共同但有区别的责任"和各自能力原则，与世界各国携手推进《巴黎协定》实施细则各项议题的后续谈判，不断加强《公约》和《巴黎协定》的全面、有效和持续实施。

（二）疫情冲击全球经济给应对气候变化带来不确定性

2020年，新冠肺炎疫情全球蔓延，对世界经济造成显著冲击。一方面，疫情在全球范围内加速扩散，不确定性急剧升高，投资者信心受挫，从而引发金融和资本市场动荡；另一方面，各国为控制疫情传播严格限制人员流动和交通运输，对经济按下暂停键，从消费端和生产端两个方面同时给经济运行带来压力。2020年5月联合国发布报告预测，受疫情影响，2020年全球经济预计萎缩3.2%。在低迷表象下，世界经济格局暗流涌动，原有运行秩序和竞合逻辑酝酿巨变，世界经济格局或已接近从量变到质变的临界点。疫情可能催生经济衰退、系统性风险上升、全球性供需结构失衡和产业链重构等重大变化。

截至目前，新冠肺炎疫情在中国已经基本得到控制，但在海外却在加速扩散。世界卫生组织（WHO）数据显示，新冠肺炎疫情已蔓延至150多个国家或地区。伴随着疫情的变化，其带来的全球经济影响将继续发酵。经济合作与发展组织（OECD）最新发布的世界主要经济体第二季度经济数据显示，中国二季度经济环比增长 11.5%，是唯一实现经济正增长的成员。二十国集团（G20）总体环比下降 6.9%，大多数成员经济都出现前所未有的下降：美国 -9.1%（按年率计算萎缩 32.9%）；欧盟 -11.4%（欧元区 -11.8%）；德国 -9.7%，创下自 1970 年有季度经济数据统计以来环比最大降幅；法国 -13.8%，迄今已连续三个季度出现负增长；英国 -20.4%，为有记录以来最大季度环比降幅；意大利 -12.8%，奥地利 -7%，日本 -7.8%，韩国 -3.3%，芬兰 -3.2%，以色列 -28.7%，泰国 -12.2%，马来西亚 -17.1%，墨西哥 -17.1%，哥伦比亚 -15.7%。金砖国家中，印度降幅最大为 -25.2%，南非次之为 -16.4%，巴西 -9.7%，俄罗斯 -3.2%。9 月 16 日 OECD 发布了世界经济中期展望报告，根据报告预测，2020 年全球经济将萎缩 4.5%。在对世界主要经济体的展望中，OECD 预计中国经济 2020 年将实现小幅增长，是二十国集团中唯一实现正增长的经济体。中国有效控制住境内新冠肺炎疫情使经济得以较快恢复，是此次最新报告中大幅上调中国经济增速预期的主要原因。

在全球经济衰退的背景下，欧盟、金砖国家等主要气候集团的经济也受到重创，这势必对各国应对气候变化的决心和前景产生影响。一边是新冠肺炎疫情，一边是气候变化，各国政府的表现证明，其尚不具备同时应对两场全球性危机的能力。与此同时，欧盟委员会日前宣布，被寄予厚望的《欧洲绿色协议》中关于保护生物多样性、打造绿色食品产业链的诸多计划，将因疫情暂时搁置。

在疫情影响下，油价暴跌、股市熔断等成为全球新焦点，极地冰融、海平面上升、珍稀物种灭绝等关于气候变化的消息被疫情导致的经济衰退掩盖，难以再引人关注。为此，联合国秘书长古特雷斯明确指出，2020 年是实现温室气体较 2010 年排放水平减少 45% 目标的收官之年，对本世纪中叶实现"零排放"目标至关重要，而新冠肺炎疫情确实让全球气候治理"难上加难"。受疫情影响，全球范围内不少风电项目错过招投标时限，除风电外，太阳能、蓄电池等清洁能源供应链均遭遇不同程度破坏。此外，疫情带来的经济衰退风险，导致原油价格暴跌，也让风电等可再生能源项目投资因

动力不足而延迟。

为确保《欧洲绿色协议》中能源转型任务落实不受疫情冲击，欧盟委员会近日紧急从总规模49亿欧元的"连接欧洲便利"专项基金中，拨出9.8亿欧元注入欧洲各大能源基础设施项目。除上述急救措施外，欧洲还试图将其技术革新能力转化为产业升级能力，整体打造引领全球迈向"零排放经济"的中长期竞争力。然而，由于波兰、捷克、匈牙利、爱沙尼亚四国在能源转型尤其是停止火电开发上一直无法达成共识，正在集中精力应对疫情的欧洲理事会和欧盟委员会难以在应对气候变化问题上发出统一的"欧洲声音"。

反观中国，中国一边抗击疫情，一边大规模投资从清洁能源到电动汽车等低碳行业，同时欧美低碳技术先进企业正在向更具创新吸引力的中国产业园区迁移，这对全球协同应对气候变化是一大利好。国际货币基金组织最新数据显示，由于积极向开发可再生能源和清洁能源转型，中国近年来对全球温室气体减排的贡献逐渐扩大。在可再生能源技术升级和开发应用等问题上，"中国经验"值得借鉴。

（三）中国推进气候变化国际合作的努力

在加强气候变化国际交流与合作方面，中国与有关各方积极开展应对气候变化和绿色低碳发展领域的对话交流与务实合作，推动气候变化南南合作，对促进应对全球气候变化发挥积极的建设性作用。

借助领导人外交积极推进气候变化国际合作。2018年7月，中欧领导人会晤期间发表《中欧领导人气候变化和清洁能源联合声明》，展现共同应对气候变化的坚定决心。2018年9月，习近平主席在中非合作论坛北京峰会开幕式上表示，中国愿同非洲加强在应对气候变化等生态环保领域的交流合作。2018年11月，习近平主席在巴布亚新几内亚与建交太平洋岛国领导人集体会晤时表示，将向各国提供力所能及的帮助，携手推动《巴黎协定》有效实施。2019年3月，习近平主席访法期间，中法双方发表联合声明重申两国将共同应对气候变化挑战，全方位履行《巴黎协定》。2019年4月，中国与新西兰共同发表《中国—新西兰领导人气候变化声明》。2019年4月，智利总统访华期间，双方发表联合声明指出中方积极支持智利发挥联合国气候变化会议主席国作用，推动大会取得积极成果。2019年6月，习近平主席与俄罗斯总统签署两国《关于发展新时代全面战略协作伙伴关系的联合声明》，提出加强双方包括应对气候变化在内的自然灾害防治和紧急救灾领域合作，欢迎《巴黎协定》实施细则达成，并将进一步加强气候行动。2019年11月，法国总统马克龙访华期间，中法两国共同发表《中法生物多样性保护和气候变化北京倡议》。2020年6月22日，习近平在北京以视频方式会见欧洲理事会主席米歇尔和欧盟委员会主席冯德莱恩，双方就推动绿色低碳、数字经济等广泛领域合作达成共识，并约定在联合国、世界贸易组织、二十国集团等框架内就公共卫生安全、气候变化、可持续发展等重大问题加强协调合作。9月22日，习近平在第七十五届联合国大会上进一步做出承诺：碳排放力争于2030年前达到峰值，努力争取2060年前实现碳中和。

加强政府层面的气候变化共同应对行动。2018年7月，生态环境部和欧盟签署《关于加强碳排放交易合作的谅解备忘录》。2018年11月，第一次中加气候变化部长级对话在北京举行，生态环境部与加拿大环境部签署《关于气候变化合作的谅解备忘录》。2019年4月，第八次中欧能源对话会议召开，国家能源局与欧盟委员会签署《关于落实中欧能源合作的联合声明》，强调清洁能源合作对履行《巴黎协定》的重要意义。2018年9月，中国与南非签订《中华人民共和国政府与南非共和国政府关于气候变化领域合作的谅解备忘录》。2018年11月，中国与阿根廷发表联合声明，强调将推动开展环境保护、可持续发展等领域合作，共同应对气候变化。2019年7月，中国与阿联酋签署环境保护合作谅解备忘录。2019年10月，第三届中国—太平洋岛国经济发展合作论坛期间，与有关太平洋岛国举行环境保护和气候变化分论坛，并就气候变化挑战与未来合作进行交流。

深化应对气候变化南南合作帮助其他发展中国家。据统计，截至2019年9月，中国已与其他发展中国家签署30多份气候变化南南合作谅解备忘

录，在低碳示范区建设、减缓和适应气候变化项目、应对气候变化南南合作培训班等领域加强合作。2019 年以来，中国积极推动与柬埔寨、老挝、肯尼亚、加纳、塞舌尔的低碳示范区合作磋商和落实，推动与埃塞俄比亚、埃及、几内亚等 10 余个国家减缓和适应气候变化物资赠送项目的执行及与博茨瓦纳、乌拉圭、菲律宾等国的新项目磋商，并举办 9 期气候变化南南合作培训班，其中包括两期共建"一带一路"国家培训班、两期太平洋岛国培训班。积极推动三方合作，加强与《公约》秘书处、联合国教科文组织、联合国粮食计划署、联合国粮农组织、绿色气候基金、全球能源互联网合作组织等在气候变化南南合作领域的交流合作。中国政府还通过项目实施、物资捐助、技术援助等方式，与其他发展中国家开展了气候适应、清洁能源、防灾减灾、生态保护等领域的合作项目。2019 年 4 月，"一带一路"绿色发展国际联盟在北京成立，旨在促进共建"一带一路"国家开展生态环境保护和应对气候变化，实现绿色可持续发展。进一步提升亚洲基础设施投资银行在应对气候变化、促进绿色发展中的作用，通过资金动员、能力建设、促进技术转让等方式，帮助各成员增强应对气候变化的能力。

三 交通运输部门能源利用与碳排放趋势特征

交通运输领域包括道路运输、铁路运输、航空运输和水路运输，其中，道路交通始终是交通运输领域排放的主体。交通部门作为石油消耗大户，一直是全球石油消耗最大且增长最快的部门。

（一）交通运输能源消费量随经济社会发展而不断增长

从能源消费量来看，交通运输是国民经济第二大用能部门，仅次于工业部门。根据美国运输部的统计数据，美国交通运输部门的能源消费量占其全社会总用能的比重在 25% ~ 29%，并且近年一直呈现逐年上升的趋势。日本交通运输的能源使用量数据也显示，交通运输也是仅次于工业部门的第二大用能部门，占全社会总用能的比重在 16.2% ~ 24.4%，动态变化趋势表现为逐年上升并趋于稳定；欧盟交通运输业的能源消费量同样呈逐年上升趋势，在全社会能源消费总量中的比重在 26.8% ~ 32.9%。中国交通运输部门占全社会能源消费的比重则达到 7% ~ 9%，近年来有一定幅度的增加。与上述发达国家相比，中国交通用能的占比明显偏小，这与中国现行的交通运输能源消费量统计口径有关，由于只统计了营业性运输工具，而未包含数量较大的私人交通工具，因此对交通用能量存在低估现象。有研究表明，若按照国际统一口径进行测算修正，2000 ~ 2007 年中国交通运输业能源消费量占全社会总用能的比重为 16.3% ~ 17.2%。由此可以看出，美国和欧盟的交通运输部门能源消费要比中国高得多，这与其产业结构中工业比重较低有关。这反过来也说明中国交通运输部门的能源消费需求上升空间巨大。

从国外交通运输发展的历程和经验可以发现，伴随着经济社会发展水平的提高，人们对出行的需求也日益提高，对出行安全性、舒适性、便捷性的追求也会提高，因此交通运输的能源消费总量及其占全社会总用能的比重必然呈现快速上升的趋势。当经济社会发展到一定阶段后，交通运输将成为能源消费（特别是石油消费）的最主要领域。根据 BP 能源展望的预测，未来交通用能的增长将主要集中在亚洲的发展中国家，占未来世界交通用能净增长的 80% 左右，主要源于经济社会日益发展将增加对交通服务数量和质量的需求。但是尽管对运输服务的需求迅速增长，由于交通能源效率的迅速提高，未来交通运输的能源消费增幅并不会继续扩大。

（二）交通运输结构仍以道路交通用能为主，航空次之

从全世界范围来看，不同国家的交通运输结构存在一定的差异，不同运输方式在能源消费结构上的比例也各不相同。从不同运输方式的能源消费比例构成来看，道路运输通常占有绝对比重：如美国不同的交通方式中公路、民航、水运、管道、铁路的能源消耗比重分别为 80.7%、8.9%、4.6%、3.4% 和 2.4%，这主要反映出美国的交通运输结构特征，即美国的高速公路和民用航空网络十分发达，交通运输对道路运输高度依赖，而在中远距离旅客运输上民航承担主力功能，铁路主要承担部分货物运输和城际旅客运

输，因此所占比重很低。

经过多年发展，日本已逐步形成以道路运输为主体的综合运输体系。当前，日本各种运输方式的能源消费比例结构为：道路交通用能占86.9%，民航、水运和铁路的交通用能仅分别占5.9%、4.8%和2.3%。从总体趋势来看，日本的道路运输和民航用能在持续快速上升，而铁路和水运的能源消费比重下降较快。欧盟的交通部门能源消费也以公路运输为绝对主力，占比超过80%；民航为第二交通用能大户，近年来比重呈现快速上升势头，目前已超过14%；而其他交通运输方式的能耗比重很低，如铁路和内河运输分别仅占2.4%和1.4%。中国公路、水运、铁路、民航等交通运输方式的能源消费比例分别为59.4%、14.4%、16.7%和9.6%，交通能源消费仍以公路运输为主，但与发达国家不同，排名第二的交通运输方式不是民航而是铁路，民航运输的能源消费排在水运之后，位列第四。

优化交通运输方式比例结构，选择合理的交通运输发展模式，对交通运输部门的能源消费总量具有十分重要的影响。当前，中国交通运输方式中铁路、水运等低能耗、低排放的运输方式占比较高，因此其能源消费比重略高于发达国家，从而有利于中国交通运输部门的低碳化发展。但是中国物流货运结构仍以公路为主，水路航运与铁路货运比重较低，又进一步制约了交通排放的降低：2018年中国公路货运量比重高达76.8%，而水路和铁路的货运量比重仅为13.6%和7.8%；同样在客运方面，公路客运量在旅客运输量中的比重也高达73.8%，铁路客运量比重为20.8%，民航和水运的客运量分别仅占3.75%和1.5%。由此导致公路交通负荷大、交通拥堵和事故频发等问题，这也是交通部门能源消费居高不下的一大主因。从发达国家的发展路径来看，由于机动性强、方便快捷舒适等优点，道路运输和民航得到快速发展，进而带动其能源消费比重较快上升。由此给我们带来的启示是，中国必须加快构建节能低碳型综合交通运输体系，着力优化交通运输结构，避免过度依赖汽车出行。

（三）交通运输部门对化石能源的依赖度依然很高

长期以来，内燃机在交通领域得到广泛使用，导致交通运输用能以化石能源为主的局面。从能源消费结构来看，石油在交通运输能源消费中仍然占据绝对主导地位。例如，美国交通运输能源消费中，石油的比重高达93.8%，可再生能源、天然气、电力的比重分别为3.4%、2.5%和0.3%。从不同运输方式来看，美国的公路运输中，汽油、柴油比重分别为76.3%和23.4%，其他燃料比重很小；航空运输以航空煤油为主；水路运输以燃料油为主，其次为汽油和柴油，三者的占比分别为64.8%、16.3%和18.9%；铁路运输以柴油为主，其次为电力，两者分别占88.7%和11.3%。

近年来，世界各国开始大力研发新能源汽车，以提高交通运输中低碳能源和可再生能源的比重，实现降低对石油的过度依赖、保障国家能源安全、减少温室气体排放和控制环境污染等目标。目前，欧盟交通运输能源消费中的生物质燃料比重已经提高到2.6%，特别是丹麦的这一比重已经达到8.4%。反观中国，交通运输部门仍然过度依赖石油：出于统计口径原因，交通运输部门未纳入非营运交通工具领域，因此根据已有研究推算，中国汽油消费总量的98.6%以及柴油消费总量的61.6%均用于交通运输部门。

中国也在加快推动交通部门能源结构调整，目前除了推进天然气在城市交通中大量应用之外，在推广新能源汽车方面也给予了大力支持。一方面，将新能源汽车纳入战略性新兴产业加以扶持，推进新技术研发和产业化应用，提高技术成熟度降低整车成本；另一方面，在消费端给予购车补贴、免购置税优惠，并与城市限购限行政策结合，提高新能源汽车的吸引力，同时还在基础设施建设领域，结合城市规划大力推进新能源汽车基础设施充电桩、充电站的建设，为新能源汽车使用提供便利。截至2019年底，中国新能源汽车保有量达381万辆，占汽车总量的1.46%，与2018年底相比增加120万辆，增长46%。其中，纯电动汽车保有量310万辆，占新能源汽车总量的81.4%。新能源汽车增量连续两年超过100万辆，呈快速增长趋势。

根据BP能源展望的预测，未来交通运输部门的能源消费将继续以石油为主，同时电力和天然气等替代燃料也将日益普及。大部分交通用油需求将来自航空和海运，而不是公路运输；电力和天然气的交通运输使用量未来的增长大致相当，电力使用量增加主要集中在客车和轻型卡车上，而对天然气

不断增长的需求主要集中在长途公路运输和海运领域。石油在交通运输中的份额将从目前的94%下降到2040年的85%左右，天然气、电力和生物质燃料加起来占交通运输新增能源需求的一半以上，到2040年各占运输需求的5%左右。

（四）交通能源强度随技术进步和结构调整出现明显改善

伴随着交通领域运输结构调整以及技术进步，尤其是道路交通和汽车节能技术的不断成熟，交通部门能源强度近年呈现明显改善的趋势。客运方面，从客运能源强度历年来的相对变化趋势来看，随着对出行舒适性需求的不断提高，客运能源强度的变化较小甚至呈一定的上升态势。若从能源强度的绝对值来看，中国客运能源强度远低于发达国家，主要源于中国交通运输发展相对滞后，客运的安全性和舒适性较差，铁路、城市公交、城乡与农村客运存在严重超载问题。此外，中国交通运输的能源消费统计数据存在准确性和可信度较低、与国际统计口径不一致等问题，也会在一定程度上影响中国交通能源强度数据的表现。但是总体而言，客运能源强度的下降空间相对较小。

相反，货运能源强度存在很大的下降空间。从世界主要国家货运能源强度的历年变化趋势来看，美国、日本、欧盟成员等世界多数国家的货运能源强度均呈现不断下降的态势，而且降幅普遍较大。其中，日本货运能耗强度1965～2007年下降了49%，年均降幅约1.6%；欧盟货运能耗强度1990～2007年下降了17.2%，年均降幅约为1.1%，其中德国货运能耗强度1995～2007年下降了31.3%，年均降幅高达3.1%。由此可见，即使对于货运物流业比较发达的国家而言，其货运节能潜力依然较大。中国在物流货运结构优化方面具有非常大的空间，并且传统物流与新一代信息技术近年来加速融合，随着多式联运和智慧物流的发展，降低货运能源强度将会具有较大空间。

交通能源强度指标绝对值方面，从国际横向比较来看，中国公路货运的单位能耗指标低于多数发达国家，这与中国货运车辆总体技术水平、运力结构状况、运输效率等方面均不及发达国家的现实情况似乎不相吻合。其深层原因主要体现为：一是中国产业结构"偏重"，所承运货种以能源、原材料等低附加值大宗散货为主；二是存在严重超载问题，很多省区市发布的公路货运实载率超过100%。因此，随着中国重化工业比重持续下降、第三产业比重快速上升，运输市场秩序不断改善，超载问题逐步得到治理，中国货运能源强度进一步下降的空间将越来越小。

根据BP能源展望的预测，不同运输方式的能源消耗增加受到效率改善速度的影响程度不同，在全球主要汽车市场，内燃机汽车的平均效率提高了近50%，卡车效率也得到大幅提高。因此，公路部门能源需求增速显著下降，导致交通运输部门的能源整体需求增长放缓。相比之下，在航空和海运领域，进一步提高能源利用效率的空间则比较有限，这些交通运输方式将在交通部门消耗的能源增量中占一半比重，尽管它们在当前交通运输能源总需求中所占的总份额只有20%。因此，在不采取有效措施促进交通运输节能的前提下，中国交通运输发展将面临十分严峻的能源约束问题，甚至将给国家能源安全和经济社会可持续发展带来严重不利影响。

（五）交通领域技术路径切换有望显著扭转交通碳排放趋势

在全球零排放和汽车电动化的趋势下，各国的产业政策、技术路线、行业发展趋势以及企业战略动态都做出相应调整。欧盟积极推动交通行业去碳化战略，力争实现货车与乘用车的完全电动化和氢能化，在卡车和巴士上使用更加多元的燃料，包括生物燃料和电力能源，由此实现交通能源转型；美国加利福尼亚州积极通过制定交通领域法规、加强产业监管和增加技术投资与基础设施投资等举措，推进交通领域低碳发展，力争实现碳中和目标；英国在2018年7月颁布零排放战略，大力投入资金支持低排放汽车所需的技术研发和基础设施建设，力争2040年所有的新车和货车均实现零排放；挪威发布《2018～2029年交通规划白皮书》，提出所有新增私家车和轻量货车零排放、所有城市公交车零排放或使用生物沼气、所有新增重型卡车和75%的长途巴士零排放的目标；荷兰拟定关于交通领域的

行动方案，要求 2030 年实现 100% 零排放汽车的销售，包括所有城市运行的物流汽车。

当前，汽车行业已成为中国温室气体排放最重要、增长最快的领域之一。作为世界第一汽车产销大国，有效控制汽车行业碳排放总量，对中国全面实现碳减排目标至关重要。研究表明，2010 ~ 2019 年，中国乘用车单车平均全生命周期的碳排放量（中国乘用车单车生命周期单位行驶里程碳排放的平均值）逐年递减，由 2010 年的 243.6gCO₂e/km 减少至 2019 年的 212.2gCO₂e/km。根据 BP 能源展望的预测，未来电动汽车将继续快速增长，且主要集中在乘用车、轻型卡车和公共汽车领域；无人驾驶汽车的出现将进一步扩大电动乘用车的使用，并为大众提供低成本的共享出行服务。另外，由于使用自动驾驶汽车的低成本共享出行服务的可用性不断增加，公路旅行成本不断下降，将会导致交通需求从高使用率的道路运输（公共汽车）转向私人车辆，从而降低道路交通的全球载客率（即每辆车的平均乘客人数），并将增加与之相关的道路拥堵。预计到 2040 年，电动汽车的数量将达到 3.5 亿辆左右，其中乘用车约 3 亿辆，这相当于所有汽车的 15% 和轻型车的 12%。运输效率不断提高和燃料转换措施的不断推进，意味着未来对运输服务的需求迅速增长，而能源消耗几乎不会增加；大部分燃料转换带来的减排将来自公路运输，由此将彻底扭转交通碳排放的快速增长态势，甚至相比当前的碳排放还会出现明显下降。

四 中国道路交通碳排放与汽车节能减排政策

交通部门在全球碳排放中，仅次于电力热力生产部门，是全球第二大排放源。国际能源署（IEA）的估算结果表明，2017 年全球交通领域排放了 80.4 亿吨二氧化碳，占能源活动二氧化碳排放的 24.5%，是 1990 年 45.95 亿吨的 1.7 倍，且未来仍呈不断增加的趋势：IEA 按当前政策情景预计 2030 年会比 2017 年增长 17%，达到 94 亿吨，2040 年比 2017 年增长 32%，达到 106 亿吨；在承诺政策情景中 2030 年与 2040 年也将分别比 2017 年增加 7.2

亿吨和 9 亿吨。因此，交通碳排放不仅是发达国家碳排放控制的重点部门，也成为众多缔约方在国家自主减排贡献中重点关注的领域。

（一）中国道路交通碳排放总体趋势

在缺少官方统计核算数据的情况下，本报告仅测算中国道路交通碳排放总量与结构，分析道路交通碳排放的历史演变趋势，研究道路交通（汽车）碳排放在国家排放总量中的比重变化情况。

根据中国气候变化历次国家信息通报和第二次两年更新报告披露的数据，中国交通领域碳排放量在 1994 年、2005 年、2010 年和 2014 年分别为 1.66 亿吨、4.16 亿吨、6.53 亿吨和 8.2 亿吨，占当年总排放量的 5.4%、7.5%、8.6% 和 9.0%。根据国际能源署（IEA）每年发布的部门能源消耗统计和碳排放数据，中国交通碳排放近 20 年始终保持稳定增长的态势，其在碳排放总量中的比重虽历经波折，但总体呈现上升趋势，尤其是 2011 年以来这一比重的增长更为明显（见图 2）。

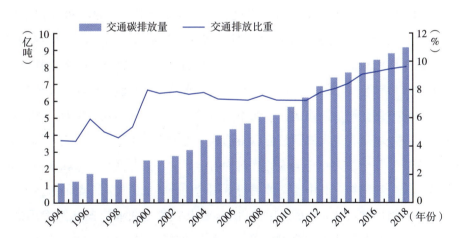

图 2　1994~2018 年中国交通碳排放及其在排放总量中的占比

数据来源：IEA。

自 1990 年以来，中国道路交通碳排放占交通领域碳排放的份额总体上呈现逐渐上升态势（个别时间段有波动），当前已经成为交通领域碳排放

的绝对主体，这和发达国家的发展历程是一致的。随着中国道路机动车保有量的不断增加，交通领域客运量有向道路交通转移的趋势。但与国际口径不同，中国交通领域碳排放仅包括从事社会运营车辆的能源活动排放，而大量非运营交通工具的排放没有纳入其中，尤其是随着收入水平提高，中国以私人汽车为主的交通方式能源消耗占交通领域的比重越来越大，上述交通排放数据明显低估了道路交通的碳排放。由于很难获得中国全口径交通领域能源消耗数据，IEA 统计的中国能源消耗碳排放数据明显偏低于实际水平。

根据《2006 年 IPCC 国家温室气体清单指南》，针对交通领域的移动源碳排放可以采取两种方法进行核算，一是基于交通工具燃料消耗统计数据的自上而下方法，二是基于不同交通类型车型、保有量、行驶里程、单位行驶里程燃料消耗等数据的自下而上核算方法。受数据可得性的限制，基于燃料消耗统计数据的方法较为方便可行。

国内有学者采用油品分摊法对非营运运输的能耗进行估算，即认为除交通运输部门营运用油外，工业、建筑业、服务业所消费汽油的 95% 以及所消费柴油的 35% 均用于交通运输工具，居民生活和农业消费的全部汽油以及居民生活消费的 95% 的柴油均用于交通运输工具。对于交通运输部门本身来说，由于包含了道路运输、铁路运输、水路运输和航空运输，需要进一步剥离出道路交通的能源消耗。从不同运输方式的能源消耗类型看，铁路运输已由过去以煤为主发展到目前以柴油和电力为主，水路运输的主要燃料类型为燃料油与柴油，航空运输的燃料为航空煤油，只有铁路运输和水路运输包含部分柴油消耗。其中，柴油消费量用途的分类比例显示：柴油车用油占 22%、铁路用油占 7%、水运用油占 6%，其他则为农业生产和电力用油。基于以上油品分摊比例计算中国道路交通能源消耗，与中国石油经济技术研究院得到的结果基本一致。

道路交通是中国汽油消费的主导部门，汽油消费的 98% 以上均用于客运和货运汽车，而且这一比例近年来还在持续提高，接近 98.7%。道路交通的柴油消耗量经历了一段时间的稳步增长之后逐渐趋于平稳，在柴油总消耗中的比重则从 52% 提高到 62%，十余年间提升了 10 个百分点。从道路交通对两种油品的消耗结构来看，柴油和汽油消耗量总体基本持平。但从演变趋势来看，随着私人汽车的逐步普及，人均汽车保有量不断提高，道路交通的燃料结构已从 2005 年的柴油消耗高于汽油消耗逐渐发展到 2017 年汽油消耗明显超过柴油消耗（见图 3）。

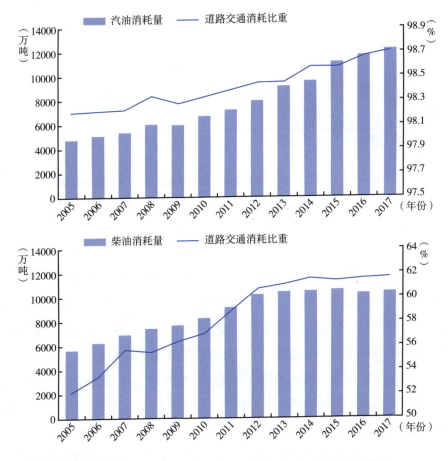

图 3　2005～2017 年中国道路交通汽油和柴油消耗量及所占比重

计算结果显示，中国道路交通碳排放已从 2005 年的 3.12 亿吨增加到 2017 年的 6.73 亿吨，柴油与汽油消耗各贡献了其中的 50% 左右，且汽油的排放贡献比例有明显上升态势（见图 4）。从道路交通碳排放占全国排放总

量的比重来看，2005～2011 年这一比重稳定在 5.7% 左右，近年来逐步提高，2017 年达到 7.27% 的水平。

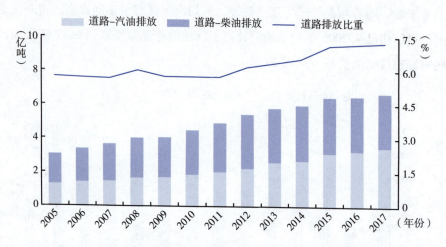

图4　2005～2017 年中国道路交通碳排放构成及占排放总量的比重

（二）中国汽车节能减排政策与行动

从狭义的低碳交通政策来说，中国迄今为止尚未出台系统的低碳交通政策直接针对交通领域碳减排。但从实践效果来看，中国为缓解城市交通拥堵、改善城市空气质量、保证交通用能安全以及推动交通可持续发展而制定的许多相关政策都对中国交通领域的碳减排起到重要的促进作用。

国际可再生能源机构（IRENA）认为，全球交通领域能源转型的三项关键措施包括减少交通领域的能源需求，加快提升电动出行的比例，同时推动生物燃料在道路交通等领域的应用。

在减少交通领域能源需求方面，中国自 2005 年起开始实施《国家乘用车燃料消耗量限值》（GB19578－2004），即根据整车整备质量范围，设置不同车型燃料消耗量限值，要求所有在中国市场销售车型必须满足这一条件。2014 年中国又发布《乘用车燃料消耗量评价方法及指标》，在单车油耗限值的基础上，进一步从企业层面提出平均燃料消耗量要求：2016 年至 2020

年，车企平均油耗需达到百公里 6.7L、6.4L、6L、5.5L 和 5L 的目标。2019 年中国发布新版《乘用车燃料消耗量限值》和《乘用车燃料消耗量评价方法及指标》两项国标，提出乘用车新车平均燃料消耗量水平到 2025 年下降至 4L/100km，对应二氧化碳排放约为 95g/km 的国家总体节能目标。

在加快提升电动出行比例方面，中国近年来出台了多项激励政策。2009 年发布的《汽车产业调整和振兴规划》中就提出了三年之内实现新能源汽车市场份额达 5% 的目标。在随后 2012 年发布的《节能与新能源汽车产业发展规划（2012－2020 年）》中又提出，2020 年电动汽车实现 200 万辆产能和 500 万辆保有量的目标。通过战略目标引导，中国迅速成为全球电动汽车最大市场。自 2013 年开始，中国实行车辆购置补贴以缩小电动汽车以及其他新能源汽车和传统燃油车之间的成本差距，增加市场竞争力，成为中国电动汽车发展的最直接的激励因素。且随着技术进步和市场不断成熟，电动汽车购置补贴政策也在不断变化。同时，相关激励政策还包括车辆购置税和车船税的减免政策，在北京、上海等已经实行机动车牌照摇号和车牌拍卖制度的城市享有牌照优惠政策，以及尾号限行豁免和停车费减免政策等。此外，还包括电动汽车整车与核心部件技术研发支持政策、充电基础设施建设和运营补贴政策等间接激励政策，对加快电动汽车普及发挥了重要作用。

在推动车用替代燃料应用方面，中国已初步建立起鼓励车用替代燃料以及替代燃料汽车发展的政策体系，在国家宏观政策引导下由地方出台具体政策予以支持。在《节约能源法》和《可再生能源法》等法律中，明确提出发展车用替代燃料的战略。此外，中国还相继颁布了《能源中长期发展规划纲要（2004－2020 年）》等一系列发展规划，其中多次强调发展车用替代燃料对低碳交通的重要意义。为了积极推动车用替代燃料的使用，在财政税收方面也出台了相应的配套激励政策。

此外，中国还实施了一系列其他低碳交通发展政策和行动。如加快轨道交通及快速公交专用车道建设、限制机动车购买和使用等政策，以鼓励居民选择公共交通和自行车等绿色出行方式，来缓解城市交通拥堵和机动车大量使用导致的碳排放问题。

参考文献

李慧明:《全球气候治理制度变迁与挑战》,载《应对气候变化报告(2019)》,社会科学文献出版社,2019。

陈迎、巢清尘、胡国权、刘哲:《十年气候前行路,历经风雨见彩虹》,载《应对气候变化报告(2018)》,社会科学文献出版社,2018。

滕飞:《"去全球化"背景下中国引领全球气候治理的机遇与挑战》,载《应对气候变化报告(2018)》,社会科学文献出版社,2018。

康晓:《全球气候治理与欧盟领导力的演变》,《当代世界》2019年第12期。

冯相昭、蔡博峰:《中国交通领域碳排放现状、低碳政策与行动》,载《应对气候变化报告(2011)》,社会科学文献出版社,2011。

王庆云:《2009能源数据——中国可持续能源项目参考资料》,能源基金会,2009。

沈满洪、池熊伟:《中国交通部门碳排放增长的驱动因素分析》,《江淮论坛》2012年第1期。

周银香、李蒙娟:《基于IEA统计视角的中国交通碳排放测度与修正》,《绿色科技》2017年第12期。

殷明汉、肖寒:《解读中国柴油发动机燃油标准》,《国际石油经济》2004年第2期。

冯金磊:《中国电动汽车激励政策的发展与影响》,载《应对气候变化报告(2019)》,社会科学文献出版社,2019。

Bodansky, D., Diringer, E., "The Evolution of Multilateral Regimes: Implication for Climate Change", Pew Center on Global Climate Change, 2010.

Backstrand, K., Kuyper, J., Linner, B., et al., "Non-State Actors in Global Climate Governance: from Copenhagen to Paris and Beyond", *Environmental Politics*, 2017, 26 (4).

C2ES, "Outcomes of the UN Climate Change Conference in Katowice", Center for Climate and Energy Solutions, 2018.

UNFCCC, "New Era of Global Climate Action to Begin under Paris Climate Change Agreement", 2018.

UNFCCC:《关于国家自主贡献预案总合效果的综合报告》,2015。

IEA, "CO_2 Emissions from Fuel Combustion 2010", 2010.

Timilsina and Shrestha, "Transport Sector CO_2 Emissions Growth in Asia: Underlying Factors and Policy Options", *Energy Policy*, 2009, 37 (11).

B.5
现状篇——中国汽车产业节能
减排取得显著成效

郑亚莉　杨道源　雷　韧　秦兰芝*

摘　要： 近年来，中国碳排放量连续上升，成为世界主要的碳排放大国。从分领域看，道路交通碳排放占交通领域的 80% 左右，是交通领域的主要碳排放源。通过 LCA 方法对典型车辆"碳足迹"进行剖析，发现车辆燃油经济性、车身轻量化技术和整车绿色制造技术等对控制车辆全生命周期碳减排起关键作用，推动汽车产业电动化转型是汽车产业低碳发展的重要方向。目前，中国汽油乘用车中自动变速器、缸内直喷等节能技术应用比例大幅提升，替代燃料和混合动力的节能技术路线汽车也处于进一步发展阶段，乘用车整体油耗保持下降趋势。同时，中国积极推动车辆电动化转型，引领全球新能源汽车产业发展，取得世界瞩目的成绩。

关键词： 碳排放　汽车产业　电动化　节能技术

---

* 郑亚莉，国际汽车工程科技创新战略研究院战略规划部副部长，主要研究方向为汽车产业战略规划、技术与政策、跨行业和跨领域发展趋势；杨道源，交通运输部规划研究院环境资源所工程师，主要研究方向为道路机动车排放特征分析及空气质量影响；雷韧，国际汽车工程科技创新战略研究院战略规划部项目经理，主要研究方向为汽车产业政策与产业发展战略；秦兰芝，能源与交通创新中心清洁交通项目经理，主要研究方向为汽车产业政策跟踪评估及汽车电动化转型。

一 中国碳排放总量与道路交通碳排放现状

（一）中国是世界碳排放大国

国际能源署（IEA）2019 年度数据显示，2019 年全球二氧化碳排放量与上年持平，维持在 330 亿吨左右。从区域来看，部分地区的二氧化碳排放量增加了近 4 亿吨，其中近 80% 来自亚洲国家，主要原因是这些国家的燃煤发电仍在增加。近几年，中国碳排放量呈连续上升趋势，根据 IEA 统计数据，中国 2017 年二氧化碳排放总量达到 93 亿吨，占全球碳排放量的 28% 左右，是世界碳排放大国。从历年碳排放量来看，中国碳排放整体呈上升趋势，增速有所放缓（见图 1）。

图 1 2000～2017 年全球和中国二氧化碳排放量

资料来源：IEA 统计数据。

（二）道路交通是交通领域碳排放的主要来源

从分领域来看，交通运输领域对碳排放总量的贡献不容忽视。从历年国家分行业碳排放量（IEA）来看，中国交通领域碳排放不断上升，仅次于电力、热力行业和工业排放，是国内第三大碳排放源。从历年交通领域占比情况来看，中国交通领域碳排放呈缓慢上升趋势，2019年交通领域碳排放量对中国碳排放总量的贡献接近10%。

交通运输领域主要包括道路运输、航空运输、水路运输、轨道运输四大类，道路运输是交通领域碳排放的主要来源。根据 IEA 数据，2019年全球能源相关的交通行业二氧化碳排放量在80亿吨左右，占据了全球碳排放总量的24.2%；其中，道路运输排放了65亿吨，约占交通运输领域碳排放总量的81%。

中国汽车保有量的增长受到宏观经济发展、城市化进程、人口变化、交通政策变化等多方面复杂因素的影响，在居民收入水平不断提高、社会客货运需求总量增大、国家鼓励汽车产业发展的背景下，中国汽车保有量在过去十年经历了较快的增长。根据 IEA 数据，中国2017年能源相关二氧化碳排放量为93亿吨，其中交通运输领域二氧化碳排放量达到8.9亿吨，约占总排放量的10%；道路运输的温室气体排放约为7.3亿吨，占交通领域的82%（见图2、图3）。因此，道路运输是整个交通领域二氧化碳排放的主要来源。

图2　2000~2017年中国分行业碳排放情况

资料来源：IEA 统计数据。

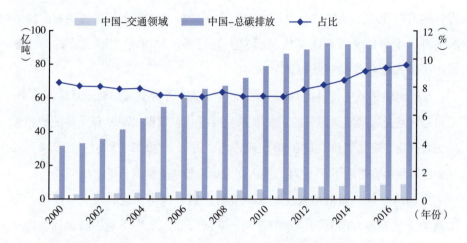

图3 2000～2017 年中国交通领域碳排放情况

资料来源：IEA 统计数据。

二 汽车碳排放的典型影响因素分析

生命周期评价（LCA）方法是以"从摇篮到坟墓"的视角去审视一个产品或系统的研究方法，其对研究的目标对象从原材料获取到报废回收的整个生命周期内所产生的资源消耗和环境排放情况进行量化与分析评价，产品LCA 有助于确定研究系统边界中的"热点"内容，即发现产生重要环境影响的因素，从而为下一步更环保、可持续的产品设计提供选择。从生命周期角度来看，车辆的生命周期可划分为燃料周期（WTW）和材料周期，其中燃料周期又分为燃料周期上游阶段（WTP）和运行阶段（PTW）。燃料周期上游主要包括燃料的开采、提炼和提纯等过程，运行阶段则指的是车辆的使用过程（见图 4）。

通过 LCA 方法对典型车辆"碳足迹"进行剖析，发现车辆碳减排路径有三类，分别为"降碳""零碳""减碳"。"降碳"主要是通过涡轮增压、缸内直喷、混合动力等节能技术降低汽车运行阶段碳排放。同时，天然气等替代燃料的推广应用也将实现汽车生命周期的"降碳"。

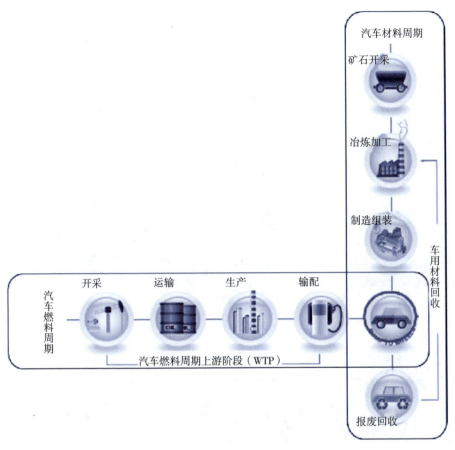

图4　生命周期过程（燃料循环和材料循环）

此外，汽车材料周期"降碳"也是减排的重要方面。汽车电动化（包括电动汽车技术、燃料电池汽车技术）可实现车辆运行阶段的"零碳"，而来自可再生能源的上游电力及氢能将进一步实现电动车辆全生命周期的"零碳"，在此基础之上叠加CCS等技术可实现汽车生命周期的"减碳"（见图5）。

（一）汽车节能技术可实现传统汽车单车"降碳"

传统汽车在相当长的一段时间内仍将占据市场主导地位，具有较大的"降碳"潜力。因此，发展传统汽车节能技术对汽车产业的整体节能减排具

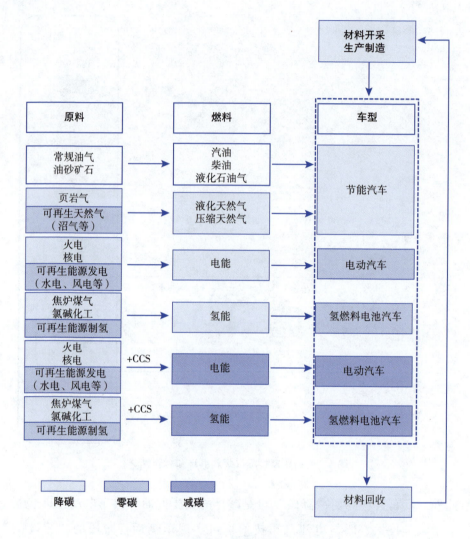

图 5　汽车产业节能减排路径

有重要意义。目前，涡轮增压、先进变速器（通常指 6 速及以上的 MT，7
速及以上的 AT、CVT、DCT）、缸内直喷、混合动力等节能技术已实现规模
化应用，在传统燃油汽车减排方面成效显著，仅以 48V 轻度混合动力技术
为例，48V 轻混乘用车的 CO_2 排放较相应级别传统燃油乘用车可降低
10.5% ~ 12.9%（见表 1）。

表1 部分传统汽车节能技术及相应 CO_2 减排效果

节能技术	CO_2 减排效果
气缸停缸技术	3.5% ~ 5.8%
缸内直喷	1.5%
冷却式废气再循环系统	1.7% ~ 5.3%
48V 轻度混合动力技术	10.5% ~ 12.9%
高压缩比发动机	10.1% ~ 14.1%
电驱动压缩机	5.0%
米勒循环发动机	12.4% ~ 20.3%

资料来源：ICCT。

（二）结构节能可实现车队"降碳"

车辆小型化发展对促进汽车产业碳减排起到重要作用。从汽油乘用车和纯电动乘用车不同级别的典型车型纵向对比来看，同等技术配置条件下，小型乘用车的生命周期温室气体排放和大气污染物排放均低于中大型乘用车，排放总量整体随着车型级别的上升而增加。以全国平均电力水平下的纯电动乘用车为例，A00 至 C 级车型的全生命周期温室气体排放因子分别为 129、159、182、198 和 254gCO₂eq/km（见图6）。这其中的一大重要原因是小型车燃油经济性更高，百公里能耗普遍低于中大型车。

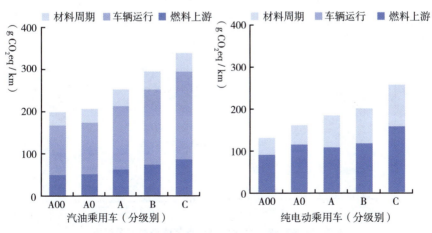

图6 汽油乘用车与纯电动乘用车全生命周期温室气体排放因子对比

（三）以天然气为主的替代燃料汽车"降碳"效果明显

替代燃料汽车相比传统燃油汽车更具碳减排优势。以推广范围最广、技术成熟度最高的天然气汽车为例，数据显示，轻型天然气汽车在燃料上游阶段的单车 CO_2 排放相比轻型汽油车可减少50%以上，而在车辆运行阶段，轻型天然气汽车较轻型汽油车可减少约40%的 CO_2 排放；重型天然气汽车燃料周期的 CO_2 排放较同级别柴油车降低约8%。

（四）汽车电动化可实现运行周期"零碳"

纯电动汽车具备运行阶段零排放、生命周期低排放的特征。加快汽车电动化技术应用，加速纯电动汽车推广普及，将有效推进汽车领域低碳化和绿色发展，为扭转温室气体排放快速增长的局面、实现中国2030年左右碳排放达峰并争取尽早达峰的目标做出积极贡献。

纯电动车辆相比传统燃油车具有明显的碳减排效果。在全国平均电力水平下，各级别的纯电动乘用车全生命周期温室气体排放相比对应级别的汽油乘用车已显现出明显的减排效果（为21%～33%）。从典型商用车车型对比来看，纯电动公交车全生命周期温室气体排放相比对应级别的柴油公交车同样具有明显的减排效果（约为46%），如图7所示。

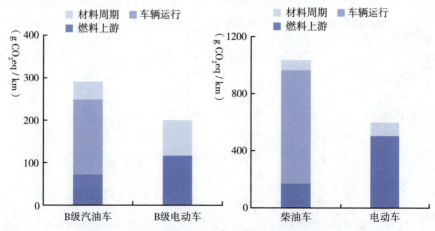

图7 相关车辆全生命周期温室气体排放因子对比

（五）上游能源清洁化可实现汽车生命周期"零碳"

燃料上游已成为电动车全生命周期碳排放的重要组成部分。燃料上游在 A00 至 C 级传统燃油乘用车全生命周期碳排放中的占比分别为 24.2%、24.3%、24.3%、24.7% 和 25.0%，而在相应级别电动乘用车全生命周期碳排放中的占比则分别达到 68.6%、70.9%、58.2%、58.1% 和 61.4%，在电动商用车全生命周期碳排放中的占比更是接近 85%。

电力结构的绿色化可有效降低纯电动车辆的生命周期碳排放。当纯电动车辆所用的电力为全国平均电力时，与同级别汽油车相比具有显著的全生命周期温室气体削减效果，削减比例为 21%～33%。当在可再生能源占比较高的南方区域电网下使用纯电动汽车时，削减比例可上升至 35%～46%。从电池产业的地理布局来看，电池生产、组装位于可再生能源占比较高的南方电网的典型车型，其材料周期的温室气体相比基于全国平均电力的评估结果下降比例为 10%～13%。而电池生产、组装位于煤电比例较高的华北地区的典型车型，其材料周期温室气体排放相比基于全国平均电力的评估结果上升比例为 14%～21%（见图 8）。

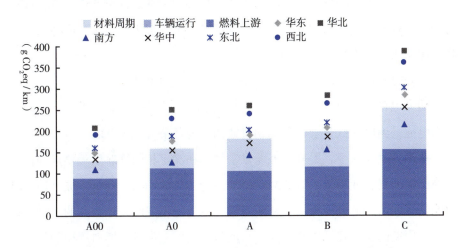

图 8　不同区域电网下纯电动乘用车全生命周期温室气体排放因子

因此，加快推进水电、风电、光伏发电及生物质发电等可再生能源发电，提高可再生能源电力消纳和使用比例，同时加强纯电动车辆在绿色电力占比大且污染较为严重的区域推广应用，鼓励汽车生产商在清洁电网区域投资生产，可有效降低汽车产业碳排放。

（六）汽车材料生产与制造是未来汽车碳排放管理的重要环节

以全国平均电力水平下的纯电动乘用车为例，不同级别车辆的材料周期温室气体排放占比达到29%~40%。可以预见，未来随着电力清洁化和车辆燃油经济性的提升，材料周期的碳排放占比将持续上升。车辆材料周期的排放与车身材料及电池重量直接相关，并涉及多种工业排放源，如金属冶炼、化工、涂装、橡胶、电池制造等。因此，加快相关重点工业领域的污染物削减，对于降低车辆全生命周期排放、促进大气环境质量改善具有重要意义。

1. 汽车轻量化技术和制造工艺水平对碳排放产生重要影响

开展轻量化、模块化、无（低）害化、循环利用等产品生态设计，通过改善工艺、使用环保材料等降低生产过程能源消耗、温室气体排放，加强清洁生产技术应用，实现绿色制造。开展动力电池梯级利用及有序回收，提高资源使用率，降低生命周期排放。

2. 动力电池是纯电动汽车全生命周期碳排放的关键环节

动力电池生产相关的温室气体排放占材料周期排放总量的47%左右，动力电池是纯电动汽车全生命周期排放的重要环节（见图9）。

从动力电池入手，提升电池能量密度，在满足相同续航里程要求的情况下降低电池材料使用量，有效减少电池制造的排放污染；同时，提升动力电池能量密度可降低电池重量，从而降低车辆质量实现能耗经济性的改善，促进燃料周期的排放降低。高性能、高能量密度的电池将对燃料周期和材料周期的减排效果产生协同促进作用，推动高性能、高能量密度动力电池在电动汽车中的应用，可进一步强化纯电动车碳排放削减效果。

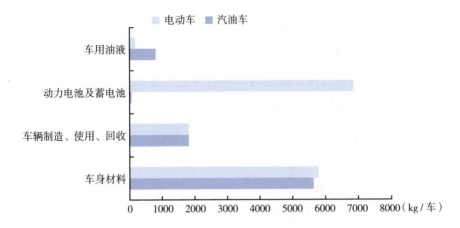

图9　B级汽油和纯电动乘用车材料周期排放对比

三　中国汽车节能减排效果明显

（一）中国汽车产业能耗管理政策体系引领汽车单车与车队降碳

中国实行乘用车单车燃料消耗量限值与企业平均燃料消耗量（CAFC）目标值综合管理方式。CAFC促进乘用车企业平均燃料消耗量整体下降明显，年均降幅达到4.3%。

1. 单车燃料消耗量限值管理

单车燃料消耗量限值标准为强制性标准，是车型获得型式准入的必需条件。自实施乘用车燃料消耗量管理以来，中国一直采用基于整车整备质量的燃料消耗量管理体系（质量法规），其中，前四阶段为阶梯型限值标准，从第五阶段开始过渡至线性限值标准。

相比于欧美等汽车发达国家，中国乘用车燃料经济性标准体系研究和制定起步较晚。2004年才发布实施第一项《乘用车燃料消耗量限值》标准。目前正在执行的是面向2020年的乘用车第四阶段燃料消耗量标准，2019年，工信部又对《乘用车燃料消耗量限值》（第五阶段）和《乘用车燃料消

耗量评价方法及指标》（第五阶段）两个标准公开征求意见，与前四个阶段相比，第五阶段标准主要特点如下：①扩大了标准实施范围，所有能够燃用汽油或柴油燃料的 M1 类车辆均适用；②车辆燃料消耗量测试将采用 WLTC 循环替代 NEDC 循环，并于 2021 年一次性完成过渡；③将按整车整备质量分组设定车型燃料消耗量评价体系调整为以整备质量为基准参数的线性燃料消耗量评价体系（见图 10）。

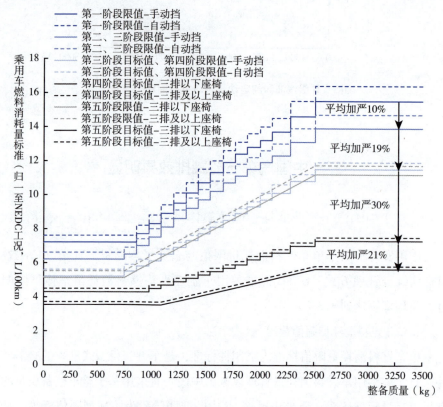

图 10 中国乘用车各阶段基于整备质量的燃料消耗量限值与目标值

资料来源：工业和信息化部，*i*CET。

与脚印面积法规相比，质量法规的劣势在于，对车辆向轻量化发展的驱动力不足，因为在质量法规下，车辆越轻，油耗目标值也越严格。近十年来，中国乘用车市场上 SUV 和 MPV 车型销量大增，相较于轿车，这两类车体型更大，在脚印面积法规管理下，它们可以获得更宽松的燃料消耗量指标，而在质量法规管理下，只有通过增加车身重量才能达到此目的，因而也导致近年来自主品牌车型的平均整备质量不断上涨，且在同一质量段内，多数车型选择向更靠近质量段右端聚集。

虽然脚印面积法规更能体现市场中立性，但直接从质量法规管理转换至脚印面积法规管理并非易事，因为在不同法规条件下，车企的产品战略规划差异非常大。中国现阶段燃料消耗量限值标准管理下，仍然可以通过将阶梯型限值标准转换至线性限值标准（第五阶段已体现），以及对轿车和 SUV/MPV 分别设定限值的双曲线管理等手段，提升标准的灵活性。

2. CAFC 评价体系概述

2011 年底，国家发布《乘用车燃料消耗量评价方法及体系》，并从次年起开始实施乘用车企业平均燃料消耗量（CAFC）目标值评价体系。目前正在执行的是面向 2020 年的乘用车第四阶段燃料消耗量标准，要求国家新车车队平均油耗在 2020 年达到 5.0L/100km（NEDC 工况）（见表 2）。

CAFC 核算值（目标值 T_{CAFC}）根据企业各车型的综合工况燃料消耗量（燃料消耗量目标值）按车型年度生产量或进口量进行加权平均。其中，CAFC 核算值计算中节能与新能源汽车产量或者进口量可获得倍数优惠核算，两者计算公式如下：

$$CAFC = \frac{\sum\limits_{i=1}^{N} FC_i \times V_i}{\sum\limits_{i=1}^{N} V_i \times W_i} \qquad T_{CAFC} = \frac{\sum\limits_{i=1}^{N} T_i \times V_i}{\sum\limits_{i=1}^{N} V_i}$$

式中，N 表示乘用车车型序号；FC_i 表示第 i 个车型燃料消耗量；V_i 表示第 i 个车型的年度生产量或进口量；W_i 表示第 i 个车型对应倍数，新能源汽车与节能汽车能享受产量或者进口量核算倍数优惠；T_i 表示第 i 个车型对应燃料消耗量目标值。

表 2　中国乘用车燃料消耗量标准实施阶段

实施阶段	时间范围	特点
第一阶段	2005 年 7 月至 2008 年 1 月新认证车限值 2006 年 7 月至 2009 年 1 月在生产车限值	仅对单车燃料限值进行要求 仅针对国产车
第二阶段	2008 年 1 月至 2012 年 7 月新认证车限值 2009 年 1 月至 2012 年 7 月在生产车限值	仅对单车燃料限值进行要求 仅针对国产车
第三阶段	2012 年 7 月至 2015 年 12 月限值同第二阶段 2012 年 7 月至 2015 年 12 月 CAFC 达标	要求单车限值与 CAFC 比值达标并行， 进口车纳入管理
第四阶段	2016 年 1 月至 2020 年 12 月新认证车限值 2018 年 1 月至 2020 年 12 月在生产车限值 2016 年 1 月至 2020 年 12 月 CAFC 达标	要求单车限值与 CAFC 比值达标并行， 进口车纳入管理
第五阶段	2021 年 1 月至 2025 年 12 月新车认证限值 2023 年 1 月至 2025 年 12 月在生产车限值 2021 年 1 月至 2025 年 12 月 CAFC 达标	要求单车限值与 CAFC 比值达标并行， 进口车纳入管理

资料来源：工业和信息化部，*i*CET。

自引入 CAFC 达标机制起，中国一直采用导入式达标机制，即在一个阶段目标内，前面两年达标要求较为宽松，后几年逐渐加严，第五阶段依然延续了这一方式。同时，在企业 CAFC 的核算中，仍然给予了节能和新能源汽车产量倍数优惠，但相较于第四阶段，倍数优惠有所下降。另外，为促进新能源汽车产业发展，确保实现新能源汽车发展目标，在 2025 年之前，对新能源汽车的电能消耗及氢能消耗暂不考虑（按零计算）（见表 3）。

表 3　CAFC 导入机制及节能与新能源汽车核算倍数优惠

单位：%，L/100km

阶段	年份	国家 CAFC 要求		产量优惠倍数	
		达标要求	CAFC 目标	新能源汽车 *	节能型汽车 **
第三阶段	2012	109	7.5	5.0	3.5
	2013	106	7.3	5.0	3.5
	2014	103	7.2	5.0	3.5
	2015	100	6.9	5.0	3.5

续表

阶段	年份	国家 CAFC 要求		产量优惠倍数	
		达标要求	CAFC 目标	新能源汽车 *	节能型汽车 **
第四阶段	2016	134	6.4	5.0	3.5
	2017	128	6.1	5.0	3.5
	2018	120	6.0	3.0	2.5
	2019	110	5.5	3.0	2.5
	2020	100	5.0	2.0	1.5
第五阶段	2021	123	4.9	2.0	1.4
	2022	120	4.8	1.8	1.3
	2023	115	4.6	1.6	1.2
	2024	108	4.3	1.3	1.1
	2025	100	4.0	1.0	1.0

注：* 纯电动乘用车、燃料电池乘用车以及满足要求 GB/T 32694 充电式混合动力乘用车车型；
** 车型燃料消耗量不大于 3.2 L/100km。

资料来源：工业和信息化部、iCET。

（二）节能汽车技术加速应用，单车降碳取得突破

1. 汽油乘用车的涡轮增压技术应用逐渐普及

涡轮增压是提升车辆动力性同时实现节能的重要手段。其主要作用是提高发动机进气量，从而在保持发动机排量不变的条件下，实现发动机的功率和扭矩的大幅提高。采用涡轮增压技术的发动机，其最大功率至少可以提高40%。以1.8T涡轮增压发动机为例，其功率相当于2.4L自然吸气发动机的水平，但油耗却只比1.8L自然吸气发动机略高，因此采用涡轮增压技术可以有效提高燃油经济性的同时，降低尾气排放，实现动力性和环保性的双重目的。

近年来，中国汽油乘用车涡轮增压技术的应用规模不断扩大，在新生产汽油车中的占比从2012年的11.27%提升至2019年的58.93%，提高了超过47个百分点；2020年上半年，涡轮增压技术在汽油乘用车中的比例达到62.44%，保持上升趋势（见图11）。

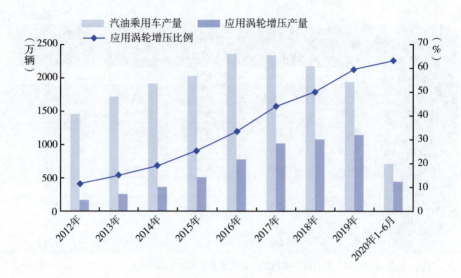

图11 2012年至2020年6月汽油乘用车涡轮增压技术应用量及占比

2. 缸内直喷技术快速增长，占比超过一半

缸内直喷技术是改善汽油机燃油经济性的有效措施。与单点喷射或多点喷射将汽油喷至进气道或进气歧管处不同，它直接将汽油喷入燃烧室内。缸内直喷技术的特点是喷油压力高，燃油雾化好，显著提高发动机压缩比，并使稀薄燃烧和分层燃烧成为可能，从而能够大幅提高发动机的燃油经济性，节油效果可达8%～15%。

近年来，中国新生产的汽油乘用车中，缸内直喷技术的应用比例增速较快，2012年至2019年，新生产汽车的采用率提高了约45个百分点，2019年占比达到51.25%，2020年前6个月数据显示，缸内直喷技术占比进一步上升，达到58.6%（见图12）。

3. AT变速器成为主流，DCT和CVT市场份额上升明显

不同类型的自动变速器具有不同的技术特点和性能特点。对汽车用户来说，省油、动感、舒适是主要诉求；对汽车厂商来说，技术条件和生产条件是选型的主要影响因素。

目前，中国乘用车变速器市场中，手动变速器市场份额从2012年占据

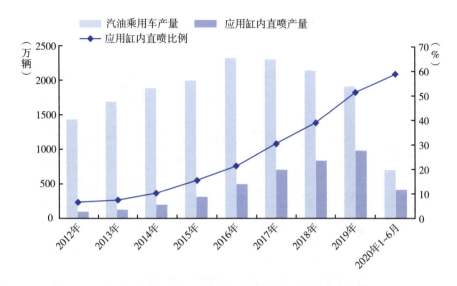

图 12　2012 年至 2020 年 6 月汽油乘用车缸内直喷技术应用量及占比

主流地位，变化为 2019 年的 16.55%，呈现逐年下降趋势。与此同时，自动变速器（包括液力自动变速器 AT、电控机械自动变速器 AMT、双离合变速器 DCT 和无级变速器 CVT）的市场份额逐年提高，从 2012 年的 42.31% 增长到 2019 年的 83.45%。其中，AT 变速器于 2018 年达到 36.91% 后出现下降趋势，DCT、CVT 的市场份额均呈现稳定的逐年上升趋势。CVT 的市场份额从 2012 年的 5.23% 增长到 2019 年的 25.19%；DCT 的市场份额从 2012 年的 5.77% 增长到 2019 年的 26.74%，增长幅度最大。2020 年上半年，在自动变速器中 AT 占比为 32.04%，为自动变速器市场主流，其次是 CVT 占比 28.31% 和 DCT 占比 26.74%（见图 13）。

4. 混合动力（HEV）乘用车处于起步阶段

HEV 车型的动力系统由电池与内燃机共同组成，电池的能量通过汽车运行过程中的能量回收进行充电。在车辆起步阶段，电池驱动电机进而完成车辆起步；急加速时，电机与内燃机一起为整车提供动力。电机与内燃机特性的互相配合，使得 HEV 汽车在得到更好动力的同时降低了燃油的消耗。

2011 年至今，中国 HEV 乘用车整体处于起步阶段。2011 年，中国混合

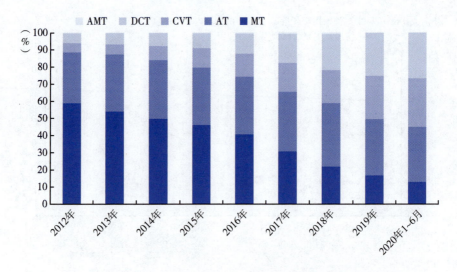

图 13　2012 年至 2020 年 6 月乘用车不同类型变速器应用比例变化情况

动力乘用车产量达到 2600 辆，占整个乘用车市场的 0.02%；随着近几年中国对节能型汽车的需求提升以及 HEV 技术路线的成熟，HEV 在中国汽车市场的份额进一步提升，2019 年市场份额达到 1.03%，与 2011 年相比产量增加了 84 倍（见图 14）。

图 14　2011～2019 年混合动力乘用车产量和占比

（三）车队降碳效果显著，企业平均油耗持续降低

1. 汽车总体结构大型化趋势明显，中大型车成为主流车型

根据 Marklines 统计数据，中国近年来乘用车大型化趋势明显。A 级及以下（包含 A00、A0）乘用车所占市场份额逐年下降，已经由 2010 年的 66% 左右下降至 2019 年的 30.91%；B 级和 C 级乘用车自 2016 年以来有明显增长，2019 年占据整个乘用车市场的 17.56%。SUV 市场份额近年来大幅提升，由 2010 年的 12.20% 上升到 2019 年的 44.89%，增幅达到 32.69 个百分点，成为近年来最受欢迎车型。其中，从细分数据来看，中型、大型 SUV 成为整个 SUV 市场的主要组成部分（见图 15）。可以看出，随着中国消费者对于车辆舒适性、实用性的追求，整个乘用车市场在大型化趋势上不断发展。

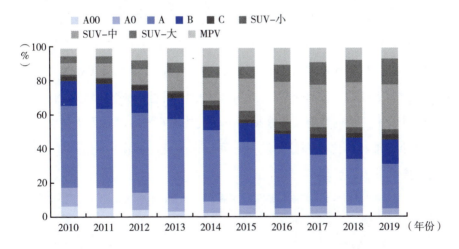

图 15　2010～2019 年乘用车各级别车型所占乘用车销量比例

资料来源：Marklines。

虽然中国乘用车的汽车结构在往大型化趋势演变，但乘用车市场的主流排量为 1～1.6L，整体平均排量稳定在 1.6L 左右（见图 16）。

2. 中国乘用车整备质量整体提升，但油耗水平整体下降

2012 年起，我国全面实施第三阶段汽车燃油经济性准则，降耗进程加速。乘用车按产量加权的平均油耗从 2012 年的 7.42L/100km 降低到 2019 年

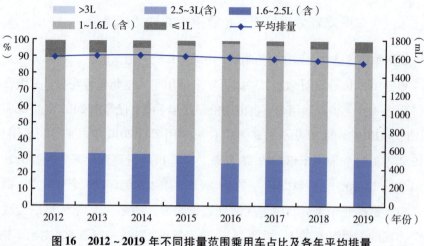

图16 2012～2019年不同排量范围乘用车占比及各年平均排量

的6.45L/100km，共降低了13.07%，年均降幅1.87%左右。与此同时，平均整备质量却提高了19%；乘用车平均排量维持在1.6L左右，近年来有略微下降趋势。在同等技术水平下，油耗、车重、排量呈线性正相关关系，车重越大，排量越大，油耗越高。近年来，中国通过加强对小型化消费的引导，同时采用一系列节能技术来提高车辆的技术水平，已取得明显成效，图17中所示的油耗、排量和整备质量之间反向变化的状况，便是中国近年来乘用车技术进步的反映。

图17 2012～2019年中国乘用车油耗水平和整备质量变化情况

3. 中国企业平均能耗下降显著，典型自主品牌降幅明显

自 2012 年以来，乘用车企业平均燃料消耗量核算值（即 CAFC 核算值）快速下降，其中，国家整体 CAFC 核算值年均降幅为 4.3%，自主品牌企业整体 CAFC 核算值年均降幅最高，达到 6.7%，进口企业为 4.5%，合资企业整体 CAFC 核算值年均降幅则为 2.8%。但合资企业生产的新能源汽车量不多，CAFC 核算值下降主要依赖节能技术应用，趋势十分平稳，显示出较为强劲的技术支撑。自主品牌企业 CAFC 核算值降幅虽快，却主要得益于新能源汽车在 CAFC 核算中的倍数优惠。进口企业整体 CAFC 核算值绝对值虽然偏高，但 2018 年之前，进口企业 CAFC 一直呈现快速下降趋势，2018 年进口企业平均油耗出现反弹（见图 18）。

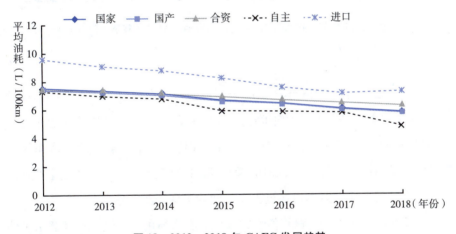

图 18　2012～2018 年 CAFC 发展趋势

资料来源：iCET。

2018 年，国家平均 CAFC 核算值达到 5.8L/100km，其中，新能源汽车（NEV）优惠核算对行业油耗下降的贡献为 0.11L/100km，占油耗下降总量的 44%，传统车节能技术对行业油耗下降的贡献则达到 0.14L/100km，占油耗下降总量的 56%（见图 19）。2018 年，由于新能源汽车在 CAFC 核算中的产量倍数降低（由前几年的 5 倍骤降至 3 倍），NEV 优惠核算对行业 CAFC 核算值下降总量的贡献也有所减少，这加大了传统车节能技术提升的

压力，但也成为传统车加大降耗技术应用的契机，进而从根本上减少能源消耗与温室气体排放。

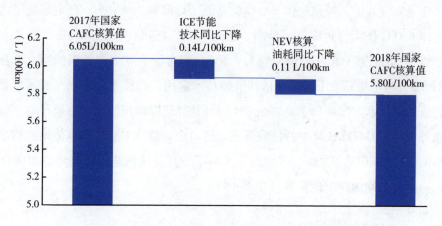

图19　2018年节能技术与NEV优惠核算对CAFC核算值下降的贡献

资料来源：*i*CET。

企业方面，对于2018年产量前十国产企业，在过去5年，这些企业的CAFC核算值均有不同程度的下降，年均降幅在1.2%～4.2%，多数企业的CAFC降幅低于国家平均水平4%。2014～2018年，吉利豪情汽车和东风本田CAFC降幅最大，达19%，但前者CAFC核算值的降低主要通过生产新能源汽车来获得，而东风本田在过去几年间均未生产新能源汽车，仅依靠传统车节能技术实现了CAFC核算值大幅降低。上汽通用、一汽大众和北京现代的CAFC核算值降幅紧随二者之后。长城汽车在过去5年内CAFC核算值仅下降6%，且2015～2017年的CAFC核算值比2014年还要高，2018年主要得益于其自有电动汽车品牌欧拉的热销，企业CAFC核算值出现明显下降（见图20）。

对于进口量前十企业，2014～2018年，这些企业的CAFC年均降幅在1.1%～5.1%，企业间差距较大。其中，CAFC核算值下降最快的是保时捷，5年内CAFC核算值下降了23%，这也在较大程度上得益于新能源汽车的进口，其次是丰田和大众。捷豹路虎CAFC核算值下降最慢，自

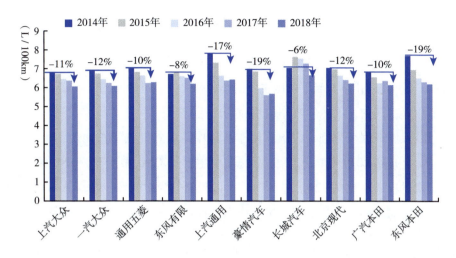

图20 2014～2018年产量前十国产企业CAFC变化趋势

资料来源：iCET。

2014年仅下降5%，且2015～2016年CAFC核算值出现一定反弹（见图21）。

图21 2014～2018年产量前十进口企业CAFC变化趋势

资料来源：iCET。

（四）以天然气为主的替代燃料乘用车份额明显提升

近年来，随着汽车节能减排压力的逐步提升，以低碳化燃料为主的替代燃料汽车逐步进入市场，当下中国主要的车用替代燃料包括天然气（CNG/LNG）和甲醇等，其中，天然气汽车应用较为广泛。

以天然气汽车为例，中国乘用车产量中，天然气汽车占比由 2011 年的 10.1% 上升到 2019 年的 33.9%，这其中主要是 CNG 乘用车，LNG 乘用车占比相对较小（见图 22）。总体而言，以天然气为主的替代燃料汽车近几年呈现稳定上升趋势，是中国未来节能汽车技术路线的一个重要组成部分。

图 22　2011～2019 年天然气乘用车产量和占比

（五）中国汽车产业电动化转型布局引领全球发展

1. 逐步完善的新能源汽车支持政策体系

中国先后在多个政策文件提到了新能源汽车发展目标，2012 年发布的《节能与新能源汽车产业发展规划（2012－2020 年）》作为第一个新能源汽车发展的战略性纲领性文件，将纯电驱动确定为中国新能源汽车发展的战略方向，明确提出到 2020 年纯电动汽车和插电式混合动力汽车的生产能力达到 200 万辆，累计产销量达 500 万辆。2017 年发布的《汽车产业中长期发展规划》中提到至 2025 年，新能源汽车占汽车总产销的 20% 以上。此外，《中国制造 2025》《节能与新能源汽车技术路线图》均提及了新能源汽车发展目标。2020 年底发布的《新能源汽车产业发展规划（2021–2035 年）》又将新能源汽车发展目标更新到 2025 年新车销量占比达到 20% 左右（见表 4）。

表 4　中国各规划文件中新能源汽车发展目标

政策名称	指标	2020 年	2025 年	2030 年
《节能与新能源汽车产业发展规划(2012~2020 年)》	NEV 累计产销量	500 万辆	—	—
	NEV 产生产能力	200 万辆	—	—
《中国制造 2025》	自主品牌 NEV 产销量	100 万辆	300 万辆	—
	自主品牌 NEV 市场份额	70%	80%	—
《汽车产业中长期发展规划》	NEV 产销量	200 万辆	700 万辆	—
	NEV 产销占比	6.7%	>20%	—
	NEV 保有量*		2000 万辆	
《节能与新能源汽车技术路线图》	NEV 销量占比	7%	15%	40%
《新能源汽车产业发展规划(2021–2035 年)》	NEV 销量占比		20%	

注：* 在 2018 年《汽车产业中长期发展规划》八项重点工程实施方案中提出。

经过十余年的快速发展，在政策规划的引导以及市场发展的推动下，中国汽车电动化转型取得了显著成效。产业方面，电动汽车市场规模全球第一，产业体系基本建成，产业化程度和基础设施建设均走在世界前列，新的技术突破和商业运行模式不断涌现，中国正在成为全球电动乘用车、电动公交车和动力电池领域的领军者。政策方面，政策的全面性、系统性引领全球，涉及技术创新及产业化、车辆推广应用、基础设施建设、市场环境建设等多个方面，涵盖财税和非财税政策，贯穿电动汽车研发、生产、销售、使用、回收利用以及监管等各个环节。国家层面新能源汽车强制法规与地方层面激励政策相结合的综合效力明显，向全世界有效证明通过全面的政策可以实现电动汽车市场的快速发展。

2. 双积分政策将进一步加强新能源汽车推广应用

为提升乘用车节能水平，建立节能与新能源汽车管理长效机制，由工信部牵头制定了《乘用车企业平均燃料消耗量与新能源汽车积分并行管理办法》（以下简称"双积分政策"）。双积分政策于 2017 年 9 月发布，自 2018年 4 月 1 日起实施，新能源汽车积分合规则从 2019 年开始考核，该版本政策仅针对 2020 年及之前年份的企业双积分合规进行管理。2020 年 6 月 22 日工信部等五部门发布双积分政策修正案，进一步优化管理机制，修正案适用于 2021～2023 年乘用车企业的双积分管理（见图 23）。

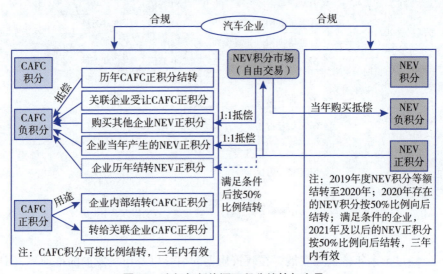

图 23　油耗与新能源双积分结转与交易

（1）"降低传统车油耗，实现国家汽车节能目标"与"推动新能源汽车产业健康快速发展"是双积分政策两大核心目标，且在双积分修正案中更加明确细化

双积分政策中对 CAFC 与 NEV 积分进行并行管理，既是基于中国汽车产业基本现状的考虑，更是彰显对传统车节能和新能源汽车产业发展的双向重视。在双积分政策修正案中，给予低能耗乘用车产量优惠系数、将企业传统车平均燃料消耗量作为 NEV 积分结转先决条件等政策，均有利于降低传统车油耗；而新能源汽车单车积分的调整、企业积分比例的逐年上升等政策则倒逼新能源汽车产业做大做强。

（2）双积分政策允许 NEV 积分自由交易，2021 年以后亦可向后结转，提升了 NEV 积分价值，强化了企业发展新能源汽车的信心

在双积分政策中，NEV 正积分可以自由交易，也可单向抵偿 CAFC 负积分，最大化发挥 NEV 积分的价值，车企在进行成本核算时便可将这部分收益纳入进来，增强了企业投资新能源汽车的积极性。

（3）2017 年以来新能源乘用车产量增长近八成，产品多样性显著提升，双积分政策实施初见成效

作为推动新能源汽车产业发展的长效机制，双积分政策也促使更多的传统车企转型，通过合资、重组、新建等方式进入新能源汽车领域，仅2017～2018 年，就有超过十家新增新能源车企（100% 生产新能源）。2019 年新能源乘用车产量达到 108 万辆，较 2017 年增加近八成。与此同时，新能源乘用车品牌数量和车型数量大幅增加，消费端的选择面更广。

（4）双积分政策为新能源汽车产业发展提供新机遇

受全球经济形势、新冠肺炎疫情等影响，全球各大车企都将中国作为最重要的市场。双积分政策对新能源汽车积分比例提出强制要求，必然倒逼外资企业在新能源汽车上加码，使中国新能源汽车行业进入自主、合资、独资争鸣的时代。这无疑会对国产自主品牌造成巨大竞争压力，但这也将是一次重大机遇，在市场竞争机制下优胜劣汰，选择和发展对社会更具有促进作用的新能源汽车车型，助力汽车产业低碳化转型。

3. 中国新能源汽车产业取得了举世瞩目的成绩

（1）中国新能源汽车销量世界第一

中国已连续 5 年成为全球最大新能源汽车市场，年产销规模达到百万辆级。2019 年，中国新能源汽车销量达 120.6 万辆，占全球总销量的 50% 以上，截至当年底，中国新能源汽车保有量达 381 万辆，全球占比超过 50%。

从市场结构看，自 2014 年起，新能源汽车在中国汽车市场中的占比迅速蹿升，已由 2014 年的 0.4% 提升至 2019 年的 4.9%[①]，是全球平均水平的

---

① IEA，"Global EV Outlook 2020"，https：//www.iea.org/reports/global - ev - outlook - 2020.

2 倍多，在全球主要汽车市场中排名第一。

（2）中国新能源汽车技术攻关实现突破

在新能源汽车国家重点研发专项、工业强基工程等项目的带动下，中国新能源汽车技术攻关不断取得突破。电动汽车整车研发已进入全新平台开发阶段，逐步实现部件协同化、整车轻量化、整车架构高效化。通过代际升级，整车能耗、续驶里程等综合性能实现全面进步，产品竞争力显著提高。动力电池、驱动电机等新能源汽车关键零部件实现跨越式发展，主要性能指标提升明显，已达到国际先进水平，自主配套占绝对份额，竞争优势已然显现。

具体来看，2019 年，中国国产纯电动轿车平均续驶里程已达到 360 公里，较 2016 年水平提升近 90%；量产三元材料单体动力电池能量密度达到 275Wh/kg，系统能量密度达到 170Wh/kg 以上，系统成本下降到 1 元/Wh 左右，与 2016 年水平相比，单体能量密度提升 35% 以上，系统成本下降 60% 以上；量产驱动电机重量比功率已达到 4.0kW/kg 以上，较 2016 年提升 30% 以上。上述技术指标均与国际先进水平相当。

（3）中国充电基础设施建设大步向前

随着中国新能源汽车市场规模化发展，中国充电基础设施保有量持续高速增长。截至 2019 年底，全国充电桩保有量接近 122 万台，其中 42.4% 是公共桩，57.6% 是私人桩。2015～2019 年中国公共充电桩保有量持续保持增长。2015 年底，公共类充电设施保有量不到 6 万台，2016 年公共类充电设施保有量迅速超过 14 万台，成为全球范围内公共充电网络最庞大的市场。2016 年至今，中国公共充电桩保有量呈直线上升状态，截至 2019 年中国公共充电桩保有量已经超过 51 万台，在全球占比超过 50%。充电基础设施建设大步向前，为电动汽车市场的扩张提供了必要的助力。

（4）示范城市和重点地区成为电动化转型的前沿阵地

自 2009 年"十城千辆"项目启动以来，中国拉开了汽车电动化地方推广的序幕。2013 年，财政部、科技部、工信部更是分两批共指定 88 个城市和地区作为示范区域进行电动汽车的集中推广。为支持新能源汽车发展，各地方跟随中央密集出台了一系列电动汽车激励机制，其中包括地方补贴、停车费用减免等财税政策，也包括上牌和路权等方面的优惠。示范城市采用和实施综合性方案，示范作用明显，电动汽车发展也更迅速。其中，深圳在2018年底全面实现公交和出租车电动化；规定新增运营类轻型货车全部为纯电动车，并为纯电动物流车提供优先路权；还提出到2020年底分时租赁车、网约车全面电动化的目标。高污染重点地区也是道路交通电动化转型的主战场。2018年，国务院印发《打赢蓝天保卫战三年行动计划》，明确2020年前重点区域公交、环卫、邮政等领域使用新能源或清洁能源汽车的比例达到80%。2019年，京津冀、长三角等地区的大气污染综合治理攻坚行动方案对新能源汽车的推广应用提出了具体量化考核指标。

（六）上游电力清洁化水平持续提升

电力供应结构不断优化，清洁能源占比明显提升。2019年，中国水力、风能、太阳能等可再生能源的发电量达到19314亿kWh，较2015年提升44.3%，在发电总量中的占比由2015年的23.3%提升至2019年的26.4%。与此同时，单位产品碳排放量最高的火电所占比重逐年下降，由2015年的73.7%下降至2019年的68.9%（见图24）。预计到2020年底，包含核电在内的非化石能源发电量占比将达到31%。

图24　2015～2019年火电、可再生能源发电占比情况

资料来源：电力发展"十三五"规划。

氢能是车用清洁能源重要组成部分。目前，氢能来源以工业副产氢为主，可再生能源制氢正在积极推广中。预计到2030年，煤制氢配合CCS技术和可再生能源电解水制氢将共同成为有效的供氢主体，生物制氢和太阳能光催化分解水制氢等将展开示范应用。到2050年，可再生能源制氢将成为供氢主体，其余制氢方式将作为其有效补充。

（七）轻量化技术不断发展

零部件轻量化技术快速发展，整车轻量化水平大幅提升。近年来，中国在零部件的轻量化设计方法和轻量化材料及成型工艺技术等领域均取得了较大进步，高强度钢应用技术基本达到国际同等水平，高性能铝合金应用开始起步，先进复合材料应用的相关研究工作不断深入。在上述成果的推动下，中国整车轻量化水平提升明显。以燃油乘用车为例，2019年全行业乘用车轻量化系数达到2.40，较2010年下降30.8%（见图25）。同时，基于对整车轻量化水平评价工作的深度研究，中国在全球率先发布了《乘用车整车轻量化系数计算方法》团体标准，建立了车身参数化与结构－材料－性能一体化集成优化设计方法，并在自主品牌乘用车车身设计上实现了推广应用。

图25　2010～2019年中国乘用车整车轻量化系数

愿景篇——以"三步走"战略逐步实现 2060年汽车产业碳中和发展目标

王鹏飞　朱永彬*

摘　要：　道路交通碳排放作为交通领域碳排放的主要来源，其未来的排放路径将直接影响中国减排目标的实现。本报告重点基于汽车产业碳减排的评估原则，从技术可行、经济合理、社会可接受以及协同推进四个维度综合评估碳减排的目标，同时在基于中国道路交通在国家排放中占比的估算基础上，结合对中国道路交通低碳政策的回顾和展望，在高、中、低三种排放情景下，提出中国中长期道路交通碳减排发展愿景，预计到2060年中国道路交通碳排放将分别降至6.2亿吨、1.7亿吨和0.1亿吨。低排放情景下，2060年将实现碳中和目标，道路交通仍然存在少量碳排放，可以通过植树造林、海洋、"碳移除技术"增加碳汇，达到碳源和碳汇的平衡。

关键词：　碳中和　情景分析　汽车产业

---

* 王鹏飞，北京汽车股份有限公司战略规划部高级政策分析员，主要研究方向为政府及企业中长期战略规划、汽车市场动态跟踪及趋势、前瞻技术及投资机会分析；朱永彬，中国科学院科技战略咨询研究院副研究员，主要研究方向为气候变化与绿色低碳转型、数字经济与数字化转型、产业技术创新体系与政策等。

一 中国汽车产业碳减排评估分析

汽车产业碳减排目标的实现需要以技术可行、经济合理、社会可接受为准则，多方利益主体综合协调、共同推进。技术可行性方面，重点从汽车节能技术、新能源技术、零部件通用化等层面综合评估碳减排目标；经济合理性层面，主要从政府财税补贴、企业经济性、个人经济性方面进行综合论述衡量。此外，社会可接受程度以及技术、经济、社会三个层面的协调发展机制也是影响汽车产业实现碳减排愿景目标的重要路径。

（一）汽车低碳发展技术评估

"未来社会是能源环境友好的社会，持续提升的汽车低碳化技术水平，使汽车产业的发展能够与中国能源、环境战略目标相适应，为建设绿色、低碳社会做出应用的贡献；汽车节能环保水平、交通运载能力的提升，综合解决汽车社会的能耗、污染、拥堵和行车安全问题，确保汽车与人员、其他交通工具、道路设施及城市规划与建筑的协调发展，构建和谐健康的汽车社会。"

随着风能、太阳能等可再生能源技术的突破以及生物质能逐渐得到广泛应用，未来，中国可能出现基于地域能源优势个性化推广使用新能源车、传统燃油车、生物质燃料车（甲醇、乙醇汽油及乳化柴油），以及其他燃料作为动力的天然气、液化石油气车的举措，所以多技术路线共存是未来常态（见图1）。实现汽车产业碳排放的总体愿景目标，技术领域需要通过节能汽车、新能源汽车双管齐下，并借力信息化、轻量化、智能化、网联化技术的有效应用，实现低碳化技术的效能最大化。持续降低汽车产业给能源和环境带来的压力。

1. 节能汽车技术

复杂的国际气候变化利益博弈背景下，部分国家提出禁售燃油车动议，尽管给传统汽车的低碳化发展带来一定的看衰预期，但传统汽车节能技术仍

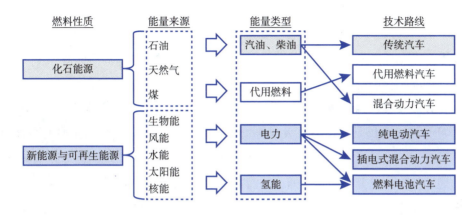

图1　相关技术路线

是近中期重要的节能减排措施。

（1）传统的汽车节能技术仍是近中期重要的节能减排措施

为应对日趋严峻的资源环境压力，国际主要汽车厂商陆续开发不同路径的节能技术，以政策为导向引导传统汽车提升节能水平，推动行业协调发展节能汽车。先进发动机技术方面，丰田推出了代表世界最高燃效（41%）的发动机，并在日本政府的支持下，联合日本国内主要的汽车厂商、大学、研究机构成立了日本内燃机技术创新联盟，以加快在先进内燃机技术方面的联合攻关。美国车企在发动机技术升级方面，逐步增加增压直喷机型应用比例，并通过小型化、减少泵气损失、精确热管理及电控策略等降低油耗。为应对欧洲实际驾驶排放测试 RED 的实施，大众等欧洲车企的发动机发展策略从小排量向合适排量转变，即便在尾气门的大背景下，欧洲柴油乘用车市场份额下降至50%以下，大众、奔驰等厂商仍坚定地提出未来要实施最强的电动化和内燃机优化双管齐下的企业战略。

2016 年以来，中国在缸内直喷发动机、混合动力专用发动机、高效小排量发动机领域均取得较大进展。广汽自主开发的 1.5L 阿特金森发动机热效率已达到38.3%，奇瑞研制出的 1.5T 汽油机热效率达到 37.1%。

（2）基于自身技术积累和优势，发展不同程度的混合动力技术，成为

主要汽车企业实现节能减排目标的普遍选择

从主要汽车企业发展战略来看，日本的混合动力技术尤其是丰田的混动技术，在全球领先。其第四代普锐斯百公里油耗2.5L（根据日本JC08燃油测试标准），相比第一代已实现26.7%的节油水平提升，在混合动力汽车市场化方面发展迅猛，截至2017年1月，丰田混合动力汽车全球销量已突破1000万辆。美国是全球第二大混合动力汽车市场，美国车企正在加大混合动力车型的投放力度，通用新推出的君越30H等车型已实现同比35%左右的燃油经济性提升。而在欧洲，节能减排明显、成本相对较低、可模块化供应的48V系统成为各大汽车公司发展混合动力汽车的首选，博世、大陆等供应商已完成该系统的开发和批量化配套。

在2020年油耗目标的倒逼下，2016年以来，国内车企开始加快混合动力汽车技术的储备和布局，部分企业已经推出了混合动力汽车。例如，吉利自主开发出混合动力汽车吉利帝豪HEV，综合工况油耗达到4.9L/100km，混合动力系统也基本实现自主研发和批量化生产能力。此外，混合动力传动机构的专用化和一体化也是近期混合动力车型提升传动效率的主要技术方向。广汽自主开发出GMC机电一体化的机电耦合装置，提升了传动效率。

（3）单一技术发展无法全面实现节能，多路径协同发展才能共同提升节能水平

从宏观层面，中国节能汽车要实现总体节能目标；从微观层面，中国节能汽车要实现核心技术的突破。未来节能技术路径主要涵盖车辆小型化、混合动力技术突破、动力系统升级、电子电器节能减排等多项技术，不同路线发展前景及节能前景存在差异，但是单一节能技术无法全面降低油耗，只有多路径协调才能综合实现节能技术的提高。

乘用车领域主要节能路径包括以下三条。

第一，推动车辆小型化。中国汽车市场大型化趋势明显，而大型车油耗相对较高，不利于汽车工业节能减排。因此，利用政策调控，抑制中国乘用车平均整备质量上升势头，鼓励小型、节能车辆快速发展，推动紧凑型及以下乘用车销量占比在2020年超过55%、2025年进一步提升至60%、2030

年达到70%左右。

第二，大力发展混合动力。混合动力车型节油效果明显，而国内也已不同程度地掌握系统构型及关键部件的研发能力及产业化能力，大规模发展混合动力的条件已经具备。因此，应在2020年前推动混合动力初步规模化及产品成本大幅下降；至2025年将销量占比提升至50%以上，通过发动机优化及电机、电池性能改善将平均油耗降低至5.2L/100km；2030年销量占比提升至75%以上，通过先进燃烧、轻量化、低风阻等将平均油耗进一步降低至4.5L/100km。

第三，提升电子电器节能效果。积极发展以48V系统为代表的先进电子电器产品技术，显著改善传统动力乘用车能耗水平，并在此基础上，加快发展电动空调，推动EPS、自动充气、换挡提示等技术逐渐成为标配，并持续降低车载用电设备的电能损耗。

商用车领域主要节能路径包括以下三条。

第一，动力总成升级优化。商用车柴油机热效率还存在较大提升空间，自动变速器应用率也较低。因此，应在前期发展低速高扭柴油机，结合电控优化、高压共轨等实现50%热效率，同时重点发展小后桥速比，以实现高效传动。在中期应发展发动机热管理技术，通过电控风扇等附件电子化结合自动变速器使得发动机长期工作在高效区域，达到热效率52%的目标。在后期通过朗肯循环等先进热管理技术进一步优化发动机节能效果，实现55%热效率目标。

第二，逐步发展混合动力。目前，混合动力技术已在公交客车中实现较大规模的应用。鉴于其具有成本高和节油度高的双重特性，近期重点开展系统构型、关键零部件的研究，在中后期成本下降后，逐步从中型商用车向重型商用车推广，从而显著降低车辆能耗水平。

第三，利用智能网联技术提升运行效率。国外已开展车辆队列、道路预见性系统、减少空置、驾驶改善助手等新型节能技术的研究，预计将在2020年后小范围应用。在实际运行过程中，道路环境、行驶路线、司机行为等对商用车油耗的影响极大，结合国外趋势与国内现状，建议在前期重点

跟进，中后期重点研发并掌握相关技术，在车联网基础上实现运行能耗的大幅降低。

2. 新能源汽车技术

在全球燃油车禁售的背景下，新能源汽车成为全球主要汽车企业决胜未来行业地位的重要战略转型策略。目前，纯电动汽车技术成效已经凸显，纯电动汽车与智能网联技术更容易融合发展，实现智能驾驶；新能源汽车与充电基础设施体系可以实现多能源融合、多网融合，各种类型电能补给模式互补发展，满足车辆能源多元化需求。纯电动汽车作为主要技术路线，未来更多考虑动力电池技术发展。

（1）电动化战略成为主流趋势，全球主流汽车企业加快推进汽车电动化战略实施

在全球燃油车禁售的背景下，新能源汽车市场正在快速成长，全球主流车企开始全力加速电动化产品布局，纷纷制定了相应的发展战略。大众汽车集团在 2017 年 9 月公布 Roadmap E 计划，表示将再度升级电动汽车战略，计划大规模发展电动汽车，2030 年实现所有车型均有电动版本，将投资 500 亿欧元到电动车电池领域，200 亿欧元到电动车领域。奔驰计划到 2025 年之前新推出 10 款电动汽车，销量占据整体销量的 15%～25%。宝马计划到 2025 年提供 25 款电动车型，其中 12 款为纯电动车型。宝马集团旗下各品牌系列都将增加电动车型比重，其中包括 Rolls - Royce 和 BMW M 车型。

目前，新能源汽车市场仍以自主品牌为主，除北汽新能源和比亚迪等头部企业外，吉利汽车、长城汽车市场表现不错；但特斯拉、上汽大众等外资、合资企业不断推出新产品，造车新势力逐步实现量产产品交付，市场竞争愈加焦灼，促使市场集中度持续下降，新能源汽车市场的竞争格局将加速调整（见图 2）。

（2）纯电技术路线初见成效，仍为主流技术路线

现阶段纯电技术路线发展已初见成效，而且纯电汽车与智能网联技术更容易结合起来，实现智能驾驶，因此纯电动仍为主要技术路线。

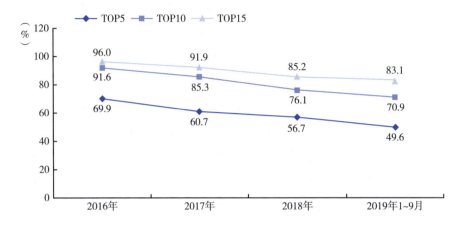

图2　2016 年至 2019 年 9 月新能源汽车市场集中度变化情况

自 2009 年中国开展节能与新能源汽车示范推广工作之后，与之对应的财税补贴政策不断更新出台，直接驱动中国新能源汽车的高速发展，尤其 2013 年财政部颁布《关于继续开展新能源汽车推广应用工作的通知》直接导致新能源汽车爆发式增长，同时也催生出骗补等不合规行为。随后国家进行补贴调整，同时建立健全法规，从重"量"转向重"质"，促进新能源汽车合理地快速发展。

和燃油车相比，电动汽车与智能网联汽车相结合更具能耗优势，而且电动汽车与智能网联技术的深度融合，为用户带来更多科技和数字化体验。"2019 世界智能网联汽车大会"上，美国国家工程院院士 Kaushik Rajashekara 指出，"电动汽车相较于传统燃油汽车更容易与智能网联汽车技术搭载。要想实现智能网联，车身必须配备的计算机、雷达和传感器等设备将大大增加车身重量。与电动汽车相比，燃油车对重量的反应更为敏感。"Kaushik Rajashekara 进一步表示，在一定的重量和功率下，车载计算机甚至能占据智能网联自动驾驶系统总负荷的一半，由于功耗、重量、阻力、数据传输增加，智能网联自动驾驶汽车生态系统（CAV）可以将车辆一次能源使用和温室气体排放量增加 3% ~20%。"CAV 在内燃机车辆上的负荷约比纯电动车多两倍，导致内燃机车辆产生更多温室气体排放，同时其计算机平台的功

率需求也会随之提高。"电动汽车发展带来汽车整体结构的简化，使计算机和其他电子设备更易与电动汽车控制器接口衔接。威马汽车合伙人、首席技术官闫枫也直言："未来真正的智能汽车一定是基于纯电的，因为现今所有智能设备都是由电驱动的。"

（3）电动化浪潮下，零部件通用化、模块化设计成为新趋势

"随着新一轮科技革命和产业变革方兴未艾，汽车正由一百多年前典型的机械产品，逐步演变为机电一体化、智能网联化的高科技产品，呈现出与能源、材料、电子、信息等相关产业紧密相连、协同发展的趋势。"如今，汽车产业正经历继规模化生产方式、精益生产方式之后的第三次生产方式变革——模块化生产。随着电动化、智能化技术的不断进步，模块化平台、通用性关键零部件的推进，产业组织形态正在经历深刻变革，水平型分工将逐步取得主导地位，汽车产业正以全新的产品形态和商业模式，进而推动整个汽车产业格局和生态的重构。

对于汽车零部件行业而言，随着电动化技术的发展，汽车原有零部件被"三电"系统等取代，从而带来产业链的深度变革。从新能源汽车成本构成来看，动力电池成本约占40%，电机、电控、电驱动零部件占到电池总成本的份额达到35%（见图3）。随着零部件模块化、通用化技术的发展，电动汽车成本有望实现大幅降低。如比亚迪面向全行业开放共享的新能源汽车e平台，其两款型号产品分别为电驱动三合一和高压充配电三合一。其中，电驱动三合一由电机、电机控制器、减速器高度集成。其减少了复杂的机械结构和连接关系，实现轻量化设计，结构紧凑，成本低，总成传动效率高，有利于整车能耗降低。系统集成后，产品体积降幅30%、重量降幅25%、标准工况续驶里程效率提升1%。基于同一技术，其已开发出五个平台的驱动三合一产品，几乎覆盖了全部电动轿车对动力性加速和爬坡的需求。高压充配电三合一技术则实现零部件的轻量化、小型化、集成化及低成本，系统集成后，体积降幅40%、重量降幅25%。

模块化平台潮流下，零部件通用化、标准化成为主流，进而推动汽车产业生产组织形式发生变革。传统手工作坊式生产是依靠个别工人进行设计组

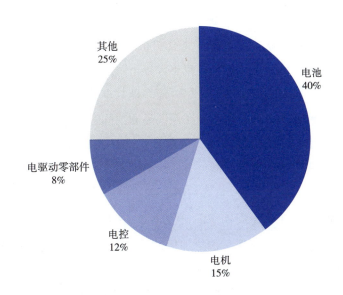

图3 新能源汽车成本构成

装，流水线生产方式的特点是一条生产线只能生产一种车型，而汽车平台式生产则可基于一个平台生产同级别多种车型，但车型之间的相似度较高，缺乏灵活性。随着汽车电动化时代的到来，模块化平台可以实现同平台跨车型和跨级别生产，大大减少研发成本，缩短研发周期。模块化平台的发展推动零部件标准化、通用化、兼容化，这势必将改变汽车生产的传统分工模式，产业组织形式也将发生显著变化。传统汽车通过掌握以发动机和车型为核心的"产品定义权"，进而掌握"市场定义权"。而模块化平台打破了原来的传统汽车平台只针对一个级别车型的限制，通过不同的模块组合，可以覆盖多个车型。通过模块的方式设计组装汽车的各部分子系统，最后在不同车型上进行组装。模块化平台由于兼具产品推出周期缩短以及样式多样化的优点，已经成为国际主流车企的共识，全球主流整车厂商陆续推出模块化平台体系。模块化平台的发展推动汽车产业生产组织形式发生变革，主要表现如下。

汽车产业整零关系发生变化。传统燃油发动机、变速器等主要零部件被储能电池、电机以及车载充电器等零部件替代，传统整车企业的核心"产

品定义权"被分割。传统汽车整车企业不再占据产业链核心地位，部分关键核心零部件企业崛起，并掌握产业链和新地位。零部件供应趋向通用化、标准化，设计兼容性强，实现整车成本大幅下降。零部件通用化使低级别车型的生产标准可以向高级别看齐，尽可能多地共享关键零部件，汽车整体制造工艺水平得到提升；高级别车型在保证品质的同时，通过增加不同车型通用化零部件的比例，减少专用零部件的种类和数量，减少零部件的研发成本，进而大大缩短产品研发周期，降低制造成本。

汽车产业硬件和软件分离，硬件通用化，软件个性化。汽车传统的定义是偏硬件的，它在生命周期中的价值也是由硬件的价值来定义的，整车厂商通过硬件差异化来实现车辆附加值的提升。随着汽车电动化和模块化平台的发展，汽车实现硬件和软件的解耦，实际上是对汽车生命周期中价值曲线的重新书写，汽车通过软件升级和迭代实现它的体验价值，这个跟传统车的设计和使用模式是不同的，也会带来汽车产业的深刻变革。汽车关键零部件逐渐通用化，部分模块化平台零部件通用率高达80%。零部件的通用化推进零部件质量的提升，从而进一步推动统一化零部件标准体系的完善。

"软件定义汽车"（Software Defined Vehicle，SDV）。随着智能网联和自动驾驶汽车技术的发展，"软件定义汽车"成为重要发展趋势。软件带动汽车技术的革新，引领汽车产品差异化发展潮流，逐渐成为汽车信息化、智能化发展的基础和核心。根据美国电气和电子工程师协会与 IHS 咨询公司报告，20 世纪 80 年代初，一辆轿车的电子系统只有 5 万行代码，而现在高端豪华汽车的电子系统就有 6500 万行程序代码，提升了约 1300 倍。目前，汽车软件的价值占比仅有 10%，麦肯锡咨询预测，到 2030 年汽车软件价值将占整车价值的 30%，而摩根士丹利估算未来自动驾驶汽车 60% 的价值将源于软件。

传统汽车产业链各主体战略地位发展颠覆性变化，行业竞争法则重新改写。当汽车逐渐从一个硬件的机器进化为软件驱动的电子产品，软件公司和其他科技公司的产业链地位将显著提升，逐渐从原有的二、三级供应商位置调整到一级供应商。模块化的生产企业（特别是动力电池企业）将通过生产标准化、通用型产品，取得独立的市场地位；部分独立的模块化供应商与无品牌代工厂或者硬件管理运营商结成战略合作，成为面向汽车使用环节维修保养的产品技术承包商。传统整车企业面临的挑战最大。部分实力较强的整车企业依靠强大的品牌影响力和个性化定制推陈出新；节奏较慢的整车企业则逐渐退化为无品牌汽车制造商，专注于代工生产和为硬件管理运营商进行规模化、柔性化定制生产；部分跨界进入者对"核心产品"进行重新定义并获得市场认可。

（4）新能源汽车整车核心性能技术的提升，主要依托于动力电池技术进步

动力电池技术性能影响整车性能（见图4）。续驶里程、加速性能、充电速度、整车安全等整车核心性能的提升将主要依托于动力电池性能。从《促进汽车动力电池产业发展行动方案》和《节能与新能源汽车技术路线图》两项政策对动力电池的规划目标来看，2025年电池能量密度达到400～500Wh/kg，2030年突破500Wh/kg；电池单体2025年降至0.5元/Wh，系统能量密度0.9元/Wh（见表1）。

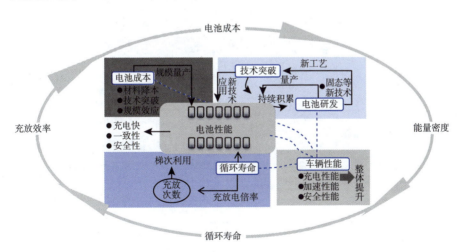

图4　动力电池技术性能对整车性能的影响

表 1　中国锂离子动力电池主要目标

政策名称	发布时间	发布部门	锂离子动力电池主要目标					
			单体			系统		
			2020年	2025年	2030年	2020年	2025年	2030年
《节能与新能源汽车产业发展规划（2012－2020年)》	2012年6月	国务院	模块：>300Wh/kg；<1.5元/Wh					
《节能与新能源汽车技术路线图》	2016年10月	工信部委托	≥350Wh/kg ≤0.6元/Wh	≥400Wh/kg ≤0.5元/Wh	≥500Wh/kg ≤0.4元/Wh	≥250Wh/kg ≤1元/Wh	≥280Wh/kg ≤0.9元/Wh	≥350Wh/kg ≤0.8元/Wh
《促进汽车动力电池产业发展行动方案》	2017年2月	工信部 发改委 科技部 财政部	>300Wh/kg；龙头企业≥350Wh/kg	≥500Wh/kg		≥260Wh/kg；<1元/Wh；-30℃至55℃ 3C充电能力		
《汽车产业中长期发展规划》	2017年4月	工信部 发改委 科技部	>300Wh/kg；力争350Wh/kg			≥260Wh/kg；<1元/Wh	≥350Wh/kg	
《新能源汽车产业发展规划（2021－2030年)》	2020年11月	工信部	开展正负极材料、电解液、隔膜、膜电极等关键核心技术研究，加强高强度、轻量化、高安全、低成本、长寿命的动力电池和燃料电池系统短板技术攻关，加快固态动力电池技术研发及产业化					

　　当前，三元电池能量密度仍有较大的提升潜力，磷酸铁锂电池能量密度已接近极限。电池技术核心方向是保证安全性的前提下提高能量密度，短期

可以通过正极材料新配比提高能量密度，如 NCM811 或 NCA811。但是现有三元体系，无论 NCM 技术路线还是 NCA 技术路线，能量密度的物理极限均无法达到 2025 年 400Wh/kg 的规划目标。中长期来看，动力电池需要在电池新材料和新体系方面需求技术突破，固态电池有望成为下一代电池发展新趋势（见图5）。

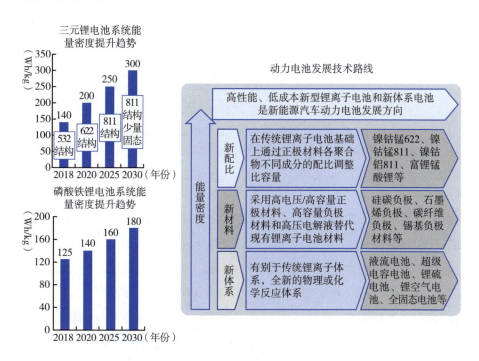

图5 动力电池技术趋势－多技术层面推动动力电池技术进步

从锂电池体系技术迭代进程来看，随着三元锂 NCM 成本的降低，磷酸铁锂份额逐渐被压缩，2025 年后富锂技术路线份额逐渐增加，2032 年固态电池技术和成本方面取得突破后，份额开始大幅增加，成为绝对主流技术路线（见图6）。

（5）未来新能源汽车能源供给方式将主要依托分布式可再生能源、智能电网互动融合发展

分布式能源是一种建在用户端的能源供应方式，既可独立运行，也可并

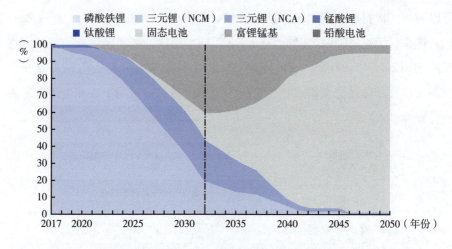

图6　2017～2050年分技术路线电池装备量占比

资料来源：中国汽车技术研究中心有限公司。

网运行，是以资源、环境效益最大化确定方式和容量的系统，对用户多种能源需求以及资源配置状况进行系统整合优化，采用需求应对式设计和模块化配置的新型能源系统，是相对于集中供能的分散式供能方式。一次能源以气体燃料为主、可再生能源为辅，利用一切可以利用的资源；二次能源以分布在用户端的热电冷（植）联产为主、其他中央能源供应系统为辅，实现直接满足用户多种需求的能源梯级利用，并通过中央能源供应系统提供支持和补充。智能电网是一个全新的、智能的电力生产传输管理系统。智能电网可以在最短的时间内监控和协调电力的工作，保证在向用户输电的过程中节点之间正常运行。它可以通过数据的实时上传了解和计算电力的供给，使各个方面的电力输送设备正常运行。智能电网系统的应用既可以优化电力负荷的分配，也可以更有效地提高电力的使用率。

　　分布式能源具有高效、节能、环保等特点。目前，许多发达国家已可以将分布式能源综合利用效率提高到90%以上，大大超过传统用能方式的效率。分布式能源发电系统组成包括以下几方面：①高效利用发电产生的废能生产热和电；②现场端的可再生能源系统；③利用现场废气、废热以及多余压差来发电的能源循环利用系统。分布式能源是扭转中国严重缺电局面、保证可持续发展战略实施的有效途径之一，发展潜力巨大。分布式能源技术是中国未来城市可持续发展的必然选择，有利于立足现有能源资源，全力提高资源利用效率，扩大资源的综合利用范围。按照分布式能源规划，把风能、太阳能、电梯的下降能、垃圾的沼气发电等与建筑和校区设计组合起来，采用微智能电网链接调控，结合家用电动车的储能缓冲，构建城市微能源系统，以实现能源的就地采集、就地循环使用，提高能源利用效率（见图7）。

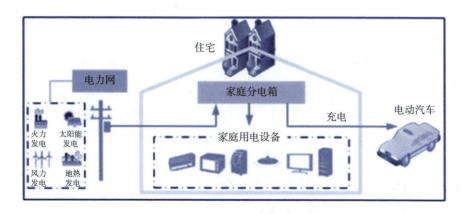

图7　综合充电系统示意

纯电动汽车和插电式混合动力汽车既是交通工具，又是分布式电能储备装置，它与智能电网的有机融合，具有实现削峰填谷的重要作用，有利于提升发电设备的利用效率，同时在重大灾害期间还可作为电力供给的重要补充。更重要的是，大力发展纯电动汽车和插电式混合动力汽车，能够更加有效地利用风能、太阳能等可再生能源，有助于中国电力能源结构的清洁化和坚强电网建设。

（6）氢能燃料成为汽车低碳化的重要发展方向

各国从能源安全、经济发展、环境保护等角度出发，纷纷在国家级的发展战略中提出，氢能和燃料电池技术是能源和交通系统融合的重要选择，氢能是未来能源系统的重要组成部分。中国高度重视燃料电池汽车产业并将其作为中

国创新战略、交通战略、制造业及汽车产业发展战略的重要组成部分。近两年，国家相关部门密集出台政策，大力支持燃料电池汽车发展。《国家创新驱动发展战略纲要》《"十三五"国家科技创新规划》《"十三五"国家战略性新兴产业发展规划》《中国制造2025》《汽车产业中长期发展规划》《能源技术革命创新行动计划（2016－2030年)》《"十三五"交通领域科技创新专项规划》等纷纷将发展氢能和燃料电池技术列为重点任务，将燃料电池汽车列为重点支持领域。

从效益定位、技术定位、应用定位来看，燃料电池均具有良好的发展前景，是卡车和公路客车等长途运载工具的最佳选择（见图8）。中国开创了以燃料电池—动力电池混合型动力系统为核心的特色技术路线，中国燃料电池商业化进程已经开始，燃料电池商用车表现突出，但是燃料电池汽车乘用车发展落后于国际先进水平，未来随着技术进步，电堆成本持续下降，预计到2030年左右中国燃料电池乘用车实现初步商业化。作为国家重点推进项目，氢燃料电池汽车与周边设施的发展前景广阔。从地域看，氢燃料电池汽车产业在全国各地呈现集群式全面发力特点。从政策数量看，无论中央还是地方，均对氢能产业予以了高度重视。各企业同步加速推进氢燃料电池汽车的产业化应用。

除了车辆本身的节能与新能源技术进步及效率水平是影响汽车产业实现低碳化愿景目标的重要因素，在优化产品结构如车辆小型化、控制中重型商用车保有量；优化交通出行结构，如公交优先发展战略、城市出行需求管理、增加共享车辆占比等方面也存在诸多发力点，能够从多个层面实现汽车减排目标。

（二）汽车低碳发展经济性评估

1. 国家层面

为降低能源的对外依赖度，实现《巴黎协议》中国碳排放的战略目标，中国大力支持新能源汽车产业的发展。自2009年中国实施新能源汽车"十城千辆"示范工程以来，持续对新能源汽车实行财政激励政策，补贴金额数额庞大。中长期来看，为促进新能源汽车产业良性发展，降低产业对财税激励政策的依赖程度，2022年以后，中国针对新能源汽车的补贴激励政策将退出，引导产业发展的多项非财税激励政策将联合发力，共同助推产业良

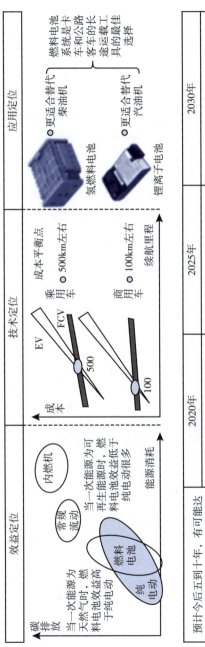

图8 中国燃料电池汽车技术路线

性发展。财政补贴政策逐渐退出，双积分政策接棒转换动能引导市场良性发展。

中国新能源汽车财税补贴金额巨大，截至 2017 年，新能源汽车补贴金额达 1000 亿元左右。2016 年 9 月 8 日，财政部新闻办公室发布《关于地方预决算公开和新能源汽车推广应用补助资金专项检查的通报》。该文件显示，自 2009 年起，中央财政对新能源汽车推广应用予以补助，截至 2015 年底中央财政累计安排补助资金 334.35 亿元。2019 年 3 月 19 日，工信部公布了《关于 2016 年及以前年度新能源汽车推广应用补助资金初步审核情况的公示》。将 2016 年及以前年度新能源汽车推广应用补助资金的 126 亿元补贴补发给近百家企业。2019 年 11 月 18 日，财政部发布《提前下达 2020 年节能减排补助资金预算对地方分配结果》，2020 年新能源补贴预算 313.68 亿元，同时还发布了 2017 年新能源汽车推广应用补助资金 160.5 亿元，2018 年度节能与新能源公交车运营补贴 153.2 亿元（见表 2）。财政部先后为多批次新能源汽车发放中央补贴，补贴金额预计达 1000 亿元。此外，加上地方配套补贴，中央和地方的科研专项经费、充电设施奖励补助，中国新能源产业推广方面的补贴资金数额庞大。

表 2　提前下达 2020 年节能减排补助资金预算对地方分配结果

单位：万元

序号	地区	2017 年度新能源汽车推广应用补助资金	2018 年度节能与新能源公交车运用补贴资金	合计
1	北京	81030	42975	124005
2	天津		13648	13648
3	河北	13268	90045	103313
4	山西	34095	51636	85731
5	内蒙古	5526	14551	20077
6	辽宁	7220	25536	32756
7	大连	2643	17785	20428
8	吉林	2261	15802	18063
9	黑龙江	1482	43265	44747
10	上海	48302	35112	83414
11	江苏	131114	89372	220486

续表

序号	地区	2017年度新能源汽车推广应用补助资金	2018年度节能与新能源公交车运用补贴资金	合计
12	浙江	18988	57484	76472
13	宁波	24973	12490	37463
14	安徽	10515	51466	61981
15	福建	12688	53319	66007
16	厦门	129626	9963	139589
17	江西	23565	33359	56924
18	山东	119076	163194	282270
19	青岛	0	18783	18783
20	河南	436598	109568	546166
21	湖北	98129	46001	144130
22	湖南	183792	105113	288905
23	广东	66767	121724	188491
24	深圳	50997	124791	175788
25	广西	23710	24682	48392
26	海南		9801	9801
27	重庆	41400	10695	52095
28	四川	26410	27936	54346
29	贵州	2644	16422	19066
30	云南	3901	19210	23111
31	西藏		1439	1439
32	陕西	4136	40933	45069
33	甘肃		15981	15981
34	青海		5703	5703
35	宁夏		4767	4767
36	新疆		6671	6671
37	新疆兵团		692	692
	总计	1604856	1531914	3136770

资料来源：中国汽车技术研究中心有限公司。

短期来看，受2020年新冠肺炎疫情因素影响，新能源汽车财政补贴及购置税减免政策将延续到2022年结束，目的在于短期内稳定新能源汽车市场。中长期来看，2020年，工信部牵头编制的《新能源汽车产业发展规划（2021－2035年）》推出。这两项战略引领性的政策发布实施后，将进一步

统一行业认识，坚定行业信心，明确发展方向。此外，在影响产业发展的核心关键技术领域，如新能源汽车重大专项、智能汽车重大专项，包括关键核心的新型操作系统、新型电池、燃料电池等，也可以采用财税激励政策方式支持相关企业，鼓励企业加大关键核心技术的研发力度及推动产业化进展。后补贴时代，国家在政策设计方面需要思考长期的稳定的可持续、可预期的综合性政策体系。未来新能源汽车产业财税政策由单一的财政补贴政策向综合性财税政策转移，强化非财税政策作用效果；补贴政策逐步退坡，持续完善的双积分政策成为新能源汽车发展的重要驱动力，以"优先权"为主导的需求侧支持政策成为下一步的重点，其旨在通过长效管理机制推动新能源汽车产业良性发展。

2. 企业层面

对于企业而言，前期传统燃油汽车在综合成本方面有显著优势；中远期来看，新能源汽车生产成本将明显占优势。政策环境、技术环境变化综合影响传统燃油汽车和新能源汽车的生产成本。传统燃油车方面，随着排放法规的趋严，在低压技术路线下，通过技术升级投入产出比越来越高；而新能源汽车政策支持方向由产业上游转为下游，鼓励新能源汽车应用；同时新能源汽车电池成本也大幅下降，拉低了生产成本，以上主要因素一定程度上改善了新能源汽车预期。根据国家信息中心联合企业调查结果，在假定传统燃油汽车、混合动力汽车、插电式混合动力汽车、纯电动汽车不同时间段油耗水平、积分价格等因素的情景下，最后叠加动力系统单车增加成本，估算出三种技术路线单车总成本增加额。计算结果显示，对于整车企业而言，前期HEV在综合成本方面有一定优势，其次是PHEV；BEV在中后期将明显占优。短中期来看，未来厂商将结合制造成本与双积分合规成本综合考虑BEV、PHEV、HEV技术路线及产品组合（见图9）。

（1）传统燃油车受油耗法规升级影响，成本不断上升

中国自2001年开始实施国一阶段排放标准以来，排放标准经过了5次升级，每次升级时间间隔大约为4年，从国一到国五，中国排放标准一直等效采用欧盟排放标准体系，而国六排放标准是中国第一个不等效采用欧盟排

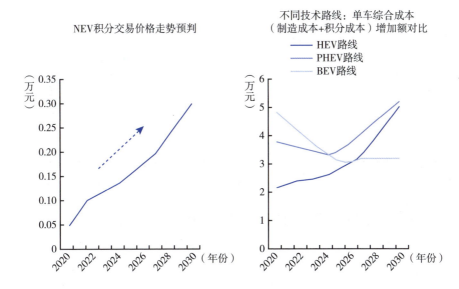

图9 不同技术路线单车综合成本增加额对比

资料来源：国家信息中心。

放标准体系的标准，更符合中国的气候条件、道路工况等具体国情。国六排放标准意味着中国排放标准研究能力的极大进步，对于国内汽车行业发展具有重要意义，但是通过改进发动机构造、改进燃料喷射方式、改进催化剂等方式升级国6排放标准将使成本上涨约5%。

中长期来看，国家能耗标准进一步加严，将引导整车企业进一步加强节能汽车研发和技术升级，48V技术、强混技术、多档位AT&CVT技术的推广应用将会使整车油耗水平不断下降，但节能汽车的成本将逐步攀升（见图10、图11）。以48V技术为例，节油效果8%～10%，具有大范围普及的技术基础，未来48V技术将广泛普及，并基本成为传统燃油车标配。随着48V的规模化应用，长期成本将下降至约2000元，具备技术普及的成本基础。

（2）新能源汽车受动力电池技术突破影响，成本不断下降

随着双积分政策逐渐接棒新能源汽车财政补贴政策，新能源汽车市场正由政策驱动变成市场驱动。旺盛的市场需求、不断进步的研发技术使动力电

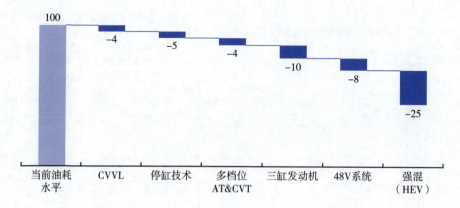

图 10　节能汽车各项节能技术及油耗水平提升空间

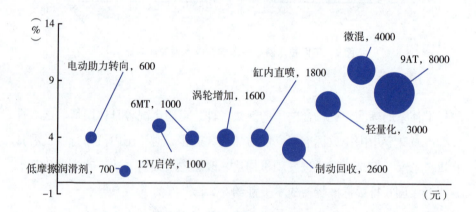

图 11　节能汽车各项节能技术成本

资料来源：国家信息中心。

池成本逐步下降，新能源汽车价格逐渐贴近传统燃油车。动力电池成本的大幅下降将拉低新能源汽车生产成本。根据彭博社和 ICCT 预测，预计到 2024年，动力电池系统价格将低于 100 美元/kWh（见图 12）。

　　中长期来看，动力电池各构成要素价格均呈下降趋势。动力电池系统价格持续下降。新能源汽车补贴退出后，磷酸铁锂电池一定时期内将更具价格优势，综合考虑能量密度等因素，将重新在中低级别车型上有所应用（见图 13）。

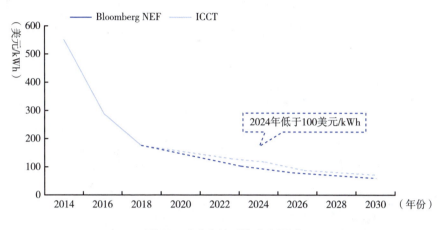

图12　动力电池系统成本预测

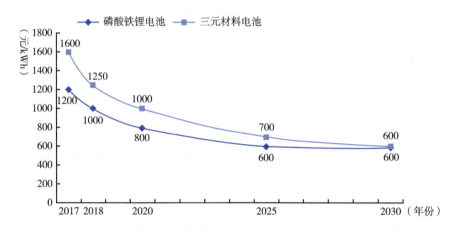

图13　动力电池系统成本变化趋势

3. 个人层面

当前，新能源汽车价格普遍高于同级别传统燃油车，成本回收期长。随着新能源汽车技术进步及电池生产规模化，新能源汽车成本持续下降。但是与传统燃油车相比，新能源汽车仍然存在产业规模小、分散竞争、单个产品竞争力不强等问题，新能源汽车价格仍高于传统燃油车价格。

从新能源汽车需求端来看，新能源汽车相比燃油车的核心优势是具备全

生命周期的经济性，本报告中用 TCO（Total Cost of Ownership）来衡量。影响电动汽车全生命周期成本的因素包括购置成本和使用成本两部分。购置成本由购置费和购置税构成（见图 14）。

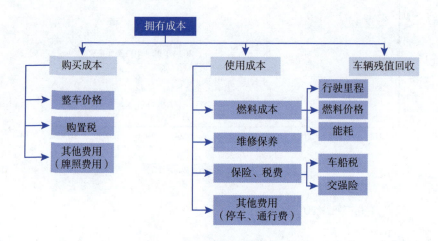

图 14　车辆全生命周期成本构成

本文以帝豪车型为例，分析 2018 款帝豪 1.5L CVT 车型和 2018 款帝豪 EV450 的全生命周期经济对比分析。帝豪 EV450 销售价格 15 万元，帝豪燃油车 8 万元。假设 A 级纯电动车型 8 年折旧为零；A 级燃油车辆以 10 年产品生命周期计算，二手残值按照 1 万元计算（见表 3、表 4）。

表 3　2018 款帝豪 1.5L CVT 车型和 2018 款帝豪 EV450 参数对比

其他相关参数	2018 款 EV450 进取版	2018 款 1.5L CVT 豪华版
车型	紧凑型车	紧凑型车
厂商指导价	21.83 万元	8.58 万元
北京参考价(2019 年)	15 万 ~ 16.73 万元	7.08 万 ~ 7.18 万元
百公里电耗	13 ~ 14kWh	
综合工况续驶里程	400km	
电量	52kWh	

注：由于电动汽车残值市场尚未成熟，所以此处残值计算省略。

表4　2018款帝豪1.5L CVT车型和2018款帝豪EV450使用成本对比

其他相关参数	2018年	2020年	2021年	2025年
年均里程（km）	12775	12775	12775	12775
油价（元/L）	8	8.8	9.2	10.8
油耗（L/100km）	7	6.6	6.4	5.6
电价（元/kWh）	0.6	0.6	0.7	0.8
电耗（kWh/100km）	14	13	13	11
BEV维修保养（元）	600	600	600	600
ICE维修保养（元）	3000	3000	3000	3000
车船税（元）	480	480	480	480
交强险（元）	950	950	950	950
购置税（BEV没有,元）	7000	0	0	0

注：车船税以北京为例，每年费用480元。

从全生命周期来看，购置环节来看，电动汽车的购置成本较高（87.4% vs. 41.0%），但是日常使用成本很低（12.6% vs. 59.0%），尤其是燃料成本。从使用过程来看，电动汽车使用年限越长，购置成本的摊销就越低，燃料成本的节约额度就越高，这两个因素叠加，使电动汽车的产品全生命周期成本低于同类型燃油汽车（见图15）。

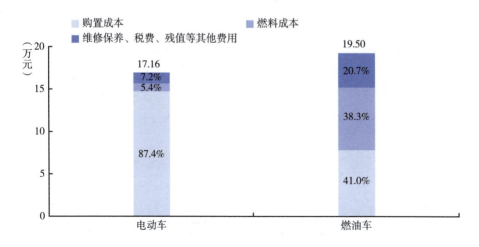

图15　A级纯电动车与燃油车10年全生命周期总成本对比

根据国家信息中心联合企业调查研究结果，以纯电动 A 级车为例，2019 年纯电动 A 级车相较于同级别燃油车价格要高出 5.6 万元，主流 A 级 BEV 车型在 2025 年之后才能体现成本回收期经济性，开始具备向家用普及的基础（见图 16、图 17）。而根据消费者调查结果，消费者对纯电动车成本的回收期接受度普遍维持在 3.4 年左右（见图 18），现有的纯电动车价格短期内居高不下，显然不能达到消费者的满意程度，并且随着 2020 年油价下跌，国六排放标准延迟实施，预计新能源汽车市场部分消费需求将被传统燃油车取代。

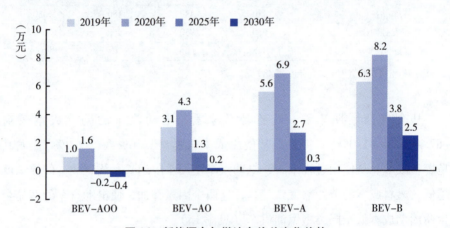

图 16　新能源车与燃油车价差变化趋势

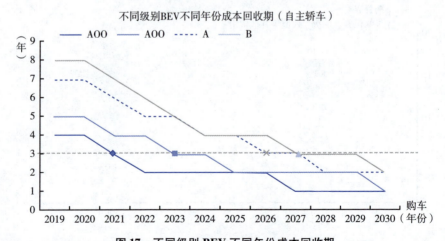

图 17　不同级别 BEV 不同年份成本回收期

资料来源：SIC 测算，2019 年新能源联合课题调查，此处以自主轿车为例。

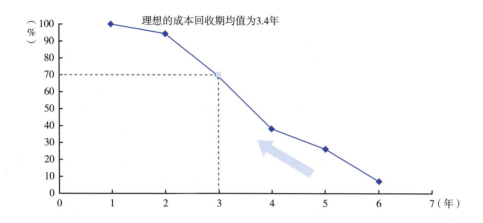

图18 消费者 BEV 成本回收期接受度

资料来源：SIC 测算，2019 年新能源联合课题调查，此处以自主轿车为例。

（三）汽车低碳发展社会责任评估

低碳经济背景下，社会责任被赋予了新的内涵。实现汽车产业 2050 年的碳减排目标，从汽车产业链各责任主体来讲，应该构建企业社会责任的自律机制，自觉承担社会责任，企业主体应该在创造收益的同时考虑企业对环境的影响作用，不能单纯考虑企业利润最大化，应从中远期经济和社会、环境效益平衡的角度来综合权衡；主动承担法律责任，在生产经营过程中必须遵守相应的法律法规，不能因为降低资源消耗而导致产品质量下降，如近年来频频出现的各类汽车召回事件、新能源汽车骗补事件就是对法律责任的严重警示。汽车产业链各责任主体应该将法律责任融入企业战略规划中，不能盲目减少碳消耗量而导致企业出现法律责任危机。

汽车企业是汽车碳排放的主体，应该在汽车产业碳减排行动中承担起主要的社会责任。在企业中长期发展战略方面，企业管理者应将低碳经济纳入企业发展决策中，加大低碳技术研发力度，从产品设计、减少碳排放上下功夫，优化产品结构。提升创新能力，加速培养和引进科技人员，增加研发费

用的投入，开发具有自主知识产权的低碳生产技术。作为全球最大汽车品牌，大众汽车在汽车碳减排领域较早吹响了冲锋号，并在产品研发、量产以及产业链融合等方面不断加速加码。大众官网相关内容显示，集团原本拟定的 2025 年生产 100 万辆电动车的计划将提前到 2023 年，与此同时，还计划 2020～2024 年五年间投入 330 亿欧元布局电动化。到 2022 年底，其将在全球 16 个工厂生产电动车。

汽车低碳化不仅是单纯整车生产能效的提高，而且是整个汽车产业链组织模式的变革，企业应该承担起关键零部件回收再利用的责任，尤其是新能源汽车动力电池方面。中国发展新能源汽车已有十年之久，新能源汽车保有量达到 400 万辆左右，后续将会有批量新能源汽车进入报废回收期。整车企业应建立动力电池回收渠道，负责回收新能源汽车使用及报废后产生的废旧动力电池，鼓励汽车生产企业通过回收、以旧换新、给予补贴等多种方式提供服务，鼓励汽车生产企业、电池生产企业、报废汽车回收拆解企业与综合利用企业等合作共建共用废旧动力电池回收渠道。

企业从中长期碳减排的愿景目标综合考虑，不仅不会对企业产生消极影响，反而会积极影响企业的财务绩效，尤其是能源变革与低碳化浪潮背景下，企业在运营中承受的环境与减排压力日益增加，其将激励企业加快低碳技术研发创新及产业创新，提升企业品牌效应。

承担社会责任，除了企业主体自身发挥主要作用之外，还应该通过政府加强立法监督、行业协会发挥行业引领作用、社会公众强化舆论监督等多方位共同协作方式来共同推进汽车产业实现碳减排目标。

（四）汽车低碳发展协调推进机制评估

中国是世界上最大的发展中国家，也是世界上碳排放量大的国家。发展低碳经济有诸多客观困难，如现阶段中国正处于工业化和城市化的过程中，能源资源消耗大；中国在国际贸易分工中处于产业链的低端，大量能源和温室气体排放随出口产品间接出口；资源禀赋特点决定的以煤为主的能源结构在中短期难以改变；技术创新能力不足，低碳技术转让存在障碍等。同时，发展低碳经济还有体制机制障碍，如能源价格由政府管制，补贴力度较大；企业节能减排仍存在政策障碍，动力不足；推进节能减排主要靠行政手段，缺乏市场化的解决方式。虽然困难重重，但是发展低碳经济既是解决能源、资源和环境问题的内在要求，也是积极应对国际气候变化的重要措施，能够促进相关产业的发展，促进经济、社会等各方面可持续发展，有利于塑造新的国家竞争优势，中国正在抢占世界低碳经济发展的制高点，低碳中国正在崛起。

中长期汽车产业碳减排愿景目标的实现，需要技术、经济、社会各个维度和各方利益主体之间综合协调和共同推进。汽车碳减排技术的发展必须以经济合理、社会责任为基础，同时其受到经济合理性、社会责任的制约。汽车低碳技术发展，首先应结合本地区自然资源的规模、经济发展条件、满足法律法则及社会责任条件等特点和需求，通过研发及产业化技术的不断进步实现产业结构的不断优化升级，最终实现企业最优经济发展规模与产业最优集聚规模的提高，实现产品的平均成本降低，经济效益提高，并满足公众对企业社会责任的要求。

技术层面，需要结合资源禀赋，不断实现汽车减排技术升级的突破。大力发展新能源汽车是低碳能源供应、交通运输节能的重要举措，对缓解能源供需矛盾、改善环境有着重要的推动作用。自2009年1月中国汽车月销售量首次超越美国以来，中国稳坐世界汽车市场的头把交椅。汽车无疑成为能源消耗大户，能源紧张、环境恶化与汽车行业发展的关系十分密切。新能源汽车可以实现能源多元化、动力电气化、排放清洁化，实现中国交通能源动力系统转型，发展新能源汽车已是大势所趋。实现汽车产业的碳减排目标，更应该从全生命周期角度综合来看待，加强动力能源清洁化，积极推动建立新能源汽车与电网、清洁能源协调发展的新机制，促进新能源汽车全生命周期健康有序发展；未来汽车发展模式应该是汽油、柴油、天然气、电能、氢气、生物质能等多种能源共存。轻量化设计、减少发动机摩擦、柴油清洁化等传统汽车技术改进是降低碳排放的有效手段，在加快新能源汽车产业发展的同时，要加快传统汽车节能技术的提升，实现中国从生产大国到技术强国

的跨越。

经济层面，应该遵循合理可行的原则，引导汽车产业低碳发展的同时，加强企业技术攻关正向激励，坚定企业低碳发展的信心；满足消费者心理预期，以合理的价格支付低碳出行。一方面，政府应该加强对节能和新能源汽车产业的引导，不是直接干预，而是通过财政、金融政策，引导人力、财力、物力的合理流动，减少重复建设等造成的资源浪费，对节能和新能源汽车产业实施间接管理。建立节能和新能源专项发展基金，用于保障财政补贴、价格补贴、贴息贷款、研发投入等政策的落实，加大对汽车减排技术和重点项目的资金倾斜力度，引导企业加快汽车减排技术攻关，坚定企业中长期发展汽车节能减排技术路径；完善积分制度，实现积分在不同企业之间的合理流动，调动企业生产新能源汽车的积极性。国家通过财政、金融政策，严格管理资金不流向重复建设领域，鼓励新能源汽车优势企业兼并收购、做大做强，提高民族品牌国际竞争力。

消费者层面，鼓励低碳出行。一方面，制造消费者可以接受的价格合理的新能源汽车，为消费者提供经济低碳的代步工具；另一方面，鼓励低碳出行、共享出行。当前，共享、低碳环保理念正在潜移默化中改变着人们的消费观念。随着消费模式的升级，人们的消费习惯从单向消费向协同消费转换，从所有权的占有转化为对使用权的消费。共享经济已经在各个方面渗透到人们的衣食住行中，涉及产品和服务等领域。知识付费、共享出行、网贷和众筹等逐渐被人熟知。根据国家信息中心《中国共享经济发展报告（2020）》，2019年共享经济市场交易额为32828亿元，比2018年增长11.6%。共享经济参与者人数约8亿人，其中提供服务者人数约7800万人，同比增长4%。网约车在网民中的普及率达到47.4%，比2016年提高了15.1个百分点。未来共享出行将逐渐填补通勤、短途旅游成为主流出行方式的新选择。

社会层面，加强企业社会责任感、主人翁意识，引导企业注重汽车低碳发展的中长期利益；将企业社会责任指标量化，鼓励企业加快汽车节能减排技术的攻关，激发企业积极性。

二 汽车产业碳减排评价方法及指标体系研究

本文研究的汽车产业碳减排评价方法,核心是结合资源禀赋、技术进步、社会责任,通过能源结构多元化、汽车低碳技术的不断进步、交通结构的不断优化,实现汽车产业向电动化、低碳化转型,达成汽车产业碳排放中长期愿景目标。在评价汽车产业碳减排路径时,需要综合考虑碳排放路线与能源结构、车辆结构的关系,重点围绕政策体系完善、能源结构多元化、汽车低碳技术发展、交通结构优化等多项指标进行评价。

(一)政策体系完善

1. 顶层战略目标设计

设立中长期汽车碳减排目标纲领性政策文件,并针对汽车产业碳减排目标制定汽车市场目标,从汽车原材料、电池、基础设施、标准国际化等方面制定发展战略、目标、技术路径和行动计划。

2. 政策体系制定

政策体系设计方面,应该结合中国国情,并借鉴欧盟、美国加州、日本等推动汽车碳减排的管理机制,主要从以下几方面着手考虑。

中短期继续实施双积分政策,奖罚并用。中国双积分政策目标较为温和,在处罚措施上,不存在欧盟标准强制性要求带来的高昂经济代价。建议继续研究中国中长期油耗标准,政策措施上推动节能与新能源汽车协调发展,同时满足碳排放和行业油耗目标,对节能和新能源汽车发展突出的企业给予适当奖励,对不能完成最低要求者给予惩罚。同时,重视奖励和惩罚尺度。

从中长期政策体系来看,双积分政策未来将逐步转化为碳交易机制。虽然短期内新能源汽车生命周期碳排放量计算面临挑战,但是中长期来看,未来有必要统一车辆能耗管理制度,采用全生命周期能耗管理制度,从车辆生产上游电力生产及供应环节、原材料制造环节、车辆制造环节、车辆使用环

节、车辆报废环节综合考量，计算汽车市场不同能源类型的排放计量标准，从油耗向二氧化碳转移，以便更好地比较传统燃油车、新能源汽车、可替代燃料汽车的排放，并在此基础上提高排放要求。

碳减排计量模型设计阶段，考虑核算主体多样化。综合欧盟只针对整车企业征收碳税的管理机制，碳交易机制在计量模型设计时应体现责任主体完善原则，未来在中长期碳交易机制设计时，可以进一步增加核算主体，实现核算主体多样化，如在出行服务领域设置碳减排计量指标，加快网约车运营企业推动汽车共享、整车企业向出行服务商转移的节奏。此外，也可以考虑针对普通消费者征收碳税。消费者通过低碳出行产生的碳积分，转变为数字资产实现交易，或者通过购买碳积分消除碳足迹。未来，可以尝试在封闭区域内以区块链技术为核心，通过平台碳积分交易，实现封闭区域内社会碳交易机制的完善，同时增加公众对节能环保理念的认同。

财税政策体系方面，中短期适当给予财税补贴，并逐步退坡，中长期市场机制发挥主导作用。近年来，随着国家及地方政府对新能源汽车的大力支持，中国新能源汽车产业发展已经达到初步产业化规模，但是新能源汽车与传统燃油车相比，在技术和成本等方面还存在一定劣势，无法与传统燃油车直接竞争。而欧盟、美国、日本相继延续新能源汽车补贴政策，中国可以借鉴典型国家的新能源补贴政策特点，在电动汽车成本与传统燃油车持平之前，持续给予财税优惠，并适当退坡。一方面，扩大补贴范围，更加注重支持地方政府在公共领域购置及使用电动汽车，同时继续给予私人领域电动乘用车购置补贴；另一方面，进一步提高补贴的技术门槛，给整车企业施加压力，加快汽车产业碳减排中长期目标的实现。此外，在补贴对象方面，补贴对象更多倾向于低收入群体，针对高收入群体或者高价位车型设置补贴享受限制，抑制奢侈浪费。

非财税激励政策方面，国家及地方政府应多措并举，采取差异化、多元化的政策措施优化低碳汽车使用环境。如实施差异化的电动汽车路权政策、鼓励探索低排放试点区域，鼓励地方政府因地制宜，积极探索新能源汽车发展措施；针对充电设施领域，积极响应国家关于新型基础设施建设的主体思路,同时创新充电基础设施的商业模式,积极引入社会资金,向充换电基础设施建设主体提供融资、补贴等支持,加大基础设施建设及使用的财税金融支持力度,进一步优化新能源汽车的使用环境。

(二)能源结构多元化

低碳化是能源结构调整的长期方向。中国能源需求持续增长和化石能源资源禀赋情况,决定了能源结构调整是长期过程,日益增加的减排压力和能源供应的可持续性将推动能源结构向可再生、低碳化方向转变。

大力发展新能源,推动能源结构调整。近年来,新能源成为人类应对气候危机的重要内容,各国政府纷纷颁布各自的新能源规划和促进政策。金融危机的爆发后,新能源产业被赋予了"新经济"的全新内容,极有可能成为继信息技术后承载带动全球经济复苏的"新技术革命"之核心内容。中国已经将新能源列为重点发展的战略性新兴产业,目前国内风力发电、太阳能光伏发电产业链也较为成熟,风电年新增装机量和光伏电池产量居世界前列。随着《新能源汽车产业发展规划(2021-2035年)》的出台,中国新能源汽车产业将引来新一轮高速发展期,带动能源结构向低碳化方向发展。

天然气是改善一次能源结构最为快捷的途径,尤其是在商用车领域。随着天然气源的丰富和价格形成机制的改革,国内天然气消费将引来量价齐升局面,城市燃气运营商及管网运营商将长期受益,LNG生产和储存设备受益程度将逐渐提升。

汽车领域应该着重以电力能源清洁化为目标,积极推动电力能源去煤化,推动在清洁能源领域持续布局,其主要聚焦于以天然气、生物质为燃料的清洁能源热电联产项目,并大力发展风力发电项目。国家能源局《关于建立健全清洁能源消纳长效机制的指导意见(征求意见稿)》的发布,对于推进绿证市场建设,做好电力消纳保障机制、绿证制、电力现货市场机制的衔接具有重要意义,将重点推动清洁能源、可再生能源成为电力消费的主体能源。

加快明确氢能在能源体系中的定位，促进车用清洁能源高效利用。氢能作为高效二次能源，完全符合战略需求，同时具备"清洁低碳、安全高效"的根本特征。应该加快推进氢能战略布局，建立统一的标准体系，统筹氢能与其他能源协调发展，减少资源低效配置。加大氢电综合技术科研及产业支持力度，对清洁能源制氢及氢燃料电池进行专项科研及政策支撑，降低电制氢成本，利用氢燃料电池技术进步拓展氢能需求，完善氢能供需体系建设，实现清洁低碳、安全高效的能源目标。

加快绿色可再生燃料技术的推广应用。车用可再生燃料包括甲醇、乙醇、氢、生物柴油等，来源依靠生物质能和氢能。生物质能在利用时不仅能有效转化成电能、热能等多种能源，而且其最显著的特点是在使用过程中能实现废物低排放或零排放，减少环境污染。生物质能开发利用技术已逐步成熟并日趋多样化，为资源综合利用、节能减排和增加清洁能源供应提供了丰富的途径。根据《中国至2050年能源科技发展路线图》介绍，"2020～2035年，建立能源农场，推进生物质液体燃料关键技术研究和工业示范；纤维素燃料乙醇、生物质合成液体燃料、生物质裂解燃料、生物质化学品等在技术和经济上具有明显竞争优势；探索新型生物质能技术。2036～2050年，形成商业化的第二代生物质液体燃料技术；开发出新型生物质能源技术（生物质制氢、海洋生物质能、微生物燃料电池、油藻微生物能源、人工光合成能源转换系统等）；形成第三代生物质能源技术工业示范系统。"未来生物质能的发展前景可期。

（三）汽车低碳技术进步

提升传统燃油车的燃料经济性。当前，在中国新能源汽车与传统燃油车相比存在一定成本劣势的前提下，加快传统燃油汽车研发技术攻关，提升传统车燃油经济性具有重要意义，应该加快车用轻量化材料、车辆风阻系数降低、发动机结构、传动系统等技术变革，加快节能技术进步。

加快新能源汽车的产业化推广。发展新能源汽车是中国由汽车大国迈向汽车强国的必由之路。2020年《新能源汽车产业发展规划（2021—2035

年)》指出，要加快提高新能源汽车技术创新能力，深化"三纵三横"研发布局，加快建设共性技术创新平台，提升行业公共服务能力。

发展替代能源车辆。随着汽车碳减排技术的发展，发展替代能源车辆、实现车用能源多元化具有重要意义，应从氢能、生物质能等多项车用能源技术着手，加快重点技术研发及产业化应用。

（四）交通结构优化

优化城市布局，以公共交通为导向进行城市规划，鼓励公共交通出行。发展多层次的公共交通服务，综合采用不同类型电动公共汽车，改善公共交通线路和站点的设置布局，提升多模式的换乘效率；增加城市地铁和城际铁路的规划，增加城市地铁和城际铁路的覆盖率、运力，充分发挥城市地铁和城际铁路在承接城市客货运方面的替代作用。

减少私人交通出行需求。借鉴全球主流国家在道路交通科学性方面的管理机制，加强道路限行和拥堵费政策的推广应用，未来随着城市汽车保有量的进一步增加，道路交通限行将成为不可逆转的趋势；此外，经济手段可以利用征收拥堵费和加大停车收费力度，来进一步引导公众公共交通出行需求转向低碳交通。

鼓励汽车共享出行。汽车共享出行是共享经济和数字经济的重要载体，是国际新经济竞争的前沿阵地，也是中国在新一轮产业革命中领跑全球的重要抓手。建议统筹汽车共享出行与智能交通协同规划，同时在汽车共享出行数字化平台创新技术、创新商业模式方面给予支持；建立对平台和运营商的评价体系和机制，鼓励企业进行规范化管理和模式创新，不断提升平台企业的运营效率和共享率。鼓励共享出行和汽车产业联动发展，出行平台整合汽车产业上下游资源；鼓励平台应用新能源汽车、自动驾驶技术，加速汽车产业共享化、智能化、电动化、网联化发展。

加快城市货运能源清洁化，加快新能源物流车的普及推广。随着城市化的进展和人民生活水平的提高，中长期来看，物流车将是渗透城市内部、实现城市货运增长的重点车辆类型，未来应该在城市货运清洁化方面

发力，加大清洁城市货运的比例，同时优化清洁城市货运车辆的使用环境。

借助数字化工具，加快全国交通大数据监控平台的建立和推行。交通大数据平台可以为城市规划、道路建设等方面的交通评价提供重要参考，实现对交通流量、交通热点、交通基本运行时速的估算。通过交通数据仿真平台的构建，精准、全面反映交通总体静态资源分布、动态运行情况、总体执法强度、交通管理总水平等，形成针对融合运管、城市道路、交通辅助等方面的领导决策应急指挥机制。交通大数据平台有助于促进城市管理更加信息化、科学化，推动交通运行效率的提升，改善交通运行情况。

三 中国道路交通碳减排愿景

从全球和主要发达国家的分部门碳排放构成来看，交通领域是碳排放的重要来源。中国作为世界制造业大国正处于工业化的关键阶段，工业和电力热力生产部门产生的碳排放仍占绝对主导地位，交通碳排放的比重远低于发达国家以及全球平均水平。但是，随着中国经济转型升级不断深化，消费端的交通需求所导致的碳排放逐渐凸显。其中，道路交通又是交通领域的排放大户，因此道路交通减排将是中国碳减排的重点领域，对实现中国总体减排目标的重要性不言而喻。

（一）碳中和三条路线

能源分为一次能源和二次能源，其碳排放的程度不同。

一次能源分为化石能源和非化石能源。化石能源包括煤炭、石油和天然气，在燃烧过程中会向空气中排放二氧化碳。在产生相同热量的前提下，天然气的碳排放量只有煤的68%左右。天然气相对石油和煤炭具有明显的碳减排效果。而非化石能源主要指可再生能源，可分为太阳能、风能、水能、生物能源等。非化石能源从源头上没有了碳排放对环境的污染。

二次能源中跟车辆相关的能源包括汽油、柴油、氢气、电能、甲醇等。

部分二次能源根据来源的不同，碳排放量有所不同。例如中国科学院大连化物所在兰州新区的"液态太阳能燃料合成甲醇"项目，利用可再生能源电解水制氢与工业富余二氧化碳合成制备甲醇，形成低碳运输液态燃料，再通过甲醇重整制氢燃料电池在汽车上应用。通过碳捕获与封存（Carbon Capture and Storage，CCS）技术，实现整体环境中二氧化碳减排。同时，通过太阳能光伏发电、电解水制氢，二氧化碳加氢气合成的甲醇为绿色甲醇，不同于传统煤、天然气所制得的甲醇。

从车辆使用环节来看，LNG、CNG等采用天然气能源的车辆排放明显低于传统的汽油、柴油车辆，而纯电动车和氢燃料电池车在车辆使用终端是零排放的，从碳排放的角度看明显优于传统车。

因此，道路交通碳减排路线主要分为三种。

第一种是"降碳"。该技术路线相对于已有的技术路线可以减少碳排放，并不是完全的不排碳。

第二种是"零碳"。该技术路线既不吸附碳，也不排碳。如终端用车环节，纯电动汽车和氢燃料电池车。能源使用环节，采用清洁能源，如核电、生物质燃料。

第三种是"减碳"。该技术路线通过CCS技术，可以吸附环境中的碳，降低大气中的二氧化碳排放。并且经过催化剂反应后，生成可以利用的清洁能源。如"液态太阳能燃料合成甲醇"。

因此，中短期内，实现碳减排主要依靠"降碳"技术；中长期来看，要实现汽车产业碳中和的目标，必须采用"减碳"和"零碳"相结合的技术路线，优化车用能源结构，采用清洁可再生能源大规模替代化石能源。

（二）道路交通碳中和发展愿景

2020年9月22日，中国国家主席习近平在第七十五届联合国大会一般性辩论上发表了重要讲话。"中国将提高国家自主贡献力度，采取更加有力的政策和措施，二氧化碳排放力争于2030年前达到峰值，努力争取2060年前实现碳中和。各国要树立创新、协调、绿色、开放、共享的新发展理念，

抓住新一轮科技革命和产业变革的历史性机遇，推动疫情后世界经济'绿色复苏'，汇聚起可持续发展的强大合力。"能源革命的顶层设计已经有了时间表，下一步需要的是设计各领域分阶段的目标、更具体的路线图以及具体的政策工具如碳定价政策等。

结合公安部统计的 2020 年全国汽车保有量 2.7 亿辆规模，本文将分别从高排放情景（基准情景）、中排放情景（政策情景）、低排放情景（强化减排情景）三种情景对汽车产业碳排放的中长期目标进行展望。

高排放情景为基准情景。该情景主要基于现有技术路线和有关影响汽车碳排放的政策趋势，如限行限购政策、新能源汽车扶持政策等，将有效控制机动车规模增速，同时增加新能源车、混合动力车的使用占比。基准情景下，假设随着机动车保有量的不断提升，到 2060 年汽车保有量规模达到 6.5 亿辆，汽车产业碳排放的比重略有提高，并长期保持在 8% 的水平，国民经济各部门共同分担全国减排任务。

中排放情景为政策情景。该情景主要基于"降碳"和"零碳"技术路线，推动车用能源清洁化和车辆使用环节电动化。假设中国顺应汽车电动化、绿色化趋势，在各国纷纷提出燃油车退出时间表和各大车企在新能源领域激烈竞争加剧的背景下，为保持汽车产业国际竞争力和应对国内环境问题，采取被动应对策略。预计到 2050 年汽车保有量规模达到 5.5 亿辆，新能源汽车占比达到 60% 左右。到 2030 年汽车产业碳排放比重达到 8% 的最高水平之后逐渐下降：2040 年降至 6%，2050 年再次下降到 4%，2060 年下将至 2%。

低排放情景为强化减排情景。该情景的终极目标是到 2060 年实现碳中和目标，通过该情景的长期目标提出"倒逼"道路交通碳减排的"三步走"发展战略：2028 年达峰、2050 年近零排放、2060 年碳中和。强化减排情景主要采用碳减排三条技术路线组合，"降碳"、"零碳"和"减碳"三条技术路线组合策略，优化车用能源结构，采用大规模的清洁可再生能源替代传统化石能源，从源头上降低碳排放规模。汽车和交通领域主动出击，采取更加积极有为的策略，在全球引领汽车绿色化、低碳化发展，抢抓新一代汽车发展机遇。新能源汽车整车效能大幅提升，固态电池实现产业化。2028 年，新能源汽车产销规模占汽车当年规模的份额达到 40% 左右，新能源汽车保有量占比超过 17%；到 2050 年和 2060 年，新能源汽车产销规模占汽车当年规模的份额分别达到 80% 和 90%，最终提高中国汽车产业在低碳化绿色技术领域的话语权和市场竞争力。届时，机动车使用方式和能源消耗结构发生深刻变革，到 2030 年道路交通碳排放比重降到 6% 的水平，2040 年进一步下降到 4% 的水平，2050 年达到 2% 的水平，实现近零排放；2060 年碳排放进一步降低到 0.2% 的水平，再加上 CCS 和林业碳汇，基本实现碳中和目标。

根据预测，在基准情景和政策情景中，中国道路交通碳排放均在 2030 年达到峰值，峰值排放分别较 2017 年的实际排放增长 32% 和 22% 左右，达到 8.6 亿吨和 8 亿吨。在基准情景中，2030 年后的道路交通排放降幅较平缓，2040 年和 2050 年、2060 年分别降至 8.3 亿吨和 7.6 亿吨、6.2 亿吨。而在政策情景中，碳排放的峰值提前到 2028 年，2040 年和 2050 年、2060 年的道路交通碳排放分别降至 5.5 亿吨和 3.1 亿吨、1.7 亿吨，降幅十分明显（见图 19）。

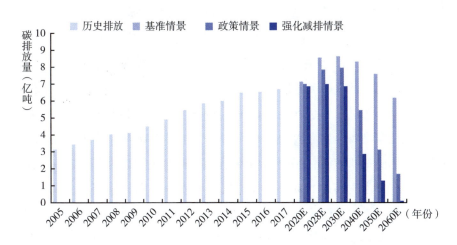

图 19 中国中长期道路交通碳减排愿景目标

强化减排情景与中国石油经济技术研究院提出的氢能汽车更早突破情景较一致，在该情景中，后者预计 2050 年在总体汽车保有量规模较 2020 年翻一番的基础上，汽油车与柴油车保有量持续下降，而电动汽车、氢能汽车等新能源汽车保有量比重大幅提升，2050 年燃油车与新能源车的保有量结构约为 10：90，由此预测柴油车消耗量自 2020 年后即逐年下降，汽油车消耗量也将于 2025 年达到顶峰并开始下降。在本研究的强化减排情景下，道路交通碳排放 2028 年达到峰值，之后呈指数级下降趋势，2030 年降至 5.6 亿吨左右，较 2020 年减少 18%；2040 年降至 3.3 亿吨，与 2005 年排放水平相当；2050 年则降至 1.3 亿吨，比 2020 年减少约 80%，基本实现近零排放；2060 年道路交通仍然存在少量碳排放，一方面通过森林、海洋等碳汇自然吸收，另一方面通过 CCS 技术实现碳移除，达到碳排放源和碳汇的平衡。

本文重点对强化减排情景 2060 年道路交通碳中和进行展开分析，共分为三个发展阶段。

2020~2028 年，2028 年道路交通碳排放达到峰值，碳排放相较于 2020 年增长 2%。该时期内，"降碳"技术对碳减排的贡献约占到 70%，"零碳"技术对碳减排的贡献约占到 27%，"减碳"技术对碳减排的贡献约占到 3%。节能汽车方面，预计到 2028 年，乘用车油耗将实现 3.2L/100km，商用车油耗同步实现国际领先水平；2025 年之后，新能源汽车市场竞争力明显提高，动力电池、驱动电机、车载操作系统等关键技术取得重大突破。新能源汽车新车销量占比达到 20% 左右。2025 年以后，新能源汽车成本相较于传统燃油车具备全生命周期成本优势。预计到 2028 年，中国新能源汽车销量规模达到 1500 万辆，占当年新车销量规模的比例达到 40% 左右，新能源汽车保有量占比超过 17%。氢能燃料电池汽车在私人乘用车、大型商用车领域实现规模化、商业化推广；共享出行领域，平台技术逐渐发展成熟，共享理念愈发普及，一部分人放弃拥有私家车，汽车共享出行呈线性增长，渗透率增至 25%。

2029~2050 年，道路交通碳排放呈指数级下降趋势，汽车产业碳排放相较于 2020 年下降 80% 以上。该时期，"降碳"技术对碳减排的贡献约占到 40%，"零碳"技术对碳减排的贡献约占到 40%，"减碳"技术对碳减排的贡献约占到 20%。产业发展领域，2050 年燃油车与新能源车的保有量结构约为 20∶80，纯电动汽车和插电式混合动力汽车实现分布式可再生能源与智能电网互动融合，其既是交通工具，同时又是分布式电能储备装置，它与智能电网的有机融合，能够更加有效地利用风能、太阳能等可再生能源，有助于中国电力能源结构的清洁化和坚强电网建设；氢燃料电池汽车突破可再生能源制氢技术，氢燃料电池汽车实现产业化规模推广；车用可再生燃料甲醇、乙醇、氢、生物柴油等生物质能在减少汽车产业二氧化碳排放和增强能源安全方面发挥重要作用。到 2050 年，预计生物燃料可占到汽车产业燃料总量的 27%，尤其可在替代柴油、煤油和航油方面做出贡献。生物燃料的使用，每吨可减排二氧化碳 3 吨；共享出行渗透率稳定在 80% 左右，无论共享出行如何便利，成本如何低廉，始终有一部分人会坚持拥有一辆私家车，但也会选择共享出行。

2051～2060 年，汽车产业将进入以高可再生能源比例为目标的绿色化、智能化发展阶段，综合实现碳中和目标。该时期，汽车产业碳排放相较于 2020 年下降 98% 以上。受制于资源、技术局限或安全、经济等因素，到 2060 年汽车产业并非绝对的零排放，仍然存在少量碳排放，可通过植树造林、海洋、"碳移除技术"增加碳汇，将道路交通排放对自然的影响通过技术创新降低到几乎可以忽略的程度，达到碳源和碳汇新的平衡。

B.7
借鉴篇——主要汽车市场的低碳发展政策带来新启示

马金秋　雷雪亚*

摘　要： 当前，以实现汽车产业碳中和为目标，世界主要汽车国家纷纷采取行动，运用排放法规、财税政策、扶持项目等，积极推动汽车产业低碳发展。本报告详细梳理了全球主要汽车市场对促进汽车产业低碳化转型采取的相关实践措施，包括燃油经济性政策、燃油税和机动车税、零排放汽车项目及电动汽车推广计划，并分析各自的实践成效和对汽车行业产生的影响，以期为中国汽车产业中长期的低碳发展提供参考。考虑轻型车低碳化转型相关政策体系较重型车更为完备和先进，本报告仅以轻型车为例，对主要汽车市场的低碳化转型实践措施进行分析和归纳。

关键词： 碳中和　燃油经济性政策　财税政策　碳市场

　　国际环境署（IEA）数据显示，过去十年间全球交通行业温室气体排放年均增长率达到1.6%，道路交通，包括轿车、卡车、客车以及两轮和三轮车，则贡献了交通行业温室气体排放量的近3/4。而通过推动交通行业电动化发展、更多

---

* 马金秋，中国汽车工程学会产业研究部项目经理，主要研究方向为新能源汽车产业发展战略、政策和市场分析；雷雪亚，国际汽车工程科技创新战略研究院氢能与燃料电池汽车研究中心高级经理，主要研究方向为氢能与燃料电池汽车发展战略、产业政策及产业链技术等。

使用生物燃料以及促进能效提升，可以有效降低温室气体排放，正是基于上述努力，2018 年全球交通行业温室气体排放同比增速低至 0.6%。[1] 据估计，截止到 2018 年全球汽车保有量约为 12 亿辆，其中约 95% 为乘用车。[2] 作为道路交通最重要的组成部分，汽车产业的低碳化转型对减缓交通领域温室气体排放和促进排放早日达峰具有至关重要的作用。从历史发展进程来看，汽车产业迈向低碳发展的每一步几乎都与全球各国的国家能源战略紧密相关，而强有力的产业政策则为汽车低碳化转型提供了坚实后盾和发展动力。

汽车温室气体排放与汽车能耗之间存在直接联系。影响汽车行业能源消耗总量的因素包括车辆总保有量水平及各类车型保有量占比、各类车型单车能耗水平及各类车型平均活动水平（VKT）。从使用端来看，通用的车用能源消耗量计算方法为："车辆保有量×燃料经济性指标×年行驶里程"。削减汽车燃油消耗则可从公式中的三个变量入手，即减少车辆保有量或减缓车辆保有量增加速度、改善车辆燃料经济性指标、降低车辆行驶里程。目前，为削减汽车燃油消耗量，全球范围普遍采用的方案包括但不限于，燃油经济性政策、燃油税、交通管制、鼓励零排放汽车销售等措施。

一 能耗管理与相关税制促进汽车产业低碳化转型

受历史、文化、政治等多因素影响，不同国家和地区所建立的汽车燃油经济性标准不同，具体差异包括标准的严苛程度、测量方法、体现形式、执行要求等。与此同时，也有越来越多的国家和地区制定了车辆温室气体排放标准。

汽车燃油经济性的表达形式主要有两类，一类是基于"单位体积燃油能够行驶的里程数"的燃油经济性指标，以美国和日本为代表，各自常用单位为"英里/加仑"（mpg）和"公里/升"（km/L），燃油经济性越高，

---

[1] IEA, Tracking Transport, IEA, Paris, https：//www. iea. org/reports/tracking – transport – 2019, 2019.

[2] Green Car Report, https：//www. greencarreports. com/news/1093560_ 1 – 2 – billion – vehicles – on – worlds – roads – now – 2 – billion – by – 2035 – report.

汽车越低碳环保；另一类是基于"行驶单位里程所消耗的燃油量"的燃料消耗量数值指标，以中国为代表，常用单位为"升/百公里"（L/100km），燃料消耗量越低，汽车越低碳环保。汽车温室气体排放标准是基于"行驶单位距离所排放的温室气体量"而确立的，以美国和欧洲为代表，各自常用单位为"克/英里"（g/mile）和"克/公里"（g/km），温室气体排放水平越低，汽车越低碳环保。

按照评价基准，全球乘用车燃料消耗量管理可以分为质量和脚印面积两大体系。其中，中国、欧盟和日本均采用以整备质量为基准的油耗法规（以下简称质量法规），美国则采用以脚印面积为基准的油耗法规（以下简称脚印面积法规）。在此以中、美两个汽车销量大国为例，对质量法规和脚印面积法规进行介绍和对比。

（一）基于燃料消耗量的能耗法规管理

1. 美国轻型车燃料经济性管理（CAFE）

（1）单车车型燃料经济性

在美国，轻型车燃料经济性管理以 CAFE 为基准，单车燃料经济性只作为 CAFE 核算基础，对单车燃料经济性不做强制要求。

对轻型车而言，单车车型的燃料经济性计算采用脚印面积法。车辆脚印面积是指车辆的投影面积，数值上等于轴距和轮距的乘积，在美国以平方英尺（sf）为基本单位。同一脚印面积的车型具有相同的燃料经济性指标，在车型大小一致的情况下采用车身轻量化等技术，能够最大化提升车辆的燃料经济性。因此，以脚印面积为基准的油耗法规能够在合理约束车队燃料消耗量的同时，最大限度地保持市场中立性。

对于乘用车，基于脚印面积的单车车型燃料经济性目标值计算公式①如下：

$$FE_T = \frac{1}{MIN[MAX(c \times F_T + d, 1/a), 1/b]}$$

① 世界汽车标准对标平台，http://www.garsp.com/cms/item/view? table = standard&id = 11。

其中，FE_T 为某车型的燃料经济性目标值；F_T 为某车型的脚印面积。2012～2025 年相关参数如表 1 所示。

表 1　脚印面积法规相关参数（乘用车）

车型年份	a(mpg)	b(mpg)	c(gal/mi/ft²)	d(gal/mi)
2012	35. 95	27. 95	0. 0005308	0. 006057
2013	36. 80	28. 46	0. 0005308	0. 005410
2014	37. 75	29. 03	0. 0005308	0. 004725
2015	39. 24	29. 90	0. 0005308	0. 003719
2016	41. 09	30. 96	0. 0005308	0. 002573
2017	43. 61	32. 65	0. 0005131	0. 001896
2018	45. 21	33. 84	0. 0004954	0. 001811
2019	46. 87	35. 07	0. 0004783	0. 001729
2020	48. 74	36. 47	0. 0004603	0. 001643
2021	50. 83	38. 02	0. 0004419	0. 001555
2022	53. 21	39. 79	0. 0004227	0. 001463
2023	55. 71	41. 64	0. 0004043	0. 001375
2024	58. 32	43. 58	0. 0003867	0. 001290
2025	61. 07	45. 61	0. 0003699	0. 001210

对轻型卡车而言，基于脚印面积的单车车型燃料经济性目标值计算公式如下：

$$FE_T = MAX\left\{\frac{1}{MIN[\,MAX(c \times F_T + d, 1/a), 1/b\,]}, \frac{1}{MIN[\,MAX(g \times F_T + h, 1/e), 1/f\,]}\right\}$$

2012～2025 年相关参数如表 2 所示。

表 2　脚印面积法规相关参数（轻型卡车）

车型年份	a（mpg）	b（mpg）	c（gal/mi/ft2）	d（gal/mi）	e（mpg）	f（mpg）	g（gal/mi/ft2）	h（gal/mi）
2012	29. 82	22. 27	0. 0004546	0. 014900	—	—	—	—
2013	30. 67	22. 74	0. 0004546	0. 013968	—	—	—	—
2014	31. 38	23. 13	0. 0004546	0. 013225	—	—	—	—
2015	32. 72	23. 85	0. 0004546	0. 011920	—	—	—	—
2016	34. 42	24. 74	0. 0004546	0. 010413	—	—	—	—
2017	36. 26	25. 09	0. 0005484	0. 005097	35. 10	25. 09	0. 0004546	0. 009851

车型年份	a（mpg）	b（mpg）	c（gal/mi/ft2）	d（gal/mi）	e（mpg）	f（mpg）	g（gal/mi/ft2）	h（gal/mi）
2018	37.36	25.20	0.0005358	0.004797	35.31	25.29	0.0004546	0.009682
2019	38.16	25.25	0.0005285	0.004623	35.41	25.25	0.0004546	0.009603
2020	39.11	25.25	0.0005140	0.004494	35.41	25.25	0.0004546	0.009603
2021	41.80	25.25	0.0004820	0.004146	35.41	25.25	0.0004546	0.009603
2022	43.79	26.29	0.0004607	0.003944	35.41	25.25	0.0004546	0.009603
2023	45.89	27.53	0.0004404	0.003735	35.41	25.25	0.0004546	0.009603
2024	48.09	28.83	0.0004210	0.003634	35.41	25.25	0.0004546	0.009603
2025	50.39	30.19	0.0004025	0.003343	35.41	25.25	0.0004546	0.009603

（2）CAFE 法规概述

美国目前实行车队燃料经济性与车队温室气体排放并行标准，来对轻型汽车（含乘用车和轻型卡车）的新车油耗与排放进行管理。其中，燃料经济性标准相关管理和执行由美国国家公路交通安全管理局（NHTSA）负责。

美国轻型车燃料经济性标准最早可追溯至 20 世纪 70 年代中期，主要目的在于降低美国对进口石油的依赖。[①] 美国轻型车燃料经济性标准采用的体系是"公司平均燃料经济性"（Company Average Fuel Economy，CAFE），单位为英里每加仑（mpg），适用于在美国境内销售的、总重（gvmr）不超过 8500 磅的乘用车或轻型卡车。在进行 CAFE 实际值计算时，采用的是调和平均数方法[②]，具体为：

$$CAFE = \frac{需合规车型总产量}{\sum_{i=1}^{n} \dfrac{第\,i\,种需合规车型产量}{第\,i\,种需合规车型燃油经济性数值}}$$

CAFE 法规中区分了乘用车和轻型卡车，两者分别对应各自不同的限值要求（见图1）。对车企而言，需对三种类型的轻型车队的 CAFE 值进行分

---

① Congress, Vehicle Fuel Economy and GHG Emissions – Frequently Asked Questions.

② NHSTA, CAFÉ Overview – Frequently Asked Questions, http：//lobby. la. psu. edu/_ 107th/126_ CAFE_ Standards_ 2/Agency_ Activities/NHTSA/NHTSA_ Cafe_ Overview_ FAQ. htm.

别计算，包括：国产车队（domestic passenger cars）、进口车队（imported passenger cars）和轻型卡车（light trucks）。

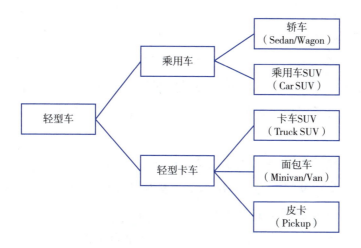

图1　CAFE法规中对轻型汽车的分类

资料来源：EPA，*i*CET。

例如，假设某个车企在某个车型年份所生产的全部轻型卡车及相关参数信息如表3所示。

表3　CAFE计算演示案例信息

车辆种类	燃料经济性数值（mpg）	产量（辆）	gvmr（磅）
轻型卡车A	23	20000	3400
轻型卡车B	21	13000	3000
轻型卡车C	18	48000	3850
轻型卡车D	12	10000	8890

根据表3，车型A、B、C的总重均小于8500磅，因此这三类车都在CAFE法规要求的合规范围内，但车型D不需要满足法规要求。那么该车企在该年度的轻型卡车车队CAFE实际值应为：

$$轻型卡车\,CAFE = \frac{20000 + 13000 + 48000}{\dfrac{20000}{23} + \dfrac{13000}{21} + \dfrac{48000}{18}} = 19.49\,mpg$$

同时，为保证汽车行业长期平稳运行，国会要求在制定 CAFE 标准目标值时，需遵循"最大可行性水平"（Maximum Feasible Fuel Economy Standards）原则。这包括同时考虑：①技术可行性；②经济实用性；③其他标准对燃料经济性的影响；④国家节约能源的需求。

美国乘用车燃料经济性标准从 1978 年开始施行，车队需满足 18mpg（折合 13.9L/100km①）的燃料经济性标准，此后的几年里，乘用车队的燃料经济性标准目标值逐步提升，至 1985 年目标值为 27.5mpg（折合 9.1L/100km）。在这以后，国会规定了对乘用车队继续沿用这一燃料经济性目标值标准，但给予 NHTSA 自主权，允许其设定高于或低于这一目标值的标准，因此，在此后三年间，美国乘用车队燃料经济性标准其实略有下降，直至 1990 年，才又重新修正至 27.5mpg。

美国轻型卡车燃料经济性标准则从 1979 年确立施行，彼时针对的为总重不高于 6000 磅的车型，并区分两驱和四驱车型，分别对其设定目标值，两驱为 17.2mpg（折合 14.9L/100km），四驱为 15.8mpg（折合 16.3L/100km）。次年，将标准覆盖车型调整为总重不高于 8500 磅的车型。1982~1991 年，允许车企选择将两驱和四驱车队合并计算燃料经济性，或保持二者独立，至 1992 年，两驱和四驱车队的区别被废除，设定了统一的燃料经济性目标值 20.2mpg（折合 12.6L/100km）。

2010 年，NHTSA 和美国能源署（EPA）确立了轻型车队燃料经济性与温室气体排放联合管理的第一阶段目标，覆盖 2012~2016 年款车型。2012 年，奥巴马政府建立了轻型车燃料经济性与温室气体排放联合管理的第二阶段目标，覆盖 2017~2025 年款新车车型，该标准要求轻型车新车车队燃油经济性从 2017 年的 35.1mpg（折合 7.0L/100km）提高到 48.7mpg（折合 4.9L/100km）。其中，轿车平均燃油经济性要从 2017 年的 39.6mpg（折合 6.1L/100km）提高到 2025 年的 55.3mpg（折合 4.2L/100km）；轻型卡车平均燃油经济性则从 29.1mpg（折合 8.6L/100km）提高至 39.3mpg（折合 6.2L/100km），

---

① 已将 CAFE 工况下 mpg 数值转换为 NDEC 工况下的百公里油耗数值，下同。

年均提高幅度约为5%。

2018 年特朗普政府提议冻结 2020 年及以后年份的燃料经济性标准。根据该提议，2020 年以后轻型车队平均燃料经济性对应维持在 38.3mpg（折合 6.4L/100km）。但该提议引发了广泛争论并遭遇了大量反对意见，作为折中，2020 年 3 月，NHTSA 和 EPA 联合发布了 2021～2026 年款轻型车燃料经济性和温室气体排放标准，又称 SAFE（Safer Affordable Fuel – Efficient）法规，要求轻型车燃料经济性从 2021 年起年均提升幅度需达到 1.5%，低于奥巴马时期提出的 5% 增幅。根据该标准，美国轻型车队燃料经济性在 2026 年将达到约 40.5mpg（折合 6.0L/100km），不过由于标准中仍然包括空调改善信用额度、非工况内排放改善信用额度、先进技术车信用额度等优惠机制，将在一定程度上降低标准的严格程度。[①]

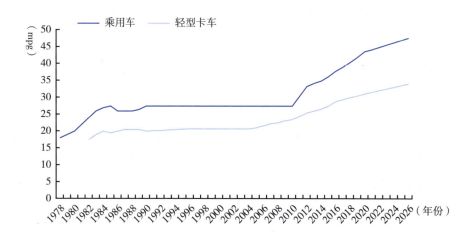

图 2　美国轻型车燃料经济性 CAFE 标准历年目标值

资料来源：NHTSA，iCET。

车企在每个车型年需提交三次 CAFE 报告，分别为预报告（pre – model year report）、年中报告（mid – model year report）和最终报告（final report），

---

① The Safer Affordable Fuel – Efficient（SAFE）Vehicles Rule for Model Years 2021 –2026 Passenger Cars and Light Trucks（March 31，2020）（Final Rule）.

前两次提交至 NHTSA，最终报告提交至 EPA。对于 CAFE 不达标企业，其经济处罚标准为，每一辆车燃料经济性每低于目标限值 0.1mpg 就面临 5.5 美元的罚款。NHTSA 网站数据显示，大多数欧洲车企每年都会因 CAFE 不达标而支付金额不等的罚款，亚洲车企和美国国内车企尚未因此受到经济处罚。

实际上，车企可以通过赚取 CAFE 正积分来弥补其 CAFE 表现的欠缺。具体来说，无论是企业的乘用车队还是轻型卡车车队在某个车型年份的 CAFE 实际值超过了各自对应的目标值，企业都将赚取 CAFE 正积分。正积分的计算公式为：

$$CAFE\ 正积分 = \frac{某个车队\ CAFE\ 实际值 - 该车队对应\ CAFE\ 目标值}{0.1} \times 该车队当年总产量$$

CAFE 正积分能够运用在获得该积分所在车型年之前的连续三个车型年或之后的连续三个车型年。CAFE 正积分不能在不同企业或者同一企业的不同车队之间转让或交叉使用。

（3）CAFE 法规实施效果

CAFE 法规对美国轻型车的燃料经济性发展起到了较为明显的推动作用。截至 2018 年，乘用车队 CAFE 实际值在 1978 年水平上增加了一倍，轻型卡车车队 CAFE 实际值在 1979 年水平上提升了 61%。同时可以看出，CAFE 法规对轻型车燃料经济性提升具有很强的约束性，车队 CAFE 实际值与目标值曲线贴合的十分紧密，在 1990～2000 年的十年间，CAFE 法规几乎没有对目标值进行加严，这段时间内轻型车队的 CAFE 实际值也基本处于原地踏步状态（见图 3）。

因此可以预测，由于 NHTSA 和 EPA 调低了 2021～2026 年款车型的 CAFE 目标值，多数车企也将放缓或推迟在美国境内销售轻型车的先进节能技术应用，从而使温室气体减排进度滞缓。

企业方面，日系和韩系车企往往具有更加优异的燃料经济性表现，2005～2017 年，年度最高燃料经济性企业被本田、马自达、丰田和现代四家车企包揽；2018 年以来，特斯拉则成为燃料经济性最高的企业。与之相对，年

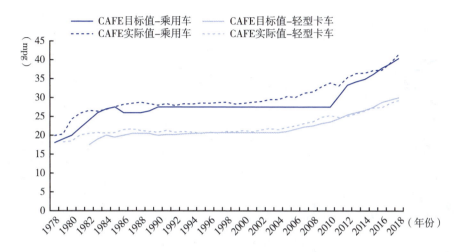

图3　美国轻型车历年燃料经济性实际值与目标值

资料来源：EPA，"Light－Duty Automotive Technology，Carbon Dioxide Emissions，and Fuel Economy Trends：1975 through 2017"，January 2018；NHTSA，"Fleet Fuel Economy Performance Report"，https：//one. nhtsa. gov/cafe_ pic/CAFE_ PIC_ fleet_ LIVE. html；iCET。

度最低燃料经济性企业分布也较为集中，2005 年以来，仅集中在福特、梅赛德斯和菲亚特克莱斯勒三家企业（见表4）。

表4　美国历年燃料经济性最高的车型和企业

车型年	FE 最高的企业	FE 最低的企业	FE 最高的车型			FE 最高的汽油车型(非混动)	
			车型	实际驾驶FE(mpg)	类型	车型	实际驾驶FE(mpg)
2005	本田	福特	本田 Insight	53.3	混合动力	本田 Civic	35.1
2006	马自达	福特	本田 Insight	53.0	混合动力	丰田 Corolla	32.3
2007	丰田	梅赛德斯	丰田 Prius	46.2	混合动力	丰田 Yaris	32.6
2008	现代	梅赛德斯	丰田 Prius	46.2	混合动力	Smart Fortwo	37.1
2009	丰田	菲亚特克莱斯勒	丰田 Prius	46.2	混合动力	Smart Fortwo	37.1
2010	现代	梅赛德斯	本田 FCX	60.2	FCV	Smart Fortwo	36.8
2011	现代	梅赛德斯	宝马 Active E	100.6	EV	Smart Fortwo	35.7
2012	现代	菲亚特克莱斯勒	日产-i-MiEV	109.0	EV	丰田 iQ	36.8

续表

车型年	FE 最高的企业	FE 最低的企业	FE 最高的车型			FE 最高的汽油车型(非混动)	
			车型	实际驾驶 FE(mpg)	类型	车型	实际驾驶 FE(mpg)
2013	现代	菲亚特克莱斯勒	丰田 IQ	117.0	EV	丰田 iQ	36.8
2014	马自达	菲亚特克莱斯勒	宝马 i3	121.3	EV	三菱 Mirage	39.5
2015	马自达	菲亚特克莱斯勒	宝马 i3	121.3	EV	三菱 Mirage	39.5
2016	马自达	菲亚特克莱斯勒	宝马 i3	121.3	EV	马自达 2	37.1
2017	本田	菲亚特克莱斯勒	现代 Ioniq	132.6	EV	三菱 Mirage	41.5
2018	特斯拉	菲亚特克莱斯勒	现代 Ioniq	132.6	EV	三菱 Mirage	41.5
2019（预）	特斯拉	菲亚特克莱斯勒	现代 Ioniq	132.6	EV	三菱 Mirage	40.1

资料来源：EPA, "The 2019 EPA Automotive Trends Report"。

分车类来看，由于 CAFE 法规仅要求企业的车队平均燃料经济性需达到一定目标水平，对单个车型的燃料经济性仅有基于脚印面积的指导目标值而不做强制要求，因此企业可以保持其产品线的丰富性，而不会一味追求车辆小型化。实际上，20 世纪 80 年代以来，轿车的市场份额逐渐缩小，SUV 尤其是卡车 SUV 的市场份额增长迅速。与此同时，乘用车 SUV 的实际驾驶燃料经济性改善幅度最大，2019 年乘用车实际驾驶燃料经济性约为 27mpg（折合 9.3L/100km），在 1975 年基础上提升了近 1.5 倍，其次为轿车，提升约 1.3 倍，卡车 SUV 紧随其后，提升幅度达到 1.15 倍，皮卡的实际驾驶燃料经济性提升幅度最小，仅为 63%（见图 4）。

为了满足 CAFE 法规，获取更高的燃料经济性，各车企在降耗技术渗透上不断加码。整体上看，美国轻型车在典型降耗技术的应用上从 2000 年起开启了飞速发展时代，尤以 VVT 可变正时气门和 GDI 缸内直喷技术发展最快。不过，普通混合动力和电动汽车技术目前仍不占据主流优势（见图 5）。

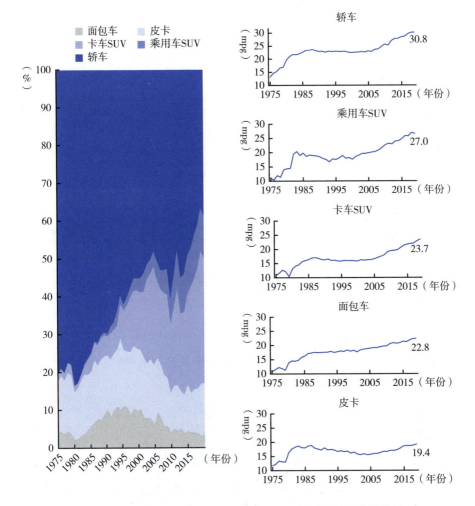

图4 美国各类轻型车历年产量份额及实际驾驶燃料经济性趋势

资料来源：EPA，"The 2019 EPA Automotive Trends Report"，*i*CET。

2. 日本乘用车燃料经济性管理

日本国内资源非常有限，长期以来对能源的利用和管理都十分谨慎。因此，日本拥有世界上质量最轻、能效最高的车队。[①]

---

① TransportPolicy.net，https：//www.transportpolicy.net/standard/japan - light - duty - fuel - economy/.

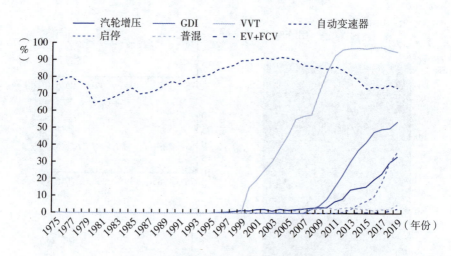

图5　美国轻型车整体降耗技术渗透比例

资料来源：EPA，"The 2019 EPA Automotive Trends Report"。

早在 1979 年，日本政府就在《合理利用能源法案》修订案中，首次提出了有关车辆燃料经济性的标准，并为乘用车和轻型卡车制定了一系列燃料经济性标准，该标准限值是基于重量分类的平均燃料经济性。即，将汽车按照整备质量分组，对每个质量组提出不同的目标值，且每个质量组内销售的各个车型，可以按照 CAFE 方式进行加权平均（质量分组 + 小 CAFE）。[①] 这种方式的优点是，生产各种质量车型的车企都将面临提升燃料经济性的压力，同时还可以体现政府对不同质量汽车的倾向性意图。日本选择燃料经济性目标的方法叫作"领跑者"（top runner）法，即先确定在每个重量级中具有"最优"燃料经济性的汽车，并以其燃料经济性水平为本质量段内汽车的燃料经济性标准，同级新车在目标年内均要求达到该标准。[②] 这种方式看似激进，但由于已经有车型达到这一目标，对其他车型具有很好的参考性，也可以将已有的车型降耗技术充分运用在车队上。

---

① 中国汽车技术研究中心：《中国汽车燃料经济性标准法规及政策研究》，2003 年 12 月 8 日。
② 陈春梅、姚占辉、纪世才、贾小龙：《美日汽车燃油经济性标准及对中国的启示》，《公路与汽运》2008 年第 5 期。

日本现行的乘用车燃料经济性标准是要求到 2020 年，汽车厂商的平均油耗降低 24.1%，即燃料经济性达到 20.3km/L[1]，其中，各质量分组的燃料经济性目标值如图 6 所示。与 2015 年目标值相比，各质量分组的 2020 年目标值分别加严 10% ~43% 不等。

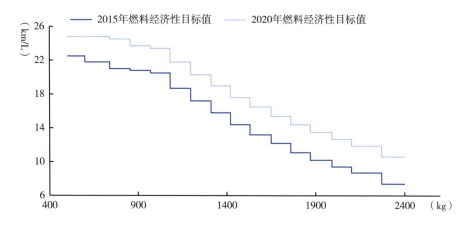

图6 日本 2015 年和 2020 年基于质量分组的乘用车燃料经济性目标

资料来源：Final Report on New Passenger Vehicle Fuel Efficiency Standards, Oct. 2011; Final Report on New Passenger Vehicle Fuel Efficiency Standards, Mar. 2007。

2019 年 6 月上旬，日本国土交通省和经济产业省联合发布关于新车销售的新版燃料经济性规定法案，提出 2030 年的平均燃料经济性应达到 25.4km/L（WLTC 工况），比 2016 年的实际水平改善 32.4%。[2] 新版标准的适用对象新纳入了电动汽车和插电式混合动力汽车，同时为了使这两类汽车与汽油车等具备可比性，新版标准采用了从油井到车轮（WTW）的评价方法。[3]

2000 年以来，日本国内乘用车队平均燃料经济性改善非常明显，2008 年平均燃料经济性便达到 15.6km/L（折合 6.5L/100km），2009 ~2014 年燃料经济性

① Final Report on New Passenger Vehicle Fuel Efficiency Standards（Top Runner Standards），Oct. 2011.

② https：//www. nippon. com/cn/japan – data/h00481/.

③ 日本国土交通省，https：//www. mlit. go. jp/report/press/jidosha10_ hh_ 000215. html。

快速提升至 22.4km/L（折合 4.8L/100km），此后几年基本维持在该水平。[①] 从图 7 可以看出，日本乘用车队平均燃料经济性已经远远超出既定目标值。

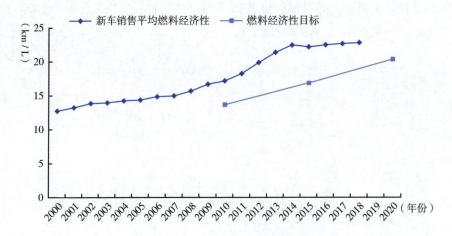

图 7　日本乘用车队平均燃料经济性趋势

资料来源：Statista，https：//www. statista. com/statistics/681790/japan – new – passenger – car – fuel – efficiency/；JAMA，http：//www. jamabj. cn/eco/wrestle/eco_ report/pdf/eco_ report2014_ 02. pdf。

　　在日本，混合动力汽车、电动汽车、燃料电池汽车、插电式混合动力汽车、天然气汽车和清洁柴油汽车被称为"新一代汽车"（next – generation vehicles），这些汽车的普及对降低车辆能耗起到重要作用。日本政府 2007 年公布的"新一代燃料和汽车倡议"对新一代汽车的普及提出了目标要求，2020 年的目标是使新一代汽车的普及率达到 50%。[②] 自 2009 年对新一代汽车实施补贴及税收优惠政策以来，新一代汽车在新车销售中的比例大幅增加，日本新一代汽车推广中心的数据显示，2017 年该比例达到 36.4%，但其中绝大多数为混合动力汽车，纯电动汽车、燃料电池汽车和插电式混合动力汽车所占比例非常低（见图 8）。

①　Statista，https：//www. statista. com/statistics/681790/japan – new – passenger – car – fuel – efficiency/。

②　http：//www. jamabj. cn/eco/wrestle/eco_ report/pdf/eco_ report2014_ 02. pdf。

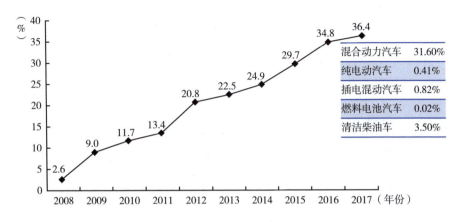

图8 日本新一代汽车在新车销售中的比例

数据来源：Next Generation Vehicle Promotion Center。

（二）基于二氧化碳排放的能耗法规管理

以欧盟为例，目前欧盟通过碳排放标准来控制汽车的燃油消耗。1998年，欧洲汽车制造商协会及其成员签订了 ACEA 协议，这是一个集体承诺，参加者承诺自愿削减在欧盟销售机动车的二氧化碳排放率：2008年在欧洲销售的新机动车二氧化碳排放需达到140g/km（NEDC 工况，下同），2012年达到120g/km。2009年4月，欧盟对此前采用的自愿减排协议进行改革，通过了"乘用车二氧化碳排放标准"，即通过强制性的立法措施，规定在欧盟境内注册的乘用车企业在2015年的平均二氧化碳排放控制在130g/km以内，该标准等价于汽油新车油耗需达到5.6L/100km，或柴油新车油耗达到4.9L/100km。实际上，这一目标在2013年就已达到，比原计划提前了两年。

2018年，在欧盟和冰岛境内注册的新车平均排放水平达到120.4g/km。[①]欧盟现行的轻型乘用车温室气体排放标准要求2021年欧盟境内新车车队平

---

① EU Commission，https：//ec. europa. eu/clima/policies/transport/vehicles/cars_ en#tab－0－0.

均排放水平达到95g/km，等价于汽油车油耗需达到4.1L/100km，或者柴油车油耗需达到3.6L/100km（见图9）。不过，类似于2012～2015年实行的导入计划，2020年只要求每个汽车制造商95%的新车排放满足此标准，2021年起该标准才对所有注册新车适用。

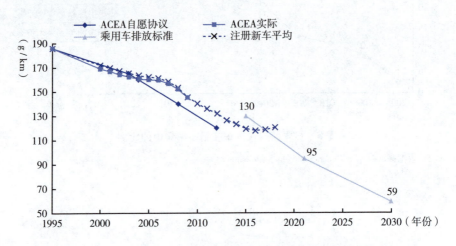

图9　欧盟乘用车二氧化碳排放自愿协议及标准发展

数据来源：①ACEA 自愿协议及实际，https：//www. dieselnet. com/standards/eu/ghg_ acea. php；②注册新车平均，https：//www. eea. europa. eu/data – and – maps/indicators/ average – co2 – emissions – from – motor – vehicles/assessment – 1；③CO₂ 排放标准，EU Commission，https：//ec. europa. eu/clima/policies/transport/vehicles/cars_ en#tab – 0 – 0。

企业二氧化碳排放目标值是各车型的销量与车型对应的 CO_2 目标值的加权平均数，单个车型的 CO_2 排放目标值则根据车型质量进行确定。以下为从2020年起乘用车单车车型 CO_2 排放目标值的计算方式[①]：

单车车型 CO_2 目标值 $= 95 + a \times (M - M0)$

其中，M 为车型的行车质量（kg）；$M0 = 1379.88$；$a = 0.0333$。

由于涉及工况切换，2020～2025年的企业平均 CO_2 排放目标值计算较为复杂，具体可参考欧盟标准 Regulation（EU）2019/631[15]。

灵活机制方面，对制造商采用的不能反映在测试阶段的降低温室气体排

---

① Regulation（EU）2019/631 of the European Parliament and the Council of 17 April 2019.

放水平的创新配置，给予每年每个制造商不超过 7g/km 的灵活达标配额。同时，2020～2022 年，对零排放和低排放（低于 50g/km）车辆实行"超级积分"机制，即，在核算制造商平均温室气体排放值时，此类车型按照 2 倍（2020 年）、1.67 倍（2021 年）和 1.33 倍（2022 年）销量计入核算。不过，2020～2022 年这三年内，制造商通过"超级积分"机制获得的配额不能超过 7.5g/km。

2019 年 4 月，欧盟理事会通过了汽车和货车 CO_2 排放新标准，此标准要求 2030 年开始，欧盟境内新型汽车平均 CO_2 排放量将比 2021 年水平减少 37.5%，货车同期减少 31%。2025～2029 年，汽车和货车 CO_2 排放量应减少 15%。[1]

（三）基于二氧化碳排放的机动车税管理

在购置和使用环节对机动车征收购置税、所有权税（如车船税）及燃油税等措施是控制和引导汽车低碳化转型的重要途径之一，这些税收有些直接与车辆 CO_2 排放量相关，有些则间接相关，目前主要汽车市场都有类似税制。以欧盟为例，目前，欧盟 28 国中有 22 国部分或完全地根据车辆的 CO_2 排放来征收机动车税和（或）燃油税，仅有保加利亚、匈牙利、立陶宛、波兰和斯洛伐克 6 个国家没有征收此类税。[2]

表 5 中列出了与汽车相关的部分税类，实际上不同国家对各类税收的规定和征收具有非常大的差异性。以购置环节的税收为例，欧洲很多国家以 CO_2 排放为基准，对低排放和零排放汽车设置了激励和奖励政策，中国、巴西等国家则以发动机排量为基准，对小于一定排量的汽车及节能与新能源汽车减征部分购置税。鉴于对低排放和零排放汽车的税收优惠政策，目前多数汽车相关税类或多或少都与 CO_2 排放水平相关。

---

[1] 中华人民共和国驻欧盟使团，http：//www.chinamission.be/chn/kjhz/t1656110.htm。

[2] ACEA，https：//www.acea.be/publications/article/overview - of - co2 - based - motor - vehicle - taxes - in - the - eu。

表5　主要汽车相关税类

类目	税类	说明
购买环节	增值税	基于对商品流通环节增加的价值征收
	购置税	基于车辆价格以一定比例一次性课征
	注册税	对注册新车、发放所有权证明、制作车牌等行为征收的费用
所有权	汽车产权税	对车辆所有人或管理人征收的税类,需定期缴纳
使用环节	燃油税	对燃油零售环节征收的专项性质的税类
	道路费	对道路及其设施使用而征收的费用

注:表中未包含所有针对汽车的税类。

表6对部分主流汽车市场的二氧化碳相关税收政策进行了总结。目前,欧洲很多国家均已制定直接或间接与 CO_2 排放相关的税收制度,并对包括低排放、零排放、替代能源等在内的环保汽车实行豁免和激励政策,进一步推动汽车产业低碳发展。

表6　部分汽车市场的 CO_2 相关税制

国家	购买环节	所有权及使用环节	豁免和激励政策
英国	基于 CO_2 排放征收范围在10英镑(CO_2 排放低于 50g/km)至 2070英镑(CO_2 排放超过 255g/km)的税	对2001年3月31日后注册的汽车征收基于 CO_2 排放的税:0～555英镑(对应 CO_2 排放在 100g/km 以下和 255g/km 以上)	替代能源汽车可获得10英镑的减免; 零排放汽车税收豁免
法国	—	对2009年1月1日后注册的汽车征收基于 CO_2 排放的税; 基于 CO_2 成分征收一定数额的燃油税(2018年每吨 $CO_2$44.6 美元,2022年提高至86.2美元)	对排放低于 20g/km 的轻型车予以不超过6000欧元的奖励; 对柴油车淘汰更换为低排放汽车(CO_2 排放低于 122g/km),实行一定激励措施

续表

国家	购买环节	所有权及使用	豁免和激励政策
德国	—	对 2009 年 7 月 1 日后注册的汽车征收基础税：汽油车，每 100ml 征收 2 欧元，柴油车，每 100ml 征收 9.5 欧元；同时对超过 95g/kmCO_2 排放的部分征收 2 欧元/g 的税	对 CO_2 排放低于 95g/km 的汽车不征收 CO_2 排放税
芬兰	征收基于 CO_2 排放的注册税，数值为汽车目录价格的 2.7% ~50%	以 CO_2 排放为基准的税，数值为 53.29 ~654.44 欧元；基于能量和 CO_2 排放对道路燃油课税	—
美国	—	每加仑燃油征收一定比例的燃油消费税	—
日本	按照发动机排量对汽车征收购置税	按车辆质量征收质量税；基于 CO_2 排放量对所有化石燃料征税（289 日元/吨 CO_2）	前述税收对新一代车辆免征
中国	按照发动机排量对汽车征收购置税	对车用汽柴油征收 30% ~50% 的燃油税	低于一定排量的汽车购置税减征（非延续性政策）；新能源汽车免征购置税

数据来源：ACEA, CO_2 – based Motor Vehicle Taxes in the EU；Japan, Environment and Economy Division, Ministry of the Environment；其他政府公开信息。

二 零排放汽车积分交易机制推动新能源汽车发展

零排放汽车（ZEV）积分交易机制是 1990 年加州空气资源委员会（CARB）所实施的低排放汽车（LEV）项目的一部分，最初目的在于减少烟雾组分的汽车尾气排放。目前，ZEV 政策被认为是实现加州温室气体减排目标的重要工具，即，实现 2030 年和 2050 年温室气体排放在 1990 年水

平上分别下降40%和80%的目标。

ZEV 积分交易机制最先在轻型车领域实施，2020 年 6 月 25 日，CARB 投票一致通过了全球首个零排放卡车法规——先进清洁卡车法规（Advanced Clean Truck Regulation）。受篇幅限制，本文只介绍轻型车 ZEV 积分交易机制相关原理及实施情况。

ZEV 政策为强制性法规，要求汽车制造商每年在加州市场上销售的汽车中零排放汽车需达到一定比例。制造商每售出一辆零排放汽车将获得相应积分，每个制造商每年需完成一定的积分目标。积分富余的制造商可向其他制造商出售积分以获取收益，或将积分存储起来以满足未来的合规要求，积分不足的制造商可通过购买积分来完成合规任务，在规定时间内负积分未清零的制造商将面临一个积分 5000 美元的罚款。

从实施以来，ZEV 政策分别于 1996 年、1998 年、2001 年、2003 年、2008 年和 2012 年进行了六次调整，这反映了政策根据技术进步不断调整的步伐。目前，除加州外，已经有 11 个州实施 ZEV 政策，包括康涅狄格州、马萨诸塞州、俄勒冈州、缅因州、新泽西州、罗德岛、马里兰州、纽约州、佛蒙特州、科罗拉多州和华盛顿州。[①]

由于 ZEV 政策基于积分机制设定，因此很难精确地预估政策对零排放汽车推广量的影响。根据最新信息估计，2025 年加州新车销售中将有约 8% 的零排放汽车和插电式混合动力汽车。[②]

（一）加州零排放积分交易机制政策框架

ZEV 政策框架的实施过程中有六个关键步骤：①企业规模确定；②合规基数确定；③积分要求；④积分计算；⑤积分使用规则；⑥合规与违规。表 7 将做具体说明。

---

① Vermont Official State Website, https：//dec. vermont. gov/air – quality/mobile – sources/zev.

② CARB, https：//ww2. arb. ca. gov/our – work/programs/zero – emission – vehicle – program/about.

表7　ZEV 政策框架简明介绍

实施步骤	说明	确定（计算）方法	阐释及备注
步骤一：企业规模确定	含乘用车、轻型卡车和中型汽车	基于当年车型年份向前推的连续三个车型年份销量平均数	①小型制造商（SVM）-平均销量小于4500辆/年；②中型制造商（IVM）-平均销量介于4500～20000辆/年；③大型制造商（LVM）-平均销量大于20000辆/年；④制造商销量发生变化时，须按照要求评估是否进入另一规模梯队
步骤二：达标基数确定	含乘用车和轻型卡车（传统燃油车和ZEV均计在内）	①基于合规年份向前推的倒数第2、3、4个车型年的平均销量；②基于当年销量，前提是：当年销量同比下滑30%以上，且在2018～2025年只能使用两次这种计算方式	①如2020年达标基数为2016～2018年三年的平均销量；②如2020年销量同比下降35%，则2020年的销量达标基数可使用当年销量
步骤三：积分要求	—	2018年积分要求为4.5%，此后每年递增2.5%，2025年及以后年份要求为22%	SVM没有ZEV积分合规要求
步骤四：积分计算	有5种车型可以获得积分，即 ZEV、TZEV、HICE、BEVx、NEV	①续航大于50英里的ZEV积分上限为4分；②纯电续航大于10英里的TZEV积分上限为1.1分；③UDDS续航大于250英里的HICE可获得0.75积分；④UDDS续航大于75英里的BEVx可获得积分，计算如ZEV；⑤满足一定条件的NEV可获得0.15积分	ZEV-零排放汽车，含纯电动汽车和燃料电池汽车；TZEV-过渡零排放汽车，指PHEV；HICE-氢内燃机汽车；BEVx-增程式电动汽车；NEV-低速电动车

续表

实施步骤	说明	确定(计算)方法	阐释及备注
步骤五： 积分使用规则	积分可以结转和交易，购买所得积分等同于销售所得积分；积分价格由市场决定	—	①2018 年以前获得的 AT PZEV 和 PZEV 积分可以结转并用于 2025 年之前的积分合规； ②上述积分结转比例为：对于 IVM，两种积分均为 75%；对于 LVM，前者为 93.25%，后者为 75%
步骤六： 合规与违规	制造商需按时在线提交数据报告	—	①负积分需在下一车型年份抵偿清零； ②到时仍未合规的企业需缴纳每一负积分 5000 美元/的罚款； ③负积分抵偿时：IVM 可申请三年时间，且可同时使用 ZEV 和 TZEV 产生的积分；LVM 只能使用 ZEV 积分

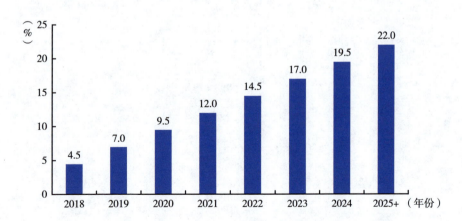

图 10 2018 年及以后年份 ZEV 积分要求比例

数据来源：CARB。

对于中型制造商（IVM）来说，在 2025 年以前，所有的 ZEV 积分要求均可使用销售 TZEV 所得积分来完成任务，但对于大型制造商（LVM）而言，则需满足一定比例的最低 ZEV 积分限制，剩余部分可使用销售 TZEV 所得积分来抵消，具体如图 11 所示。

图 11　大型制造商 ZEV 积分合规要求

数据来源：CARB。

（二）加州零排放积分交易机制实施效果

ZEV 政策的实施极大地推动了加州地区零排放汽车的销售，尤其是 2010 年以来，纯电动汽车的销量由几百辆增加至接近 10 万辆，2019 年加州 BEV 新车销量占乘用车市场份额为 5.3%，BEV 和 PHEV 合计占乘用车市场份额为 7.7%。全美范围内，加州 BEV 和 PHEV 销量一直占到全美总销量的 40%～50%（见图 12）。

即便如此，自 2009 年以来加州 BEV 和 PHEV 总销量仅为 60 万辆左右，距离 2030 年 500 万辆保有量的目标[①]还差得很远。如果只计算 BEV，目前加州 BEV 总保有量仅占该目标的 6.7%[②]。

---

① Governor Brown's Executive Order B－48－18, https：//www.ca.gov/archive/gov39/2018/01/26/governor－brown－takes－action－to－increase－zero－emission－vehicles－fund－new－climate－investments/index.html.

② https：//centerforjobs.org/ca/zev－reports/states－progress－on－5－million－zero－emission－vehicles－zev－by－2030－q2－2019－results.

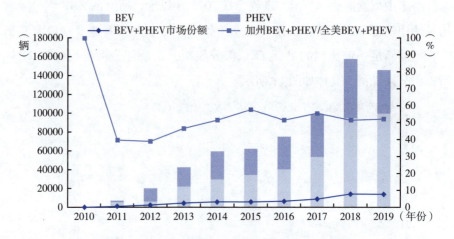

图 12　近十年加州零排放汽车销量及市场份额趋势

数据来源：维基百科，https：//en. wikipedia. org/wiki/Plug－in_ electric_ vehicles_ in_ California。

自 ZEV 政策实施以来，所有企业都竭尽全力去合规。截至 2019 年 9 月，共有 20 家制造商积分库存量为正，其中，积分库存量前五的企业分别是丰田、通用、特斯拉、福特和菲亚特克莱斯勒，五家企业的积分占总量的 73%。从积分总量来看，销售 ZEV 所获的积分占比最大，接近 71%，其次为 TZEV 积分（见图 13）。

制造商所存储的各类积分占比可以反映出其生产的汽车产品类型分布。截至 2019 年 9 月，特斯拉、日产、Zenith 三家企业所存储积分全部由零排放汽车产生，菲亚特克莱斯勒、捷豹路虎和斯巴鲁三家企业所存储积分中，由零排放汽车产生的积分占比超过 90%。宝马是目前唯一积分存储由增程式电动汽车产生的企业。此外，迈尔斯以生产低速电动汽车为主，Zipcar 目前仅有 PZEV 和 AT PZEV 结转的剩余积分（见图 14）。

从近三年积分交易记录来看，交易量并不大，参与交易的企业也不多。2016 年以来，仅有四家企业参与积分转出，五家企业参与积分买入，交易过万分的大宗交易仅有四笔（见表 8）。可见，多数企业基本可以通过已有积分来满足 ZEV 合规要求。

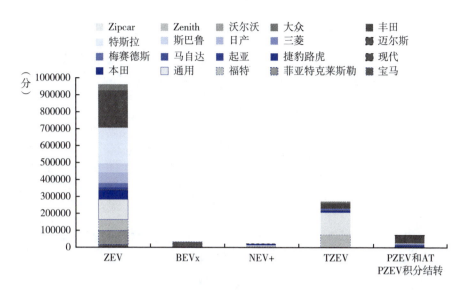

图13 截至2019年9月各类汽车制造商积分库存量

注：截至2019年9月，积分库存量为零的制造商未在统计范围内。
数据来源：CARB。

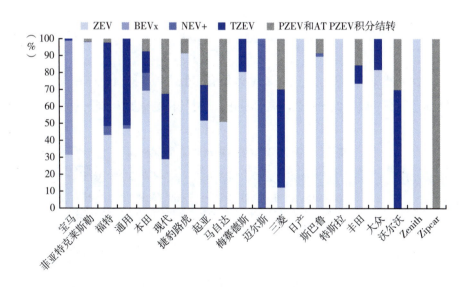

图14 截至2019年9月汽车制造商各类积分占比

数据来源：CARB。

表8　2016～2019年ZEV积分交易记录

单位：分

年份	转让企业	车辆类型	积分量	受让企业	积分类型	积分量
2016/2017	通用	TZEV	6000.00	FCA	BEV	13200.00
	本田	BEV	2500.00	通用	BEV	2500.00
	本田	PZEV	12700.00	通用	PZEV	12700.00
				本田	TZEV	6000.00
				斯巴鲁	BEV	3376.00
	特斯拉	BEV	51776.00	丰田	BEV	35200.00
合计			72976.00			72976.00
2017/2018	FCA	BEV	469.00	本田	BEV	469.00
	特斯拉	BEV	88214.00	丰田	BEV	88214.00
合计			88683.00			88683.00
2018/2019	FCA	BEV	23906.00	本田	BEV	23906.00
合计			23906.00			23906.00

注：FCA－菲亚特克莱斯勒。

数据来源：CARB，ZEV credit balances。

（三）中国NEV政策与加州ZEV政策对比

中国新能源汽车积分政策与ZEV政策有相似之处，同时也存在较大差异。整体而言，ZEV政策更加复杂，灵活性更大，处罚机制也更为严格（见表9）。

表9　中国NEV政策与加州ZEV政策对比

类目	中国新能源汽车积分政策	加州零排放汽车积分政策
政策目的	通过强制性规定企业新能源汽车生产比例及达标，迫使企业在"后补贴时代"继续生产和推广新能源汽车	通过强制规定企业零排放汽车销售比例和允许积分交易相结合的方式，迫使汽车企业推广零排放汽车
实施范围	全国	首先在加州，后陆续拓展至其余11个州
积分确定	传统车产量达到一定规模的企业，按照企业传统汽车年产量乘以新能源汽车积分比例确定企业应达到的积分目标	达到一定销量的企业，按照企业传统汽车基底销量乘以零排放汽车积分比例确定企业应达到的积分目标

续表

类目	中国新能源汽车积分政策	加州零排放汽车积分政策
交易标的	生产新能源汽车产生的富余积分	销售零排放汽车产生的富余积分
交易形式	企业之间自由交易	企业一对一私下商谈、交易
处罚措施	向社会通报失信企业； 暂停部分传统燃油车的生产或进口	差额需在下一个车型年补足，如到期仍未达标，则将必须缴纳每积分 5000 美元的罚金
达标核算基准	企业当年传统车产量，2021 年及以后给予低油耗乘用车 0.5 倍产量优惠	企业在该州内传统汽车前三年销售量的平均值
合规企业传统车产/销量要求	不低于 3 万辆（基于产量）	不低于 4500 辆，且细分为中型（2018 年后上限为 20000 辆）和大型两类合规企业（基于销量）
积分性质	BEV、PHEV 和 FCV 产生同等性质的 NEV 积分，且不同来源的 NEV 积分可自由交换和使用	只有一种 ZEV 积分，但有 ZEV 与 TZEV 两类合规要求，不同规模的企业可能面临不同的合规要求
积分有效期	2019 年正积分等额结转至 2020 年；2020 年存在的正积分按 50% 比例向后结转；2021 年及以后年度传统车平均油耗满足条件的企业，正积分按 50% 比例向后结转，有效期不超过 3 年	ZEV 积分可按照一定比例结转至后续年度使用，2025 年之前随取随用
积分使用	正积分可作为富余积分出售，也可用于抵偿企业内部的 CAFC 负积分；负积分必须通过购买其他企业的富余积分抵偿	正积分可作为富余积分出售或结转至后续年度使用；负积分必须通过购买其他企业的富余积分抵偿或缴纳罚款
积分比例	2019～2020 年 NEV 积分比例分别为 10%、12%，2021～2023 年 NEV 积分比例为 14%、16% 和 18%	2018 年 ZEV 积分比例为 4.5%，后续每年增加 2.5%，至 2025 年达到 22%
是否与 CAFC 并行管理	是	否

资料来源：iCET 根据资料整理。

三 碳管理机制下的交通领域低碳发展新思考

（一）碳排放权交易机制在交通领域的实践

1. 碳交易体系的概念

碳排放权交易系统（ETS）是一个基于市场的节能减排政策工具，用于减少温室气体的排放，遵循"总量控制与交易"原则，政府对一个或多个行业的碳排放实施总量控制。

在排放上限的约束下，参与实体可通过购买或出售排放配额满足其排放需求，使其在各履约期末持有足够配额抵消排放。如果某企业持有的排放配额超过其排放需求，剩余配额可通过交易机制进行出售。相反，如果该企业持有的排放配额不能满足其排放需求，超排部分的排放配额应向参与排放交易体系的其他企业购买，或在政府组织的拍卖上竞投获得。每家控排企业出于自身利益最大化的考虑，会选择对自己最有利的方式实现碳排放达标，或自身减排，或通过碳市场购买配额。相比行政命令机制，碳市场可以使得社会总减排成本更低（见图15）。

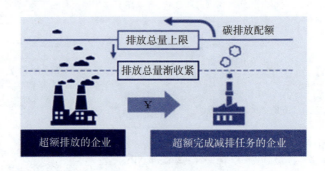

图15 碳交易基本原理

碳交易市场机制的核心要素包括配额总量、覆盖范围、配额分配、排放数据的监测报告与核查（MRV）、履约机制、抵消机制以及交易机制（见图16）。

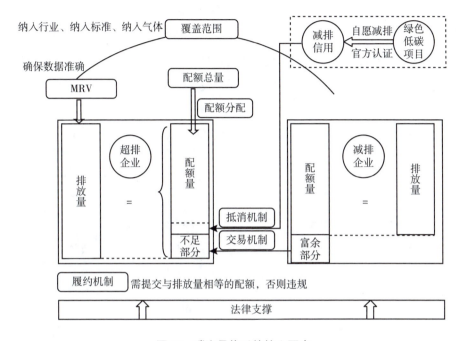

图16 碳交易体系的核心要素

（1）现状与趋势

全球首个主要的碳排放权交易系统（ETS）于2005年投入运营，即欧盟排放交易系统（EU ETS）。如今，随着越来越多的政府考虑采纳碳市场作为节能减排的政策工具，碳交易已逐渐成为全球应对气候变化的关键工具。

自2005年欧盟率先推行交易制度以来，碳定价机制在全球陆续铺开，碳市场的范围不断扩大。根据世界银行发布的2020年全球碳定价机制现状与趋势年度报告，截至2020年5月，全球共实施或计划实施61项碳定价政策，覆盖了全球温室气体排放总量的22%。

碳排放权交易制度作为市场配置资源的创新手段，也是中国推进生态文明体制改革的重大举措。2011年，国家发改委颁布《关于开展碳排放权交易试点工作的通知》，北京、上海、天津、重庆、湖北、广东和深圳7个省市率先开展碳排放权交易试点工作。在各地政府部门主导下，7个试点省市完成了制度设计、数据核查、配额分配、交易平台建设等工作，对建立既符

合中国国情又具有当地特色的碳交易市场展开了积极探索。2017年底，全国碳市场正式启动"三步走"路线图（见图17），将于2020年启动交易，尽管初期仅纳入发电行业，但碳交易覆盖总量已跃居世界首位。中国碳市场的运行效果将对全球应对气候变化和低碳发展产生重大影响。

全国碳排放交易体系启动	基础建设期	模拟运行期	深化完善期
2017年12月19日	一年左右的时间	一年左右的时间	之后
	·完成三大支撑系统建设 ·深入开展能力建设 ·碳市场管理制度建设	·发电行业配额模拟交易 ·强化风险预警与防控机制 ·完善管理制度与支撑体系	·发电行业配额现货交易 ·逐步扩大覆盖范围 ·丰富交易品种与方式 ·尽早将CCER纳入

图17 全国碳市场建设步骤及重点任务

（2）面向车辆运输的碳交易管理

全球正在运行的20个碳市场所覆盖行业主要包含电力、工业、国内航空、车辆运输、建筑、废弃物和林业。其中车辆运输碳排放是全球碳排放交易的重点关注领域之一。

根据ICAP发布的《全球碳市场进展报告2019》，当下覆盖车辆运输的碳市场包括中国的北京、上海和深圳（试点碳市场），新西兰，加拿大新斯科舍省和加拿大魁北克省，美国加州（碳排放权交易体系）等（见图18）。此外，德国于2019年通过一项草案，计划2021年起将车辆运输纳入国家碳交易体系。

常规的碳排放权交易体系直接管理末端排放者，对电力、工业等排放规模大、排放集中的行业而言，政府管理成本较低，能够获得较大的减排效益，但车辆排放具有排放源数量大、位置不固定、单位排放低的特点，政府无法直接管理具体的车辆。为此，碳排放权交易市场针对车辆排放进行了制度创新，改变直接管理末端排放的传统方式，通过管理上游或下游企业的方

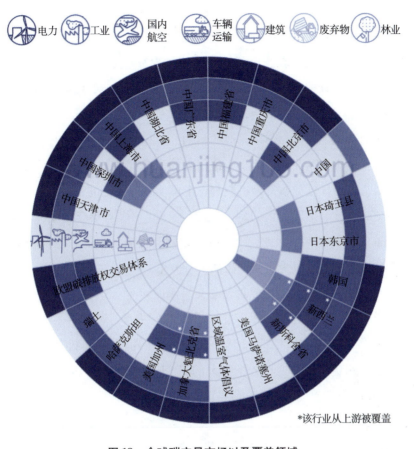

图 18　全球碳交易市场以及覆盖领域

资料来源：ICAP，《全球碳市场进展报告2019》。

式进行排放控制。具体而言，根据碳排放权交易受控的主体不同，面向车辆排放的碳排放权交易主要可分为两种机制：以燃料供应企业为交易对象的上游碳排放权交易机制，以公共交通运输企业为管控对象的下游碳排放权交易机制。

此外，为促进下游个人消费者积极减少车辆排放，中国出现了针对个人车主的鼓励性政策——碳普惠机制。和传统碳交易强制控制目标不同，碳普惠不设置强制目标和履约义务，而是通过奖励停驶机动车和驾驶新能源车的行为，引导个人车主减排，是碳交易机制的创新。

2. 基于燃料管理的碳排放交易体系

上游碳排放权交易机制一般以燃料供应商为交易主体，是目前交通领域讨论最多的一种模式。在这种模式下，政府制定交通部门的碳排放总量目标，然后每年以碳配额的方式分配给所有燃料供应企业，燃料供应企业有义务根据配额情况控制燃料供给，并通过技术手段降低燃料排放因子，以此实现减少交通部门能源消耗与碳排放的目的。

由于燃料供应企业数量远小于道路上的汽车数量，并且所有汽车均需要使用燃料，上游碳排放权交易机制理论上可实现以最低的管理成本覆盖最大范围的交通排放源。以英国为例，全国仅有 20 家燃料供应企业，却提供了道路交通 99% 的燃料。因此，上游碳排放权交易被认为是一种管理成本低、机制设计简单、政策接受度相对高的可行方案。

（1）加州 - 魁北克碳排放总量与交易制度

交通领域一直是美国加州节能减排政策的重点。2017 年，加州的温室气体排放总量为 424Mt CO_2e，其中交通部门的温室气体排放占总排放的41%，是加州温室气体排放量最大的部门，远超排在其后的工业部门（24%）和电力部门（9%）。

1）概述

2013 年 1 月 1 日，美国加州碳排放权交易体系（CAL - ETS）正式启动，其采取循序渐进的路线，分为三个阶段实施。第一阶段为 2013～2014年，第二阶段为 2015～2017 年，第三阶段为 2018～2020 年。在第一阶段，CAL - ETS 仅纳入了大型工业设施、电力生产和进口企业；从第二阶段起（2015 年），受控源从"下游"延展至"上游"，交通部门从此被纳入了管控，通过控制上游燃料供应商的排放量进而控制交通领域的碳排放。2014年，加州和魁北克省碳交易体系正式链接，合作推进区域碳减排市场发展。

2）覆盖范围

CAL - ETS 纳入了发电、炼油、工业设施和运输燃料等大部分高排放行业领域，约覆盖加州温室气体总排放量的 80%。具体覆盖行业如表 10 所示。

表10　加州碳排放权交易体系分阶段覆盖范围

第一阶段 2013～2014 年	①年排放 25000tCO₂e 以上的大型工业设施,包括水泥、热电联产、玻璃、制氢、钢铁、石灰、制硝酸、石油和天然气、炼油、造纸、自用发电、固定燃料设施等; ②年排放 25000tCO₂e 以上的发电设施和电力进口商; ③年排放 25000tCO₂e 以上的二氧化碳供应商(CCS); ④年排放 25000tCO₂e 以上的石油和天然气设施
第二阶段 2015～2017 年	①燃料(天然气、蒸馏燃料油、液化石油气等)供应商,所供应的燃料完全燃烧或氧化年排放在 25000tCO₂e 以上; ②所有的电力进口商
第三阶段 2018～2020 年	同第二阶段

对交通领域排放的管控主要通过控制上游的燃料供应商的排放量实现。与其他行业一样,其纳入管控的门槛为年排放量 25000t CO_2e,但其表示的意义为燃料供应商年进口或输送至加州的燃料,完全燃烧或氧化所产生的排放量。燃料供应商承担的履约义务约占整个 CAL–ETS 的一半,是 CAL–ETS 最大的受控源。

3)配额分配与拍卖

CAL–ETS 通过控制配额总量实现对总体碳排放量的控制,且总量的数值逐年递减。在 2013 年启动初期,CAL–ETS 设置配额总量为 162.8 Mt CO_2e;2015 年将燃料供应商纳入后,配额总量扩容一倍多,增加至 394.5Mt CO_2e。2015～2020 年,CAL–ETS 的配额总量平均每年减少约 12Mt CO_2e。加州计划到 2030 年将配额总量缩减至 200.5Mt CO_2e,这意味着 2021～2030 年,每年的配额总量将减少约 13.4Mt CO_2e。

CAL–ETS 的配额分配包括免费发放和有偿拍卖两种方式。免费配额主要发放工业设施和配电企业,以避免这些行业将减排成本转嫁到其他行业领域而影响总体的减排成果(即"碳泄漏")。加州对各行业的"碳泄漏"风险进行评估,并对高、中、低风险的行业予以不同比例的免费配额。同时,随着 CAL–ETS 阶段的推进,从免费分配逐步过渡到有偿分配。第三阶段起,中、低风险的企业获得的免费分配比重分别下降50%和30%。

对于交通燃料供应商，其全部配额均需通过拍卖有偿获得，无免费发放的配额，因此燃料供应商也成为 CAL - ETS 的最大买家。燃料供应商可以选择购买配额或者碳抵消信用以满足履约要求，其中碳抵消信用的使用上限不能超过 8%，这一限制将在 2021 ~ 2025 年减少至 4%。拍卖所得的收入将用于补贴纳税人和温室气体减排基金，增加对低碳交通、低碳社区、弱势人群保护及其他低碳投资的资金投入。

此外，控排企业可以在满足其排放上限的情况下将富足的配额转存至下一年，但不可以提前借用未来履约年份的配额。若不能提交与排放等量的配额，企业将面临 4 倍配额的惩罚。

4）影响

加州碳排放权交易体系旨在利用经济杠杆影响燃料供应商对于使用何种燃料的决定。随着碳价的上涨，燃料供应商的履约成本也不断增加，但燃料供应商，尤其是交通燃料供应商可以将这些额外的成本转嫁至下游的消费者。根据美国环保署估计，每加仑汽油的温室气体排放量为 8.89kg[1]，按照 2020 年加州碳市场 17 美元/吨的碳价，每加仑额外付出的成本为 0.15 美元，约占当前加州油价的 5%。随着加州碳配额总量不断下降，碳价预期不断上升，对消费者决策的影响将不断增加。

另外，加州碳排放权交易体系更大的作用是其可以激励企业投资创新技术，并为清洁车辆、清洁燃料的发展和新能源技术提供资金支持。截至 2019 年，加州碳市场配额拍卖获得的收益有 85 亿美元流向了温室气体减排基金（GGGF），其中拨款最高的三个项目分别为高速轨道建设项目（25 亿美元）、低碳交通项目（22 亿美元）和可持续社区项目（19 亿美元）[2]。

对加州低碳交通的整体政策框架而言，碳排放权交易体系主要作为一个

---

[1] EPA, https：//www.epa.gov/energy/greenhouse - gases - equivalencies - calculator - calculations - and - references.

[2] CARB, "California Greenhouse Gas Inventory for 2000 - 2017 — by Category as Defined in the 2008 Scoping Plan", California Air Resources Board. Website https：//ww3.arb.ca.gov/cc/inventory/data/tables/ghg_ inventory_ scopingplan_ sum_ 2000 - 17. pdf, 2019.

辅助性的政策工具，与清洁燃料标准（LCFS）、汽车引擎能效提升技术等标准和技术政策一起发挥作用，促进加州交通领域的碳减排。根据加州空气资源委员会的报告，2018年，加州交通部门碳排放量呈现了自2012年以来的首次下降。[①]

（2）加拿大新斯科舍省碳排放权交易系统

1）概述

2016年12月9日，加拿大发布了"泛加拿大清洁增长和气候变化框架"，要求所有省到2018年引入碳定价机制。作为签署省之一，新斯科舍省于2019年1月1日起正式启动了碳排放权交易市场（NOVA SCOTIA），第一阶段履约期为2019~2022年。

电力和交通部门是新斯科舍省的两大排放源，2017年分别占其总温室气体排放量的42%和31%。2019年10月，新斯科舍省颁布了"可持续发展目标行动"，提出了2030年前温室气体排放水平较2005年降低53%、2050年前实现"净零排放"的目标。

2）覆盖范围

新斯科舍省碳市场纳入了工业、电力、建筑和交通等行业，覆盖新斯科舍省约80%的温室气体排放。

·电力和工业排放设施：年排放量≥50000t CO_2e。

·电力进口商：年排放量>10000t CO_2e。

·燃料供应商：在本省市场年供给量≥200L的石油产品供应商和年供给量≥10000t CO_2e的天然气分销商。

2019年，全省共有26家企业纳入了新斯科舍省碳排放权交易体系。

3）配额分配与拍卖

新斯科舍省碳市场属于总量控制的排放权交易体系，对第一阶段（2019~2022年）每年的碳排放权配额总量进行了具体规定：2019年13.68 Mt CO_2e，2020年12.72Mt CO_2e，2021年12.26Mt CO_2e，2022年12.14Mt CO_2e。

---

① CARB, "Preliminary 2018 Emissions Inventory", https://ww2. arb. ca. gov/mrr – data. , 2019

配额的分配方式以免费分配为主，小部分配额进行拍卖。配额的分配方法根据不同行业特征有所不同。

· 工业排放设施：对工业排放设施的配额分配采取历史强度下降法。即排放设施的配额＝历史排放强度×年度下降系数。其中，历史排放强度取决于该设施在 2014～2016 年的生产强度。下降系数逐年递减，2019 年下降系数为 1，到 2022 年下降系数降至 0.88。也就是说，排放设施在 2022 年得到的基于产量的配额将比 2019 年减少约 12%。

· 燃料供应商和电力进口商：配额发放基于核证的企业温室气体排放量。燃料供应商和电力进口商的免费配额比例为 80%。

· 发电企业：新斯科舍省发电企业的配额分配基于企业实际排放与常规情景（BAU）排放的减少量。2019 年，约 630 万配额免费发放至发电企业，2020 年配额总数则减少至 550 万，到 2022 年配额总数将减少至 500 万。

为确保市场的稳定运行，新斯科舍省对每次拍卖企业可以购买的配额数量进行了限制。对于燃料供应商，每次拍卖最多可购买其前一年核证排放量的 15% 和当年排放量的 25%；对工业排放设施的限制为前一年排放量的 3% 和当年排放量的 5%；而对发电企业则为每次拍卖配额总量的 5%。

拍卖的底价也将逐年递增。2020 年新斯科舍省碳市场的拍卖底价为 20 加元（约 15.07 美元），随后底价将每年上涨 5%。

4）影响

同其他碳定价机制一样，新斯科舍省碳排放权交易体系旨在通过增加高碳排放化石燃料的成本，促使市场转向电力和低排放、更清洁的能源。根据新斯科舍省环境和气候变化部门的预测，在其碳市场实施的第一阶段（2019～2022 年），汽油价格的涨幅将达到 11.6 美分/升或更高。①

---

① https：//www.cbc.ca/news/canada/nova - scotia/cap - and - trade - climate - change - environment - mcneil - 1.4874444.

但通过碳排放权交易体系对交通体系的碳排放产生影响仍然是一个不小的挑战。如果未来燃油价格的上涨能够激发公民整体交通方式的改变，或促使电动车成为市场主流，那交通领域的碳减排就有望迎来真正的改变。

（3）新西兰碳排放权交易系统

1）概述

新西兰碳排放权交易体系（NZ ETS）于 2008 年正式启动，是历史悠久的碳市场之一。NZ ETS 不设置总量限制。与其他国家初始专注于电力、水泥、钢铁等高耗能产业不同，新西兰的碳排放权交易从本国实际出发，最初以林业为试点，最后进入农业，将土地利用行业的碳排放纳入交易体系，包括 1990 年之前曾是林地而之后被毁林的土地和来自农业用地的生物排放。虽然交易市场的规模不大，但仍然建立了完善的交易制度，并设计了相应的配套措施。此外，国内、国际双市场接轨，兼容多种交易方式，保证了市场的灵活性。

2）覆盖范围

NZ ETS 采取逐步推进的方式纳入不同的部门。2008 年，林业部门成为首批纳入碳交易体系的产业部门；2010 年，纳入液化化石燃料、固定能源和工业加工部门；2013 年，纳入废弃物排放与合成气体行业。

3）配额分配与拍卖

在配额分配上，NZ ETS 以免费分配为主，当年分配量基于前一年的排放量和产出数据确定。其中，农业行业在纳入交易体系后，将获得相当于2005 年排放量 90% 的免费配额；合格的工业生产者也将获得相同比例的免费配额，包括电力消耗的间接排放和来自固定式能源与非能源工业生产的直接排放；在免费分配期间出现的新排放源将无法获得免费配额；停止交易的企业将不能继续拥有任何免费配额；液化燃料和固定式能源行业（包括电力生产企业）以及垃圾填埋企业等承担上游义务的排放企业将无法获得免费分配。

2013 年，NZ ETS 引入拍卖法进行配额分配，林业、农业、工业活动和

渔业将继续获得免费配额，而固定式能源供应、垃圾、液化燃料供应和人造温室气体等行业将不再获得免费配额。此外，NZ ETS 允许配额的抵消和储蓄，并且项目配额（除不能来自核项目外）的抵消和配额储蓄在数量上没有限制。NZ - ETS 也是分阶段推进的，在早期阶段，90% 以上的配额被免费发放给减排企业，随后免费配额的比例逐步降低。

4）影响

根据新西兰环境部的评估①，NZ ETS 是目前新西兰实现其温室气体减排目标最有效的政策手段。然而，研究也表明新西兰道路交通部门减排量的贡献主要来自有关燃料经济性标准、生物燃料技术和电动车等政策②，NZ ETS 作为一项辅助性的政策工具，与其他政策一同推进新西兰交通领域的减排。

（4）德国国家碳排放权交易系统

1）概述

目前，德国的碳市场主要依托欧盟碳排放权交易体系（EU ETS）。EU ETS 主要针对发电行业、工业和航空部门的碳排放进行总量管控，不包括交通、建筑和农业等能耗部门。而运输和建筑行业的温室气体排放约占德国温室气体排放量的 32%（2018 年），主要来自化石燃料（天然气、汽油和柴油）燃烧产生的排放。

为进一步促进能源转型，实现温室气体减排目标，德国政府内阁 2019 年 10 月 23 日通过一项法律草案，决定将建筑和交通两个领域纳入新的德国国家碳排放权交易系统（nEHS）中，该体系计划在 2021 年正式启动。

2）覆盖范围

德国将从 2021 年起启动国家碳排放权交易系统，向销售汽油、柴油、天然气、煤炭等产品的企业出售排放额度，由此所增加的收入将用来降低电

---

① New Zealand Ministry for the Environment, "Sixth National Communication", Available at: http://www.mfe.govt.nz/publications/climate - change/ new - zealands - sixth - national - communication - under - united - nations - framework, 2013, p. 71.

② https://www.i4ce.org/wp - core/wp - content/uploads/2016/06/rapport - I4CE - chapitre - 4. pdf.

价、补贴公众出行等。

根据德国燃料排放交易法案，凡是燃烧产生二氧化碳排放的燃料均被纳入管控范围，其中汽油、柴油、天然气、液化气和煤炭等化石燃料是德国国家碳排放权交易体系的管控重点。管控对象为所有在市场销售燃料的企业，包括燃料的批发商、进口商和存在售卖行为的生产商。

3）配额分配与发放

德国国家碳排放权交易体系的配额主要依据国内消费燃料的排放量决定；考虑到同时实施 EU ETS 和 nEHS 导致部分燃料产生的排放量被重复计算，nEHS 每年还会根据实际情况对配额数量进行调整。

根据草案，2021~2026 年，德国国家碳排放权交易体系的配额将全部采取出售的方式发放。2021~2024 年政府将以固定价格出售配额，配额价格将从 2021 年起以每吨 10 欧元开始，至 2025 年逐步升至每吨 35 欧元。从 2026 年起，价格将按市场供需，以拍卖确定，但规定每吨限定在 35 欧元至 60 欧元。预计 2021 年 10 欧元（25 欧元）[①]，2022 年 20 欧元（30 欧元），2023 年 25 欧元（35 欧元），2024 年 30 欧元（45 欧元），2025 年 35 欧元（55 欧元）。

4）影响

德国国家碳排放权交易体系旨在对未被欧盟碳市场纳入的行业进行碳排放的管控。虽然碳价将由上游的燃料供应商支付，但供应商必会将这些额外的成本转嫁至消费者，因此从一定角度上说，化石燃料的消费者也将为自己燃料消费产生的碳排放买单。

随着碳价的上涨，化石燃料的成本和市场价格也会不断增加，促使德国转向更加低碳清洁的能源。德国环境部预测在 nEHS 实施后的五年内各燃料价格将逐年上涨，如表 11 所示。

---

① 由于草案尚未最终通过，括号内的数字代表预期可能的折中价格。最终的价格将在 2020 年出台。

表 11　德国碳市场覆盖的燃料单价涨幅预测

燃料种类 ＼ 年份	2021	2022	2023	2024	2025
天然气(kWh)	0.5 cents	0.5 cents	0.6 cents	0.8 cents	1.0 cents
汽油(L)	6 cents	7 cents	8 cents	11 cents	13 cents
柴油(L)	7 cents	8 cents	10 cents	12 cents	15 cents
轻质燃料油(L)	7 cents	8 cents	10 cents	12 cents	15 cents

资料来源：德国环境部 & 德国碳排放交易管理局，National Emissions Trading System，https：//www.dehst.de/SharedDocs/downloads/EN/nehs/nehs – backgroundpaper.pdf？_ _ blob = publicationFile&v =2，2020。

3. 覆盖公共交通领域的碳交易市场——中国深圳与中国北京

中国 2013 年正式启动碳排放权交易试点。在已经建立的八个碳排放权交易试点中，中国深圳、北京已将公路交通碳排放纳入了碳交易试点工作中，具体而言是覆盖公共交通领域，针对公共交通运输企业和公共交通排放设施的碳排放进行管理。深圳创新碳交易机制并推广新能源汽车应用；北京碳交易体系先后纳入交通固定和移动源，交通运输类自愿核证减排项目开发日益增多。

（1）深圳市碳排放权交易市场

深圳市试点碳市场于 2013 年 6 月正式启动，是全国首个碳交易市场。与国内其他试点城市相比，深圳产业结构中缺乏传统重工业，碳排放管控单位的体量偏小，碳市场所获配额规模最小，但深圳碳交易市场却是目前国内碳排放配额流转率最高的一个，成熟的市场机制和丰富的商业机会，使得深圳碳市场托管会员的数量不断增加。

1）管控范围与对象

深圳市纳入碳交易体系的行业包括能源行业、制造业以及建筑业，考虑到交通部门高强度能耗的特性，深圳市政府已经决定首先将公交部门纳入碳交易体系，待取得成功经验后，再将其他移动排放源逐步纳入交易体系。

公共交通：公交车、出租车、港口、机场、地铁等。

运营系统：公共交通组织中所有运营车辆，营运系统的温室气体排放包括公交车和出租车燃料燃烧产生的直接排放和使用电力所产生的间接排放。

附属系统：公共交通组织除了运营车辆以外的其他附属部分（如办公楼、机修车间、职工食堂等），附属系统的温室气体排放包括燃料燃烧所产生的直接排放和使用电力的间接排放。

2）配额分配

根据《深圳市碳排放权交易管理暂行办法》，深圳碳市场的配额采取免费发放和有偿分配两种形式，有偿分配可采用固定价格出售和拍卖的方式，拍卖的配额数量不得高于当年年度配额总量的3%。但实际上深圳碳市场的配额仍以免费发放为主，仅在2014年6月发生过一次配额拍卖。

各行业的碳排放配额数量采取以强度为基础的分配方法。对公交行业管控单位，其年度实际配额量＝（本单位年度传统公交车总数－0.7×本单位年度传统公交车更新任务总数）×本单位单辆传统公交车基准排放量。[①]

对除公交行业外的管控单位，管控单位的年度实际配额量＝本单位年度统计指标数据×本单位年度目标碳强度。

对地铁行业，管控单位的统计指标数据为客流量×平均运距；其他管控单位的统计指标数据为工业增加值。

3）抵消机制

2015年6月，深圳市发布了《深圳市碳排放权交易市场抵消信用管理规定（暂行）》，对CCER的项目类型和项目地区明确提出了要求。项目类型主要包括可再生能源和新能源、清洁交通、林业碳汇、农业减排、海洋固碳减排等领域，其中还对清洁交通减排等项目要求来自深圳市及与深圳市签署碳交易区域战略合作的其他省份或者地区。

（2）北京市碳排放权交易市场

1）背景

北京作为率先开展碳交易试点的省市之一，于2013年11月28日启动碳排放权交易市场。2014年7月3日，北京市人民政府印发《北京市碳排

---

① 《深圳市发展和改革委员会关于开展2016年度碳排放权交易工作的通知》。

放权交易管理办法（试行）》，明确了北京市碳交易的管理细则。

北京市通过了《关于北京市在严格控制碳排放总量前提下开展碳排放权交易试点工作的决定》，提供了开展碳排放权交易试点工作的法律保障。先后发布了《北京市碳排放配额场外交易实施细则（试行）》《北京环境交易所碳排放权交易规则（试行）》《北京环境交易所碳排放权交易规则配套细则（试行）》《北京市碳排放权交易管理办法（试行）》《北京市碳排放权交易公开市场操作管理办法（试行）》《北京市碳排放权抵消管理办法（试行）》。

2）管控范围与对象

目前，北京市碳交易体系覆盖火力发电、热力生产和供应、水泥、石化、公共交通运输和民用航空运输等多个行业。其中，城市公共交通运输企业包括北京市行政辖区内公共电汽车客运和城市轨道交通两类交通运输企业，对其排放量的核算边界包括以下三个部分。①

①移动设施的二氧化碳直接排放。指企业所属的公共汽车、轨道交通车辆等营运车辆，及内部车辆消耗柴油、天然气、汽油等化石燃料燃烧产生的二氧化碳排放。

②固定设施的二氧化碳直接排放。指企业所属办公楼、地铁车站、车库等场所内燃煤、燃油和燃气固定设施消耗的化石燃料在燃烧过程中产生的二氧化碳排放。

③间接排放。指企业所属运输车辆（如电车、纯电动汽车、插电式混合动力汽车、轨道交通车辆等）和固定设施电力消耗隐含的电力生产所产生的二氧化碳排放。

3）配额分配

目前，北京市碳排放权交易体系的配额全部由政府免费发放。对不同的行业采用不同的配额核算方法。根据 2020 年最新发布的《北京市重点碳排放单位配额核定方法》，交通行业重点碳排放单位的二氧化碳配额总量（T）

---

① 北京市生态环境局：《北京市重点排放单位二氧化碳核算和报告指南》，http：//sthjj.beijing.gov.cn/bjhrb/index/xxgk69/zfxxgk43/fdzdgknr2/hbjfw/1758471/index.html，2020 年。

包括固定设施配额（T_s）和移动设施配额（T_m）两部分。计算公式如下：

$$T = T_s + T_m = T_s + Q_m \times I_m \times f_m$$

其中，固定设施配额（T_s）按历史排放总量法进行核定，即以管控对象在过去一定年度（即"历史基准年"）的碳排放数据为主要依据确定其未来年度的碳排放配额，而不考虑排放对象的产品产量（交通运输企业的产品指其运输里程或周转量）。

而对于移动设施配额（T_m），则采用历史强度法进行核定。历史强度法指根据排放单位的产品产量、历史强度值和减排系数分配配额，对交通运输企业，其移动设施部分获得的二氧化碳排放配额为其在履约年度运输总周转量或运输总里程（Q_m）、历史基准年排放强度（I_m）和控排系数（f_m）的乘积。

《北京市重点碳排放单位配额核定方法》（2020 年）规定 2019 年度控排单位配额的历史基准年为 2016 ~ 2018 年；同时对 2019 年和 2020 年各行业的控排系数做出了规定。其中交通行业的控排系数如表 12 所示。

表 12　交通行业的控排系数

单位：%

行业		控排系数	
		2019 年	2020 年
交通	公共交通 – 移动	96.0	92.0
	公共交通 – 固定	99.5	99.0
	轨道交通固定和移动	99.5	99.0

4）抵消机制

北京市碳交易试点允许纳入企业使用不超过 5% 的"经过审定的碳减排量"进行抵消，包括国家发展改革委或市发展改革委审定的核证自愿减排量、节能项目和林业碳汇项目的碳减排量等。并规定抵消项目中北京辖区内项目获得的核证自愿减排量必须达到 50% 以上。

4. 针对汽车使用端的碳交易市场——碳普惠机制

（1）碳普惠的概念和背景

碳普惠机制是碳交易机制下的一种创新。它以识别小微企业、社区、家庭和个人的绿色低碳行为为基础，通过自愿参与、行为记录、核算量化等手段，赋予企业、社区、家庭、个人不同层面的减碳行为价值，最终价值可以兑换相应优惠与补贴，进而引导全社会参与到低碳建设与低碳发展中。

由于个人消费端排放具有"小散杂"的特点，难以采用与行业、企业相同的节能减排方法进行引导，碳普惠机制的产生正是顺应了全民参与低碳生活的时代需求，通过建立正向激励制度，推行低碳节约的生活方式以及推广低碳技术及产品，引导广大民众成为绿色生活的践行者和推动者，有利于形成"政府引导、市场主导、全社会共同参与"的低碳社会建设新模式。

近年来，国内与碳普惠相关的低碳发展机制不断涌现。广东、四川、北京等地纷纷启动了碳普惠制试点工作，初步探索出以政策激励、商业激励和减排量交易为导向的碳普惠引导机制。由于交通领域的碳排放与城市居民出行的行为选择密切相关，因此针对低碳出行的碳普惠机制一直是试点开展碳普惠机制工作的重点。其旨在鼓励社会公众形成绿色出行、低碳消费的意识，主动采用能降低温室气体排放的交通方式。

（2）碳普惠机制运行原理

碳普惠是对个人、小微企业的绿色低碳行为以碳减排量的形式进行具体量化，并通过商业激励、政策鼓励或与减排量交易相结合等方式，为绿色低碳行为产生的碳减排量赋予一定价值，遵循"谁减排、谁受益"原则，形成绿色低碳发展的正向引导机制。可以说，碳普惠机制是对现行碳交易机制的延伸和有效补充，也是低碳权益惠及公众的具体表现。

碳普惠机制的建立和推广是从低碳权益的角度出发，将低碳行为形成的减碳量在个人、企业间流通，通过减碳量将低碳行为与生产、消费结合起来，形成以低碳为链接的业态。具体而言，首先筛选并明确纳入碳普惠机制的低碳应用领域及可量化的低碳行为，依托碳普惠平台与相关机构数据库对接，通过一定的方法量化公众的低碳行为减碳量，并给予其相应的碳积分；

公众用碳积分可在碳普惠平台上换取商业优惠、兑换公共服务，也可进行碳中和或进入碳交易市场抵消控排企业碳排放配额。碳普惠机制的运行原理如图 19 所示。

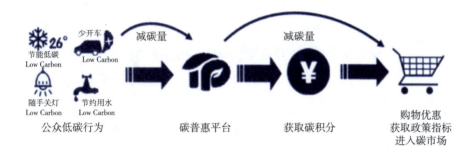

图 19　碳普惠机制的运行原理

（3）碳普惠在中国交通领域的应用

碳普惠机制在交通领域的应用主要体现在对低碳出行的激励上，主要是对选择步行、骑行、公交、地铁和网约拼车等零碳或低碳出行方式进行激励。目前，中国北京市、深圳市、南京市、武汉市以及广东省的五个地市均已在低碳出行领域开展了碳普惠机制的实践，在政策体系建设、试点运行、平台搭建、项目开放等方面取得了一定的进展。按照类别，主要可分为公共交通出行、机动车停驶和新能源车使用三个方面（见表 13）。

表 13　中国部分地区低碳出行领域纳入普惠行为

类目	广州	惠州	深圳	北京	南京	武汉	东莞	中山	成都
公共交通出行	√	√				√			
机动车停驶			√	√	√		√	√	√
新能源车使用	√		√			√			√

1）公共交通出行

目前，广州市、惠州市、武汉市均出台了针对公共交通出行的碳普惠机制。以广州市为例，广州市针对碳普惠机制开展了一系列制度设计和方法学

223

研究，2019年8月，广州市生态环境局制定印发了《广州市建筑和交通领域碳交易机制建设及碳普惠制试点工作实施方案》《广州市2019年碳普惠制试点工作实施方案》等政策文件，打造了全国第一个可测量、可核算、可追溯的碳普惠激励平台。针对交通领域的碳普惠机制设计要素如下。

纳入范围：以公交出行的市民为惠及对象，将快速公交系统（BRT）、公共自行车、清洁能源公交、轨道交通等纳入碳普惠的具体行为中。

数据采集：通过公交公司、交通卡发行公司、交通运营公司或者交通数据中心获取乘客出行信息。

减排量核算：《广州市低碳行为减碳量折算碳币规则》针对公交和地铁出行、共享单车出行等制定了对应的减碳量和碳币兑换比例。

碳积分发放：平台根据经核证的减排量向公众发放碳币，碳币可用于兑换平台商业优惠及参加公益活动。

2）机动车停驶

深圳市将市民自愿停驶私家车和为电动汽车充电两类行为纳入其碳普惠制；北京市仅有针对性地纳入了私家车主在"自愿每周少开一天车"平台上申请自愿停驶的行为；南京市在市民自愿停驶私家车的基础上，将用户转发相关活动页面至微信朋友圈的行为也纳入低碳出行领域被普惠的类型之一。

以北京市"自愿每周少开一天车"活动为例。燃油车车主每停开车24小时，便至少可获得碳排放收益0.5元，奖励以微信红包方式兑现，并有电子优惠券等奖励。车主停驶的减排量经过核证后，将出现在北京市碳排放权交易市场，北京市重点碳排放单位可以自由购买并抵消本单位的碳排放量。

纳入范围：在"北京市机动车自愿减排交易平台"注册的北京机动车车主。

数据采集：车主停驶前后拍摄行驶里程并上传至平台。

减排量核算：根据《北京市机动车自愿减排项目方法学》，机动车按照排量1.6升（含）以下、1.6升（不含）至2.5升（含）、2.5升（不含）以上排量以及新能源汽车（纯电动车）分档，停驶一天可分别获得等值于

0.5元、0.6元、0.7元、0.2元的碳减排收益。收益标准将根据本市碳排放权交易市场价格进行适时调整。

碳积分发放：微信红包方式兑现，并有电子优惠券奖励。

3）新能源车使用

以成都市碳普惠机制为例，2020年4月，《成都市人民政府关于构建"碳惠天府"机制的实施意见》出台，明确建立新能源车使用场景的碳普惠机制。其具体设计如下。

纳入范围：新能源汽车车主。

数据采集：成都市通过"新能源汽车与充电桩管理平台"提供的数据接口，采集新能源汽车在全市各充电桩上的充电数据，结合个人在平台中绑定的新能源汽车信息，将新能源车的充电公里、驾驶里程等数据记录到平台对应的个人账号中。

减排量核算：新能源车使用的减排量将基于新能源车驾驶里程进行计算，驾驶里程则主要参照充电桩记录的充电公里数。

碳积分发放：将核算后的减排量折算成低碳积分发放至积分管理系统的个人实名账户内。个人使用碳积分可以兑换实物产品的兑换券、商品的优惠折扣、商家服务和现金奖励等。

碳普惠机制将碳交易的核心理念应用于民众的日常生活，其最大的意义就是树立了节能减排"人人有责、人人有利、人人有权"的观念，推动形成绿色低碳的生产生活方式。碳普惠机制需要以大量公众、小微企业等社会各界的自愿参与为基础，因此其关键是计量并核算公众、小微企业低碳行为的减碳量。在试点运行过程中，首先面临的问题就是如何收集获取公众和小微企业的低碳行为数据。由于低碳行为数据获取的途径分散、各级管理部门之间协调不畅，以及居民保护个人隐私等，在社区居民、公共交通等领域开展普惠试点时，对于居民的用电、用水、用气、乘坐交通信息等量化数据的获取仍存在一定的困难。同时，由于商家对碳普惠机制的认知不足，参与普惠的联盟商家数量仍较为有限。未来随着大数据、云计算等技术的发展，以及政府、企业的不断创新，碳普惠机制将不断发展完善，真正起到对低碳交

通的促进作用。

5. 碳交易体系对汽车产业影响与展望

与低碳燃料标准等政策手段相比，基于市场机制的道路交通碳交易体系具有独特的优势。首先，政府通过设定碳配额的总量，保证了道路交通领域的实质性减排，克服了单一减排措施的不确定性和反弹效应。其次，碳交易也为责任主体减排提供了最大的灵活性和经济性。减排潜力大的控排企业可以通过出售赋予的配额来获取技术创新的补贴，而潜力小的企业则可购买配额来完成减排义务。因此，碳交易也可以激励责任主体主动探索研发低碳技术以实现自身利益的最大化。

以上游燃料供应企业为管控对象的碳排放权交易体系，主要目的在于进一步推动清洁燃料、可替代燃料及相关基础设施的大力发展，可在一定程度上影响油价，从而影响相关汽车的使用成本，最终影响消费者购车选择。这种方式虽然可行性较高，但难以促使燃料供应企业减少碳排放。实际上，燃料供应企业可采用的减排方式有限，除了生产过程中减排，剩下唯一的手段就是改变燃料成分和类型，例如在汽油中混入乙醇等可再生燃料。因此，该机制带来的最大影响就是燃料价格的上涨。由于人们对于出行的非弹性需求，该机制可实现的减排效果十分有限。有研究估计，30 美元每吨 CO_2 的碳配额价格将带来 0.27 美元的油价上涨，从长期来看仅仅只能减少5%～7%的燃油消耗。

对针对交通运输企业的下游碳排放权交易体系来说，碳减排配额的合理性将会影响参与碳交易的运输企业发展以及整个交通运输行业碳交易的情况，因此，在确定行业碳减排总目标的前提下，根据交通运输行业的特殊性，本地城市的交通主管部门应主动配合发展改革委员会制定交通领域碳排放核算以及配额分配的方式和标准，提出科学合理的交通行业碳交易配额分配对策。当前，深圳公交的政策导向是限制公交碳排放总量，北京的导向是降低公交集团的排放强度，从不同的角度鼓励公交部门积极采用新能源汽车。针对使用端碳交易政策很好地传递了鼓励新能源车的导向，但难以应用到排放占比较高的私家车领域。更进一步，如果公共交通碳排放的成本通过提高票价来支付，还有可能使得部分乘客转向私家车出行，造成碳泄露（见表14）。

表14　道路交通碳排放权交易机制对比

机制	主体	初始配额原则	作用机理	优点	缺点
上游碳排放权交易	燃料供应企业	①基于企业历史排放免费分配；②免费分配与拍卖结合；③拍卖	燃料供应企业改变燃料成分，降低排放因子	①管理成本低；②碳排放覆盖广	减排效果不显著
中下游碳排放权交易	交通运输企业	①基于行业排放强度先进值（基准线法）；②基于历史排放总量；③根据车辆行驶里程进行调整	移动设施减少新增燃油车辆及其行驶里程，以降低总排放量	①管理成本低；②推动公共交通和新能源车发展	①碳排放覆盖不完全；②有可能造成碳泄漏
下游碳普惠机制	汽车使用者	—	将公众的低碳出行行为以积分的形式量化并予以经济奖励，从而鼓励消费者选择低碳的出行方式	①减排激励强；②减排效果显著	①管理成本高；②实施难度大

针对公众汽油车停驶和新能源车使用的碳普惠激励政策，能够倡导公众推动私家车减排，形成了较好的社会效应。但由于尚未形成完整的商业闭环，大部分碳普惠机制主要依靠政府的财政资金进行激励，奖励力度有限，未能真正影响消费者的消费决策，短期而言实际减排效果有限。

根据2016年1月发布的《国家发展改革委办公厅关于切实做好全国碳排放权交易市场启动重点工作的通知》，全国碳排放权交易市场第一阶段将涵盖石化、化工、建材、有色、造纸、电力、航空等重点排放行业（见表15）。2017年12月，《全国碳排放权交易市场建设方案（发电行业）》出台，发电行业将率先启动全国碳排放权交易体系，随后逐步扩大纳入的行业范围，成熟一个行业，纳入一个行业，逐步扩大市场覆盖范围。

表15　全国碳排放权交易覆盖行业及代码

行业	国民经济行业分类	企业子类 （按主营产品统计代码，11 个）
石化	2511 2614	原油加工（2501） 乙烯（2602010201）
化工	2619 2621	原油加工（2501） 乙烯（2602010201） 合成氨（260401） 电石（2601220101） 甲醇（2602090101）
建材	3011	水泥熟料（310101）
	3041	平板玻璃（311101）
有色	3216 3211	电解铝（3316039900） 铜冶炼（3311）
造纸	2211 2212 2221	纸浆制造（2201） 机制纸和纸板（2201、2202）
电力	4411	纯发电 热电联产
	4420	电网
航空	5611 5612 5631	航空旅客运输 航空货物运输 机场

　　结合全国碳市场拟纳入的行业范围，对汽车产业的利益相关方影响分析如下。

　　对汽车生产制造企业：汽车制造及其上下游产业链企业暂不会被纳入全国碳市场。电力行业纳入碳市场可能会导致电费的变化，但由于电力行业基本采取免费的配额分配方法，因此短期内，全国碳市场对汽车厂商不会造成影响。

　　对汽油生产行业：汽油生产企业未来会被纳入全国碳市场，但仅针对生产过程产生的碳排放进行控制，而不是针对汽油产品的碳排放。预计对汽油生产行业的配额方式也将首先以免费的形式发放，因此对企业的成本影响有限。

对个人消费者：全国碳市场针对二氧化碳排放源进行管理，目前仍未有计划涉及汽油消费的碳排放，因此对个人消费者短期不会造成重大影响。

（二）碳税机制在交通领域的实践

1. 碳税机制的概念与现状

碳税是指针对二氧化碳排放所征收的税，它是一种显性的碳定价形式，与二氧化碳排放水平直接挂钩的税，通常表示为每吨二氧化碳当量的价值。碳税以减少二氧化碳的排放为目的，发出的价格信号会逐渐引起整个经济体的市场反应，从而刺激排放国转向温室气体排放强度更低的生产方式，并最终减少排放。

碳税与燃油税、燃料税、成品油消费税等能源税有所区别，主要体现在征收的目的和依据上。在征收目的上，碳税的二氧化碳减排征收目的更为明确，而能源税的初期征收目的并不是二氧化碳减排；在计税依据上，碳税按照化石燃料的含碳量或碳排放量进行征收，而能源税一般是对能源的数量进行征收。

截至2019年12月，全球共有29个国家和地区实施碳税机制。芬兰、瑞典、挪威、丹麦四个北欧国家和荷兰是全球最早推出碳税的五个国家。

2. 针对交通领域的碳税实施

税收政策在促进交通领域低碳发展上被广泛应用，包括燃油税、车辆购置税、车牌年费等，这些税收政策皆旨在通过价格手段来刺激消费者购买和使用排放量更低、更节油的车辆。在这些税收政策中，基于二氧化碳排放量进行计算的税收即为交通领域的"碳税"。

在当前已实施碳税政策的地区中，有近半地区对交通行业进行了直接基于CO_2排放量的碳税征收，如表16所示。

表16　碳税实施地区交通领域纳入情况

序号	国家/地区	启动年份	是否影响交通行业
1	芬兰	1990	是
2	波兰	1990	是
3	挪威	1991	
4	瑞典	1991	是
5	丹麦	1992	
6	斯洛文尼亚	1996	是
7	爱沙尼亚	2000	
8	拉脱维亚	2004	是
9	瑞士	2008	
10	列支敦士登	2008	
11	加拿大不列颠哥伦比亚省	2008	是
12	冰岛	2010	
13	爱尔兰	2010	是
14	乌克兰	2011	
15	日本	2012	是
16	法国	2014	是
17	墨西哥	2014	
18	西班牙	2014	是
19	葡萄牙	2015	是
20	加拿大阿尔伯塔省	2017	
21	智利	2017	
22	哥伦比亚	2017	
23	阿根廷	2018	
24	新加坡	2019	是
25	加拿大纽芬兰和拉布拉多省	2019	
26	加拿大爱德华王子岛	2019	
27	南非	2019	
28	加拿大西北地区	2019	
29	加拿大新不伦瑞克省	2020	

注：纳入交通行业指直接基于 CO_2 排放量核算的碳税。

目前，世界上已实施的交通碳税可根据征收对象不同分为两类：一是针对燃料产品，根据燃料的碳含量比例进行征收的碳税，其征收对象覆盖了燃料供应链上游的生产商和供应商，有时也通过电费账单直接向消费者收取；二是针对车辆，根据汽车的二氧化碳排放量来征收的碳税，其征收的对象是购买车辆的消费者。

3. 针对燃料产品的碳税实施

针对燃料的碳税通过对燃料价格的影响，进而影响人类出行方式以及对汽车的使用和消费。由于不同燃料都有其固定的含碳量，其 CO_2 排放量与所燃烧的化石燃料之间有着严格的比例关系，且化石燃料的使用数量易于确定，因此针对燃料产品的碳税被广泛应用。欧洲是全球碳税征收的先锋，其中以芬兰、丹麦、瑞典、挪威四个北欧国家为代表，均将碳税作为一个单独的税种，对化石燃料进行征收。

北欧四国的碳税征收存在许多共性，也在征收范围、对象和税率方面有所区别。表 17 对其碳税征收的要素进行了梳理和对比。

表 17　北欧四国碳税的比较

类目	芬兰	丹麦	瑞典	挪威
开征时间	1990 年	1992 年	1991 年	1991 年
征收对象	化石燃料	汽油、天然气和生物燃料等所有排放二氧化碳的能源产品	所有燃料	液态燃油、原油、天然气
征收范围	交通和部分供热行业	家庭、工业、农业	家庭、工业、农业、交通等	家庭、陆上交通、航空、部分工业
税率	税率缓慢增长，企业与居民税率不同，不同产业之间税率相同	税率缓慢下跌，企业与居民税率相同，不同产业之间税率不同	税率保持相同，企业与居民税率相同，不同产业之间税率相同	不同行业税率差别大，企业与居民税率相同，不同产业之间税率不同

类目	芬兰	丹麦	瑞典	挪威
税收优惠	能源密集型企业几乎无税收豁免	工业企业最多可获得50%退税	能源密集型企业几乎无税收豁免	对高耗能企业免税收优惠
收入使用方式	补偿一般预算	减少劳动要素税负	减少劳动要素税负	减少劳动要素税负

芬兰、丹麦、瑞典和挪威同时都是 EU ETS 覆盖的国家，碳交易和碳税制度并行，碳税作为碳交易的有益补充，主要目的是减少未被碳交易机制覆盖的温室气体排放。

4. 针对车辆购置的碳税实施

针对车辆购置的碳税通过将车辆消费税、公务车辆使用税等税收制度全面与碳排放指标挂钩，引导消费者选购碳排放水平低的汽车。当前，英国、法国和德国均建立了基于碳排放指标的车辆购置和保有税收政策，如表18所示。

表18　三国针对车辆的碳税征收政策

国家	征收节点	内容
英国	购买	首次车辆注册税
	保有	按 CO_2 征收消费税，对替代燃料车（AFV）也按 CO_2 征收
法国	购买	按 CO_2 征收的奖罚税，对 AFV 也按 CO_2 征收
	保有	对高 CO_2 排放汽车的罚税
德国	保有	按 CO_2 征收的流转税

英国全面建立了碳排放指标的车辆购买和使用的税收政策。除了根据车型的二氧化碳排放强度征收首次注册税外，还对私家车的使用按碳排放强度分段征收年度二氧化碳税。目前该税对二氧化碳排放强度小于 101 g/km 的车辆免税，对排放强度大于 255 g/km 的车辆也没有进一步实施区别惩罚。

德国于近年将原来以发动机排量为基础的汽车税改革为部分基于二氧化碳排放强度，从而成为本文研究的国家中唯一一个对二氧化碳排放强度大于

120 g/km 的汽车征收连续线性二氧化碳税的国家。

法国的税收制度为"奖罚税"（feebate），即对低排量车买主给予奖励，对高排量车买主给予惩罚。在具体的奖惩基准点设置上，对购买二氧化碳排放强度小于 130 g/km 的汽车予以奖励，当购买汽车碳排放强度大于 160 g/km 时则予以惩罚。具体的奖惩率（税率）根据车辆碳排放强度的大小分为不同的等级，奖励税率在 200～1000 欧元不等，惩罚税率最低 200 欧元，最高则可达 2600 欧元。

针对车辆的碳税有效鼓励消费者购买、厂商生产节能低碳的汽车，促进交通领域的低碳转型。

5. 碳税实施对交通行业的影响与前景

1）影响分析

碳税可通过对燃料价格的影响，进而影响人类出行方式以及对汽车的使用和消费，推动绿色交通发展。第一，交通运输行业的碳排放量大，有较大的减排空间，征收碳税对节能减排有一定的促进作用。第二，由于征收碳税会提高运输成本，企业为保证利润就会加大科技投入，提高技术水平。同时，碳税还能拉动交通运输行业对于低碳燃料及相关产品的需求，刺激低碳技术发展。第三，征收碳税后，企业想保持竞争力就必须创新运营模式、提高运营效率，客观上符合节能减排、绿色低碳的环保理念，主动实现企业的绿色转型。第四，可以推动 LNG、风能、太阳能等清洁能源在交通运输行业的应用。第五，有助于形成下游产业促进上游产业、上游产业保驾下游产业的节能减排良性循环，发展绿色交通产业链。此外，已实施交通碳税地区的经验表明，碳税较容易实施和管理，因此有较低的执行成本。符森等对爱尔兰的交通碳税政策影响进行研究，结果显示爱尔兰的碳税政策实施不仅会明显减少二氧化碳排放量，同时还会使社会福利得到改善。[①]

然而，交通运输行业是能源消耗型行业，碳税的征收必然会在一定程度

---

① 符森、孙宇：《交通碳税对我国碳排放、社会福利及税收收入的影响分析——基于 TREMOVE 模型》，《重庆工商大学》（社会科学版）2015 年第 2 期。

上增加运营、管理等成本，压缩企业的利润空间。企业把增加的成本转移到运价上，将在一定程度上影响消费者需求，导致交通运输市场规模减小。除此以外，碳税的征收也会对交通运输行业的上下游产业产生影响。例如，对公路运输企业征收碳税，会减小运输市场，在一定程度上降低汽车制造业的产出和价格。不符合碳排放标准的企业为了缴税，必然将成本转嫁给货主，货主又转嫁给消费者，造成整个行业的消极连锁反应。

2）前景展望

中国现行的税收体系中已设置环境税税种，而且涉及碳排放的主要有资源税、消费税、车辆购置税、车船税等；并且在增值税和企业所得税、营业税等相关税种中，也有多项针对节能减排，促进资源综合利用的税收优惠政策。这些税种已经和正在影响碳排放，其不足之处在于征收范围较小。没有形成系统性和较强的导向性，而且在征税过程中还存在交叉重复的情况，在开征碳税时如果不充分考虑，会导致更严重的重复征税。另外，中国企业碳管理时间较短，全社会缺乏足够的专业人员进行碳排放的监测，管理成本很高。最后，社会公众对碳税的认知程度是影响碳税开征的重要因素。目前，社会公众对碳税开征的意义和作用还不是特别了解，而且对于碳税中涉及公民自身税收负担的情况也存在抵触的心理，这些都会加大开征和实施碳税政策的阻力。

与碳税机制相比，碳排放交易机制更加灵活，能够降低全社会减排成本，而且减排效果更加可控。因此，在短期内中国还是以碳交易为主，实施碳税的可能性较低。

（三）碳管理政策对中国交通行业的启示与借鉴

随着道路交通导致的温室气体排放不断上升，国际上尝试使用市场机制将碳排放价格内部转化至汽油价格中，促进使用者减少燃油汽车的使用，最终降低道路交通的碳排放。主要的政策有碳市场和碳税两种。

由于道路交通排放以点源为主，行政管理成本高，政府实施碳市场政策时一般选择企业作为管控对象。从类别而言，国外碳市场采用针对中游燃料供应商的方式，针对其销售的汽油设定排放总量；国内碳交易试点则延续固定排放源末端管控的思路，针对汽车末端碳排放开展管理，但出于管理成本的考虑，仅纳入公交、出租等集团公司。和国外碳交易机制相比，国内碳市场欠缺了对公众乘用车排放的管控，因此部分地区尝试使用碳普惠机制，对公众停驶燃油车或使用新能源车予以激励，这是中国碳交易制度的创新，值得进一步深化完善。

作为重要的经济政策，税收同样被部分国家和地区用于碳排放控制。碳税能够直接增加燃料价格，具有操作简单、可筹集资金、对公众影响效果显著的优点。但碳税同样存在缺陷，包括缺少总量控制导致效果不确定、提高汽油价格导致公众反对、和已有的税种重复等。因此，在制定碳税政策时，政府一方面要制定足以影响消费决策的高税收，另一方面要出于碳中性原则制定从其他方面降低社会负担的措施。若失去平衡，将引起较大的社会矛盾，例如2019年法国黄背心运动的导火索之一就是政府提高了燃油税。

和碳税相比，碳市场具有减排效果确定、企业应对措施灵活、全社会减排成本较低、政策阻力较小等优点，因此中国政府选择优先发展全国碳市场，对电力、工业等高排放行业的固定排放设施进行管控。对交通行业而言，一方面应继续加强市场政策的研究，待全国碳市场相对成熟后，推动将交通行业纳入全国碳市场，进一步通过价格信号引导减排；另一方面支持各地碳普惠创新，从不同渠道激励公众使用新能源车，凝聚全社会低碳出行的共识。

四　全球各国积极推动汽车电动化战略与实践

（一）美国

美国能源部（DOE）在2022年电动汽车发展蓝图中提出大幅降低电驱动与电池成本，从而降低美国家庭购买电动汽车的成本，同时，大幅提高动力电池模块能量密度和降低驱动系统成本，并提出将电动汽车的整备质量减轻30%[①]，如图20所示。此外，美国要求在充电基础设施、电网集成等方面进行配套升级，出台了一系列财税和非财税支持政策以鼓励电动汽车消费，同时，还要求增加电动公务车的购置比例。

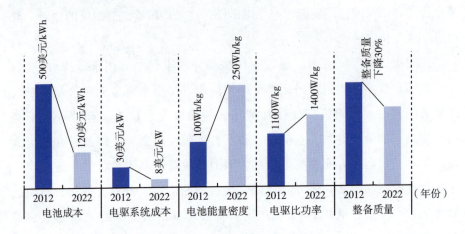

图20　2022年美国电动汽车发展蓝图

部分州和城市实施了大量电动汽车鼓励措施，包括加利福尼亚州（旧金山、洛杉矶、圣地亚哥）、佐治亚州（亚特兰大）、俄勒冈州（波特兰）和华盛顿州（西雅图），其电动汽车的销售额是美国平均水平的2～3倍。分析显示，消费者从鼓励措施中获得的货币化总收益与电动汽车销量明显呈正向关联。[②]

美国的经验显示，州级和城市级鼓励措施在降低电动汽车实际购买和使用成本方面起着重要的作用。城市是政府、汽车行业、电力公司和鼓励政策相结合的关键点。即使鼓励措施是从州级层面提供的，一些关键鼓励措施的收益，通常都会在城市层面体现出来。因此，即使是同一个州的城

①　Department of Energy of USA, "EV Everywhere: Grand Challenge Blueprint", https://www. energy. gov/sites/prod/files/2014/02/f8/eveverywhere_ blueprint. pdf.

②　Jin, L., Searle, S., & Lutsey, N., "Evaluation of State – Level U. S. Electric Vehicle Incentives", International Council on Clean Transportation, 2014.

市，电动汽车市场发展的进程也会有所差异。此外，适当的政策设计和城市发展战略相结合能更有效地促进电动汽车销售。例如，为电动汽车提供拼车专用车道使用权，会让希望避免严重交通拥堵的电动汽车车主获得更大收益。

（二）日本

2010 年 6 月，日本经济产业省发布《新一代汽车战略 2010》，提出到 2030 年日本新一代汽车（包括 HEV 和清洁柴油车）新车销量达到总销量的 50% ~70% 的目标（见表 19）。

表 19　日本新一代汽车战略目标

单位：%

车辆类型	2016 年业绩（新车销量占比）	2030 年占比
普通汽车	72.91	30 ~50
新一代汽车	27.09	50 ~70
HEV	22.75	30 ~40
BEV PHEV	0.31 0.35	20 ~30
FCV	0.01	3
清洁柴油车	3.65	5 ~10

资料来源：《新一代汽车战略 2010》。

日本政府在新一代汽车的推广普及上，主要集中于经济产业省推行的补贴政策和国土交通省推行的减税政策。补贴政策主要包括针对汽车本身的"清洁能源汽车导入补贴"、面向充电设施建设的"充电设施补贴"，以及面向加氢设施建设的"加氢设备补贴"，从促进新一代汽车的销售，到完善充电、加氢等基础设施的建设和普及，形成一套完整的市场组合措施，进而推动电动汽车的普及。日本各地方政府也分别推出了当地的购置支持政策。例如，东京都对 EV/PHEV 实施与普通车差额 1/4 的补贴。各县级以下地方政府也各自推出了符合当地情况的新一代汽车补贴政策。减税政策主要包括绿

色税制（汽车税的减免）和环保车减税（汽车购置税和汽车重量税的减免），减税范围也延伸到低油耗、小排量的传统燃油车。

2016 年 3 月，日本经济产业省发布"EV、PHEV 路线图"，提出到 2020 年累计推广 EV 和 PHEV 100 万辆，并提出充电基础设施建设方针，包括填补"空白地区"，修建公共充电桩/充电站，以及在约 40% 的公寓住宅安装私有充电桩。

（三）英国

英国政府在 2009 年设立了低排放汽车办公室，2013 年实施了《英国超低排放汽车发展战略》，提出到 2050 年，英国每一辆客车和货车都为超低排放车辆；并提出到 2020 年，电动汽车注册比例达到 5%[①]，确保到 2030 年，中央政府车队将完全由超低排放车辆构成。针对该战略，英国政府实施了四项措施：第一，通过一系列手段提高公众对超低排放车辆益处的认识，如充电奖励、推介活动等；第二，鼓励公共部门率先使用超低排放车辆；第三，政府参与投资建设充电桩、充电站等基础设施；第四，政府保证延续超低车辆购置税至 2020 年。

2018 年 7 月，英国交通部主导发布《零排放之路》方案[②]，明确提出到 2040 年停止传统燃油车的销售，并就具体方案目标和配套方案做了详细说明，包括扩大现有新能源汽车补贴、激励安装充电设施、提供 2.46 亿英镑支持电池研发、出资更换传统出租车。

（四）德国

德国联邦政府在 2009 年设立了一项推广新能源汽车的国家计划，提出到 2020 年德国新能源汽车保有量需达到 100 万辆，并争取在 2030 年达到

---

① 上海市新能源汽车公共数据采集与检测研究中心：《上海市新能源汽车产业大数据研究报告 2017》，上海交通大学出版社，2017。

② UK Department of Transport， "Road to Zero"，https：//assets. publishing. service. gov. uk/ government/uploads/system/uploads/attachment_ data/file/739460/road – to – zero. pdf.

500 万辆，最终在 2050 年左右实现城市交通基本无燃油车的目标。① 此外，德国政府还成立了"国家电动汽车平台"，通过"三步走"计划，完成国家电动汽车规划，如图 21 所示。

图 21　德国电动汽车"三步走"国家规划战略

（五）法国

法国政府在 2009 年确定了发展 EV 和 PHEV 的一系列计划，提出在 2020 年前生产 200 万辆清洁能源汽车。② 该计划囊括了研发、电池、充电设施建设等多个领域，具体包括：给予二氧化碳排放量小于 60g/km 的"超级环保车"每辆 5000 欧元的高额补贴；投入 15 亿欧元支持充电设施建设，预期到 2015 年充电站达到 100 万个，2020 年充电接口总量达到 400 万个；支持优势车企等大型企业建设电厂和制造电动车等。

（六）挪威

挪威是世界上人均汽车拥有量最多的国家，也是全球新能源汽车市场份额最高的国家，达 52%③，挪威政府计划在 2025 年前实现 100% 电动汽车销

---

① German Federal Government's National Electromobility Development Plan，http：//www. bmvi. de/ blaetterkatalog/catalogs/219118/pdf/complete. pdf.

② WardsAuto，"France Targets 2 mln Electric Cars in 2020"，http：//wardsauto. com/france - targets - 2 - mln - electric - cars - 2020.

③ Fred Lambert，"Electric Cars Reach New 52% Market Share Record in Norway thanks to Tesla's Record Deliveries"，https：//electrek. co/2018/01/03/electric - car - market - share - norway - tesla - record - deliveries/.

售占比①。除了直接的税费减免政策外，挪威政府还出台了一系列非财税激励政策，包括纯电动车主对大量公共基础设施的优先使用权益，例如免收过路费、免费使用公共充电设施、免费停车和免费使用公交专用道等。插电式混动车主只享有其中的一小部分权益，例如在公共停车场免费停车。

从上述分析可见，各国已经把发展新能源汽车作为应对能源短缺和环境危机的主要手段，并确定了比较清晰的发展战略与目标，但技术路线各有侧重，相对来说，日本和挪威的新能源汽车目标比较激进（见表20）。

表20　主要国家新能源汽车发展目标及技术路线对比

国家	2020 年	2025 年	2030 年	技术路线
中国	500 万辆	2000 万辆		BEV 为主要战略方向
美国	120 万辆	—	—	以 BEV、PHEV 为主
日本	—	—	新一代汽车销量占 50%～70%	新一代汽车（含 BEV、PHEV、FCV、HEV、清洁柴油车）
英国	注册量 5%	—	—	超低排放汽车
德国	100 万辆	—	500 万辆	BEV、PHEV（含增程式）
法国	200 万辆			清洁能源汽车
挪威	40 万辆	100% 零排放	—	不限定类型

注：如无特殊说明，表中提及的目标数量均为累计销量。

五　典型企业积极推动产业低碳发展布局

（一）能源环节减碳是重要抓手

各大企业从能源阶段实现减碳的方式主要有两种，一是提升基础能源利用效率；二是增加可再生能源的使用比例。

---

① Jesper Berggreen. , "Norway Ready for 100% EVs by 2025 — But Please Don't charge on Thursday Nights" . , https: //cleantechnica. com/2018/02/12/norway – ready – 100 – evs – 2025 – please – dont – charge – thursday – nights/.

提升能源效率方面，博世将在未来十年内投资 10 亿欧元用于提升工厂和建筑物的能源效率。多年来，博世一直大力推行环境管理实践，仅在 2018 年，该公司就开展了约 500 个节能项目，将能耗降低了近 1.5%。互联制造也已成为关键的效率驱动因素，博世已经在全球 30 多家工厂中部署了其专有的能源平台，基于云的软件解决方案，可以跟踪和控制每台机器的功耗，精准控制工厂运行的总体排放。

增加可再生能源利用比例方面，博世计划扩充集团自有的（例如印度纳希克和比达迪工厂内的）光伏系统，预计此举将使装机容量增加十倍。同时，博世计划与世界各地新建的风力及太阳能发电厂签署长期独家购电合同，在没有政府补贴的情况下，也可通过这些发电厂实现盈利运营。此外，亚马逊在全球的履行中心和分拣中心安装了 50 多个太阳能屋顶，这些屋顶可产生 98 兆瓦的可再生能源，每年可提供 13 万兆瓦时的清洁能源用于业务运行。

（二）促进生产和供应环节绿色化

从企业的生产过程入手，控制减少碳排放的路径主要有两方面：一是通过相关技术实现自身工厂的低碳生产；二是推动供应链中各环节的低碳化。

工厂低碳化生产方面，奔驰位于德国的 8 家工厂可以购买电力或运营自己的电厂，额外购买的电力将 100% 来自可再生资源，例如风能和水力发电，这大约相当于德国工厂所需电力的 3/4。工厂现有的高效燃气 CHP 系统已在工厂中另外产生了局部热量和电力，由此产生的二氧化碳排放量可通过合格的环境项目进行补偿。此外，德国辛德尔芬根的"Factory 56"工厂，生产车间使用可再生能源，屋顶上有一个光伏系统，可为车间提供自产的绿色电力。

推动供应链低碳化方面，奔驰计划与相关组织合作，评估供应链对环境的影响，计划与供应商一起研讨确定有效的二氧化碳减排措施，并将碳排放水平作为未来选择供应商的关键标准。沃尔沃提出控制来自全球供应链的二氧化碳排放量，目标是降低 25%。

（三）积极开展绿色产品的布局

对于整车企业而言，从产品环节减碳的方式主要有：一是制定电气化战略，推动产品技术路线转型；二是通过产品设计与技术提升，降低车辆自身排放水平。

推动产品电气化转型方面，沃尔沃等提出推行全面电气化战略来解决尾气排放问题，提出到 2025 年，公司全球纯电动车型年销量达到总销量的50%。丰田在 2015 年发布了"丰田环境挑战 2050"战略，从"节能"和"燃料多样化对策"角度出发，以 HEV 技术为核心，推动 FCV 等新一代汽车技术开发并加快普及速度，从而实现到 2050 年全球新车平均行驶过程中二氧化碳排放量将比 2010 年削减 90% 的战略目标。

提升车辆节能技术水平方面，沃尔沃公司计划于 2018～2025 年，将旗下每辆汽车全生命周期中的碳排放平均降低 40%。丰田致力于开发燃油经济性较以往提高 10% 以上（JC08 工况），且最大热效率达到世界顶级水平的高热效率、低油耗发动机；推动硅碳化合物（SiC）功率半导体的开发，力求将 HEV 的燃油经济性提高 10%，同时推动 HEV 和 PHEV 等控制电能的动力控制总成（PCU）的高性能化和小型化等。此外，从开发设计阶段开始，加大低碳材料的开发和利用力度、减少材料使用量、减少零部件数量等，削减生产材料过程中产生的二氧化碳。同时，其还致力于通过广泛使用再生生物材料、易拆解设计等提高资源利用效率，进一步充实环保设计。

B.8

政策篇——建立健全统筹兼顾、审慎包容的汽车产业低碳发展政策体系

石耀东　周　毅*

摘　要： 要实现中国 2060 年汽车产业碳中和目标，需要不断提高汽车产业节能减排力度，要加强顶层设计，总体谋划，既要从技术环节考虑，大力推动传统汽车节能技术创新，又要大力推动新能源汽车的商业化应用；既要从制造环节入手，大力发展全产业链绿色制造，又要从使用环境和应用侧入手，完善道路、能源等使用环境，减少汽车使用，走共享化发展道路。同时，需要持续优化汽车碳减排制度体系，形成有利于汽车产业节能减排的市场环境，加大财政金融相关政策扶持力度，构建面向低碳发展的创新体系，深化体制机制改革等。本文从以上多个角度给出汽车低碳发展的政策建议。

关键词： 碳中和　碳减排　新能源汽车　智能交通　共享出行

要实现中国 2060 年汽车产业碳中和目标，需要进一步提升汽车产业节能减排力度，而汽车产业低碳发展政策体系的形成与演进是一项复杂的系统工程，需要系统谋划、系统设计、系统集成、系统推进、系统评价和系统校

---

* 石耀东，国务院发展研究中心产业经济研究部副部长、研究员，主要研究方向为产业经济、能源与交通可持续发展；周毅，国务院发展研究中心产业经济研究部，主要研究方向为产业经济、宏观经济。

正。从近十年来全球汽车产业政策的演变趋势来看，汽车产业的低碳发展政策已经成为各国汽车产业政策的最核心内容。既要从产品环节考虑，如发展传统汽车节能减排技术、发展新能源汽车、发展智能驾驶技术、发展电池回收再利用技术，又要从制造环节入手，大力发展绿色制造和智能制造；既要考虑道路设施、综合交通、城市能源系统等外部应用环境，又要从应用侧入手，减少汽车使用和给予新能源车辆优先路权等，走共享化发展道路；既要从中央政府事权出发，不断优化车辆税、燃油税、碳税、资源税（如钴资源税）等中央税种，加大对车辆低碳技术研发的财税支持力度，推动组建低碳车辆产业联盟、技术联盟，打造政产学研用的联结纽带和先进共用技术的创新平台，也要从地方政府事权出发，完善车辆购置补贴、充电设施补贴、公共交通车辆应用、公务车辆政府采购等财政杠杆，以及合理的数量限制政策（如海南省率先公布于2030年禁售燃油车、京沪深等实行燃油车限购的特大城市将新增额度向新能源车倾斜）、交通管理政策（传统燃料车辆限行、新能源车专用车道）等。国家尤其应从全局战略的高度，借鉴国外推广纯电动车的经验，系统推进基于氢能经济的全产业链低碳政策，包括战略资源的自主可控、制氢储氢运氢加氢网络、燃料电池车辆、关键核心技术、供应链安全性等政策组合，运用好政策杠杆"四两拨千斤"的支点作用，构建面向智能低碳的道路交通系统、低碳城市能源系统、低碳共享出行系统和低碳汽车产业生态系统。

一 总体思路和主要原则

我们认为，未来一个时期，推动中国汽车产业节能减排的政策体系应遵循这样的总体思路。

——加强顶层设计和总体谋划，增强各项节能减排政策的关联性、系统性和协同性，特别要避免出现中央与地方之间、不同职能部门之间、不同地区之间、政府与企业之间的力量反向冲抵和相互干涉。

——坚持"一主两翼"战略思路及相关政策导向，"一主"是指市场参与者（包括政府部门、整车厂商、零部件厂商、服务厂商、研发机构、中介机构等）应全方位、宽领域和大力度地推进数字化技术、智能驾驶技术、共享出行技术、轻量化技术、绿色制造技术和资源再利用技术等先进技术研发与商业化应用；"两翼"是指传统燃料汽车节能减排技术的持续优化升级和新能源汽车的深度市场渗透，两个轮子协同驱动。随着新能源汽车技术逐渐成熟与市场竞争力不断增强，有条不紊地实现对传统燃料汽车的市场替代。

——在全产业链各环节协同发力，努力形成政府引导、市场主导和社会力量协同推进的产业发展机制，既要发挥好公共政策的导向牵引作用和平台支撑作用，也要利用好龙头企业的要素集聚和先行示范作用。

——从产业安全角度始终把握住产业发展的主导权，避免重蹈华为、中兴等中国企业遭受国外战略围堵的覆辙，特别是在平台软件、高端芯片、核心部件和关键装备等领域，要努力形成以国内循环为主、国内国际双循环相互促进的发展格局。

——最大限度地发挥市场机制优化资源配置的决定性作用。要改变多年来形成的只有依靠政府公共财政扶持才能发展的传统思维惯性，将发展主动权还给市场，由消费者进行最后的选择。政府的扶持一要适度，既不能大包大揽，也不要不痛不痒；二要适时，该进则进，该退则退；三要把握好政策工具箱里的工具选项，不要一味地使用财政补贴这个工具选项，要灵活搭配使用产品型式认证、合规许可准入、技术标准、财政补贴、金融、碳税、车辆税、资源税、碳交易等多元政策工具，并根据市场形势变化不断优化调整。

根据上述思路，我们建议国家在切实推进汽车产业节能减排工作上，要坚持以下原则。

一是经济利益和社会利益统筹兼顾。既要有经济性，也要保持高效、绿色，统筹考虑节能汽车排放标准设定与成本之间如何取舍问题，统筹考虑可再生能源利用与经济性问题等。

二是短长期结合，先易后难。合理设置节能减排步伐，防止企业在运营

中过早承受太多环境与减排压力，同时要激励企业不断创新研发低碳技术。

三是多种技术路线并存。单一技术路线并不能完全做到节能，需要多路径协同发展，如汽车、交通、能源多渠道并重，节能汽车、电动汽车、混合动力汽车、氢燃料电池汽车竞相发展等。

四是协同发展。既需要节能技术、法律法规、社会意识等各个维度协同推进，也需要工信、能源、环保、交通等各部门有效协同，统筹推进技术研发、标准制定、推广应用和基础设施建设，建立横向协同、纵向贯彻的协调推进机制。

五是各项扶持政策要有明确的落日条款（对政策有效期的规定）。保持政策的稳定性与连续性，既激励企业尽快提高竞争力，提高企业的危机意识，又稳定企业预期，减少盲目投资。

六是监管需做到审慎包容。针对汽车节能减排过程中可能出现的新事物新模式，需做到"包容性监管"，既不要管得过度，也不要放任自流，同时保障公平竞争的市场环境，让企业在无数次试错中找到通向成功的道路。

二　国内已有多地对汽车产业低碳发展进行了探索，可在全国推广试点

为了防治机动车和非道路移动机械排放污染，保护和改善大气环境，推进生态文明建设，促进经济社会可持续发展，全国各地都发布了政策大力促进汽车产业低碳发展。

（一）北京市汽车产业低碳发展政策

北京聚焦氮氧化物、挥发性有机物减排，以机动车、扬尘和生产生活源为重点，制定实施了2018～2020年的《北京市打赢蓝天保卫战三年行动计划》（以下简称《计划》），推进大气环境质量持续改善。其中措施之一就是要优化调整运输结构、推进移动源低排放化。排放标准方面，《计划》提到自2019年7月起，重型燃气车，以及公交和环卫行业重型柴油车实施国六（B）排放

标准；自 2020 年 1 月起，轻型汽油车和其余行业重型柴油车实施国六（B）排放标准。新能源汽车及基础设施方面，到 2020 年，新能源汽车保有量达 40 万辆左右，并形成平原地区平均服务半径小于 5 公里的充电网络，其中，城市核心区、城市副中心、"三城一区"、2022 年北京冬奥会和冬残奥会延庆赛区、北京新机场等重点区域实现充电设施平均服务半径小于 0.9 公里。①

另外，2019 年，北京市还调整了《北京市推广应用新能源汽车管理办法》的相关内容，为鼓励购买和使用新能源汽车，对纯电动汽车（纯电动公交车、纯电动环卫车、行政事业单位使用财政性资金购买的纯电动汽车除外）按照中央与地方 1∶0.5 比例安排市级财政补助。燃料电池汽车按照中央与地方 1∶0.5 比例安排市级财政补助。②

2020 年 1 月 17 日，北京市通过了《北京市机动车和非道路移动机械排放污染防治条例》，主要分为预防和控制、使用、检验和维护、区域协同等六章共 51 条内容。北京市将推广使用节能环保型、新能源机动车和非道路移动机械，采取措施逐步淘汰高排放机动车和非道路移动机械。北京市还将与天津市、河北省及周边地区形成区域协同，统一规划、统一标准、统一监测、统一防治，并共同建立京津冀机动车超标排放信息共享平台等。③

（二）海南省汽车产业低碳发展政策

海南省率先打响"第一枪"，2030 年将禁售燃油车。《海南省清洁能源汽车发展规划》中提到，2020 年度海南省新增和更换的公交车、巡游出租车、网约预约出租车 100% 使用清洁能源汽车，新增和更换公交车中新能源汽车的比例不低于 90%；新增和更换的分时租赁汽车 100% 使用新能源汽车；新增和更换的旅游客车、班线客车使用清洁能源汽车的比例不低于

---

① 《北京市人民政府关于印发〈北京市打赢蓝天保卫战三年行动计划〉的通知》，http：//www.beijing.gov.cn/zhengce/zhengcefagui/201905/t20190522_61552.html。
② 《关于调整〈北京市推广应用新能源汽车管理办法〉相关内容的通知》，http：//www.beijing.gov.cn/zhengce/zhengcefagui/201906/t20190626_99356.html。
③ 《北京市机动车和非道路移动机械排放污染防治条例》，http：//www.beijing.gov.cn/zhengce/dxfxfg/202003/t20200309_1682682.html。

20%。海南省交通运输厅要求全市县相关主管部门共同确保 2020 年底前完成巡游出租车全面实现能源清洁化（除特殊用途车辆外）的目标任务。同时，研究制定新能源汽车分时租赁行业发展相关政策，推动分时租赁行业健康有序发展。2020 年，海南省将继续完善充换电设施建设，加快推进高速公路（服务区）充换电设施修建，完成年度新增 6 个以上具备电动汽车充电条件服务区的目标任务。推动在城市综合客运枢纽、公交枢纽、出租汽车运营站、城乡公交停车场、保养场、维修厂等场地配套建设充换电设施。①

另外，海南省政府还于 2020 年 5 月印发了《海南省促进汽车消费临时性措施》，指出为鼓励新能源汽车消费，截至 2020 年 12 月 31 日，对购买新能源车的消费者综合奖励人民币 1 万元。为优化并完善汽车消费环境，制定新能源汽车售后服务规范，加强售后服务网点建设，提升售后服务水平。加强汽车销售监管，建立销售汽车、配件及其他相关产品的价格和各项服务收费明示制度。规范二手车交易，支持企业探索开展二手车出口业务。鼓励行业协会、企业开展促销活动，带动汽车及相关产品消费。②

（三）天津市汽车产业低碳发展政策

2020 年 5 月，天津市工业和信息化局发布了《关于印发天津市 2020 年新能源汽车推广应用工作要点的通知》，旨在持续推动天津市新能源汽车安全有序应用，加快构建全市新能源汽车产业良好业态。政策主要集中在四个方面。③

一是积极推进产业发展。推动新能源汽车三电系统及整车关键技术创新，推动"天津市锂离子电池技术创新中心"建设，积极推动智能网联技术与新能源汽车深层次融合。继续推动重大项目进展，积极推动一汽丰田新能源汽车项目加快建设，鼓励一汽丰田奕泽 E 进擎、一汽 - 大众探岳 GTE

---

① 《海南省清洁能源汽车发展规划》，http：//www. hainan. gov. cn/hainan/xnyzcwj/201907/cb9368c30a0f42e7a4cae7dad6651a09. shtml。
② 《海南省促进汽车消费临时性措施及解读》，http：//dofcom. hainan. gov. cn/dofcom/zwdt/202004/fbb222263fce41c2b65412b7cec6b770. shtml。
③ 《关于印发天津市 2020 年新能源汽车推广应用工作要点的通知》，http：//gyxxh. tj. gov. cn/tzgg/72677. htm。

等车型的投产。

二是加快重点领域的推广应用。通知要求加快新能源公交车的购置工作，完成 700 辆新能源公交车的购置，加快推动上年购置的 1800 辆公交车投入运营，年底前城区公交车全部更换为新能源汽车。同时加快新能源出租车推广应用，到年底前新增和更新新能源或清洁能源出租车占比超过 80%。此外，通知还要求加快通勤领域、环卫车辆、邮政物流车辆提高新能源车型使用率。

三是优化完善政策体系。通知指出，积极组织本地新能源汽车生产企业开展国家补助申领工作，加快补助资金发放进度。要继续实施新能源汽车免限购、不受机动车尾号限行等政策，探索研究新能源汽车通行费用优惠、专用停车位等便利性政策。

四是加快充电基础设施建设。继续推进全市各类公共充电桩的建设，全市新增各类公共充电桩 4000 台。要加快公交车充电场站建设，力争在年底前完成 1800 辆新能源公交车配套的充电设施建设。

综观国内外汽车低碳化进程，其都离不开政策法规支持、基础设施平台搭建、原创技术支持、税收优惠政策的保障。但是中国在基础设施平台搭建和原创技术支持方面还存在一定欠缺。推动汽车低碳发展，应该更多地从攻克"卡脖子"技术和建设适应汽车低碳化的新型基础设施角度出发，推进中国汽车节能减排与低碳化进程。2020 年政府工作报告中提出重点支持新型基础设施建设，如将大数据、云计算、区块链、人工智能等前沿技术和"新基建"服务融入智慧交通建设治理中，实现汽车产业的智能低碳化也是需要重视的问题；在新能源产业生态方面，利用人工智能、区块链等科技降本提效，在全国更大范围内建设新能源基站，提升新能源产业上下游各主体之间的"全流域"生态协同效能，这些都会对汽车产业低碳发展产生很强的促进作用。

三　推动汽车产业低碳发展的重点路径

（一）提升传统汽车节能技术

大力发展节能汽车，提升传统汽车节能技术，通过产品设计与技术水平

提升，降低汽车排放水平。目前，企业在节能技术基础研究中投入不够，要继续坚持加大在发动机节能、低风阻材料等方面的投入。

健全鼓励支持基础研究、原始创新的体制机制。加大基础研究投入，在轻量化材料、节能发动机等领域，加强基础物理化学研究，如与全球物理化学家加强合作，定期赞助全球学术会议等，以此来加强基础研究，进而带动技术创新和产品质量提升。完善激励和保护创新的制度环境，强化知识产权保护力度，深入实施国家知识产权战略，提高维权效率和侵权成本。

稳妥推进国家能耗和排放新标准新要求，鼓励引导整车企业加大节能技术研发力度，加快 48V 系统、混合动力技术、停缸技术、CVVL、三缸发动机、多档位 AT&CVT 技术等的推广应用。兼顾轻量化和操控性，修订完善材料节能技术标准，在保障质量和性能的前提下，在汽车轻量化材料研发、精密数字化成型技术、车辆低风阻技术、低磨损传动装置等方面提高技术水平，探索研究碳纤维复合材料、高性能陶瓷材料在零配件、动力系统中的运用。

鼓励支持汽车企业与大学、科研院所联合攻关，强化技术创新。积极发展先进发动机技术，通过优化缸内直喷、发动机高效小型化、发动机先进热管理技术和电控策略，持续升级优化动力总成，提高燃油效率，降低油耗。对研发成本高昂但节能效果较好的商用车领域，可在科研立项中适当加大对该领域的支持力度，重点对商用车混合动力系统、商用车发动机热管理等进行研发，以在未来逐步向大中型商用车推广。

持续完善双积分政策，针对整车企业对节能汽车投入不足问题，通过积分政策调控，倒逼企业对节能汽车产业加大投入。大力发展混合动力汽车，加快混合动力技术研发，努力追赶日本、美国技术步伐。

积极培育节能汽车市场，在全社会营造汽车小型化消费的氛围。中国汽车消费市场上大型汽车消费较多，不利于低碳减排，需在全社会鼓励汽车小型化，用好车辆购置税等政策手段鼓励其发展。

加强人才队伍建设。完善科技人才和熟练工人的发现、培养、激励机制。技术的差距实质上是人才的差距。要提升节能技术，除了设备和工艺技术外，人才的作用也至关重要，需要三者的有机统一。要弘扬科学精神和工匠精神。培育重视技术的环境和精神，鼓励企业多种形式留住老员工，激励员工专心从事岗位工作，专注技术提升，不断积累和改进。也要建立高端设计制造人才的培养机制。目前，中国在汽车产业链上仍然被牢牢锁定在价值链中低端，急需汽车设计制造的资深工程师等高端人才。国家、企业、高校科研院所要探索形成产学研联合培养高端资深汽车工程师和专业技术人才的长效机制。

（二）支持电动汽车产业发展

发展电动汽车产业，是中国由汽车大国迈向汽车强国的必由之路。从短期来看，中国电动汽车产业正处于快速上升期，需降低成本，在关键的三电领域取得技术突破，促进提高电动汽车的市场渗透率，扩大产销规模，在开放竞争中降本增效；从中长期来看，不断提高产品质量，并和智能网联紧密结合，逐步替代传统燃油汽车，成为未来出行领域的主要趋势。要实现汽车产品环节碳减排，必须大力支持发展新能源汽车。为支持电动汽车发展，需以市场主导、创新驱动、协调推进、开放发展为基本原则，加强顶层设计，综合运用财税、非财税政策措施促进电动汽车的技术研发、流通、使用、保养维修等。

建立覆盖电动汽车研发、制造和售后服务等全产业链上下游环节的行业组织，注重电动汽车生态体系建设，应以行业主导企业为主，加强标准对接与数据共享，推动产业融合发展，促进电动汽车与车联网、智慧能源、无人驾驶、智能交通、共享出行等全面深度融合，构建产业协同发展新格局。

加强对电动汽车短板技术进行攻关，针对高强度高安全长寿命的动力电池系统、全固态动力技术、高效高密度电动电机系统、新一代车用电机驱动系统解决方案等，建议在国家研发计划中予以适度倾斜。加快构建社会主义市场经济条件下关键核心技术攻关新型举国体制，健全符合科研规律的科技管理体制和政策体系，把集中力量办大事的制度优势、超大规模的市场优势同发挥市场在资源配置中的决定性作用结合起来，以企业为主体、市场为导

向，产学研深度融合，支持整车企业和上下游各类主体融通创新，支持企业跨界协同，联合攻关基础交叉关键技术，提升创新能力。

通过实施有效的财税政策，鼓励引导企业加大研发投入，在企业所得税方面可适当提高研发费用税前加计扣除比例，对从国外进口的急需研究设备可给予增值税优惠。加强其他非财税政策对电动汽车的激励作用，在电动汽车路权优惠、基础设施完善等方面加大力度。鼓励民间资本进入充换电基础设施建设领域，进一步优化电动汽车的使用环境。

加快重点领域的电动汽车发展。在政府采购招标车辆领域，将自主创新纳入评分指标，进一步加大电动汽车的采购比例，将政府采购作为电动汽车销售渠道之一，尤其是在公共交通领域提高电动汽车比重，增强电动汽车示范效应。在商用车领域，加快电动货运物流汽车、城市垃圾运输车辆的推广使用。

加快对电动汽车整车、动力电池及零部件的模块化、通用化、标准化探索，政府和行业协会牵头组织建设开放共享的电动汽车平台，对标准体系、连接通信协议、兼容测试等进行统一指导，做好电动汽车流通节能工作，研究制定标准化零部件标准，发展壮大二手电动汽车流通市场。培育换电产业发展。鼓励汽车电池回收产业发展，鉴于中国第一批电动汽车已开始接近报废时间，研究出台报废电动汽车回收管理办法，在废旧电池回收、电动汽车整车拆解等领域出台标准和细化规定。

有效发挥行业机构的作用。行业机构是行业形象和企业诉求的代言人，更了解企业需求，也更符合国际规则，可依托行业机构统筹推进资源共享、科技中介、成果转化等各类创新服务，提高技术转移、信息服务、人才培训、项目融资、国际交流等公共服务支撑能力。深化对外开放合作，以开放促发展促创新，培育新能源汽车产业国际合作和竞争新优势，深入融入全球产业体系，鼓励企业快速融入全球产业链和价值链，鼓励企业参与全球产业链分工，利用技术外溢效应提高技术创新能力。平衡好国产化与全球化的关系，利用中国强大的市场优势，通过技术外溢等学习吸收国外先进的上游产业核心技术。对于国外单项冠军零部件小企业，鼓励加强合作，利用其技术和人才优势，实现共赢。

专栏一

美国汽车产业低碳发展的经验借鉴

在发展的初期，大空间、高排量汽车受到更多民众的欢迎。但是随着汽车保有量的增加，20 世纪 60 年代，大量尾气排放相继引发了雾霾和光化学烟雾等严重空气污染问题。20 世纪 70 年代发生的全球石油危机，让美国开始重视开发低碳节能汽车，1976 年美国更是颁布了《电动汽车和混合动力汽车的研究开发与样车试用法令》，汽车产业开始逐步朝着低能耗和低污染的方向转型。总体来讲，美国很多政策措施值得研究和借鉴。

（1）通过立法提供基础保障

一系列涉及低碳发展的法律法规体系保障美国汽车产业低碳运行，表1 展示了美国在汽车低碳化进程中部分重要的立法条款。

表1　美国汽车产业低碳化主要立法条例

年份	法律	主要条款
1990	《空气清洁法案》	减少汽车尾气排放
1992	《美国国家能源政策法案》	使用非石油燃料替代石油燃料
2005	《美国国家能源政策法案》	鼓励使用可再生能源
2007	《2007 年能源促进和投资法案》	促进清洁能源技术研发
2007	《2007 年可再生燃料、消费者保护和能源效率法案》	减少温室气体排放
2009	《清洁能源和安全法》	减少温室气体排放

为了配合法律的实施，美国联邦政府和各州政府也出台了一系列标准、法规。完善的法律法规标准系统，为美国汽车产业低碳发展提供了坚实的后盾保障，使得汽车低碳化进程有法可依。

（2）支持低碳化技术研发提供原动力

汽车产业的低碳化进程离不开技术的进步，技术的进步为低碳发展提供

了原动力。政府在低碳能源、电池等技术研发方面提供了大力支持，美国自20世纪90年代就开始对汽车企业在新能源整车和零部件生产研发方面提供支持，如对EV电池利用研究、氢燃料研究和发展、代用燃料研发和示范、公共汽车使用氢燃料、绿色校车示范等项目进行支持。

（3）消费推广促进汽车低碳发展

除了法律保障、技术支持和平台构建，美国政府还十分注重对新能源汽车的消费推广。由于美国人长久以来钟爱大马力、高油耗车辆的消费习惯，美国政府为了推进汽车低碳化做出很多努力。除了宣传节能环保，提高民众的环保意识之外，还设置了很多政策以鼓励民众购买新能源汽车，在消费端和使用端采取大量税收优惠政策，刺激新能源汽车的消费，以推进汽车产业低碳发展。表2列出了部分政策条款。

表2 美国政府新能源汽车消费推广部分政策

年份	事件	影响
2002	《能源政策法》条例规定	纯电动汽车的消费者可减税3500美元
2009	帮助消费者回收利用	鼓励美国居民将大排量的旧车换购为节能环保的清洁能源汽车
2009	政府大批量采购新能源汽车	政府先行，带动示范
2011	"环保车补贴项目"和NEV积分政策	大幅降低了购买新能源汽车的联邦税和地方税
2011	美国电动充电器减税优惠政策	私家车库安装电动汽车充电器将可获得最高1000美元的税收抵免

（三）支持燃料电池产业发展

积极探索氢能、生物燃料汽车的发展。与电动汽车相比，燃料电池汽车是汽车低碳化的另一个重要方向，尚属于新鲜事物，产业组织需合理调整和改善，既要防垄断，又要防止无序竞争，加强区域产业布局规划的协调，防止低水平重复布局和地方一哄而上现象，鼓励适度合并、规模化发展，提高竞争能力。2020年初，氢能产业发展首次被写入《政府工作报告》，此外氢燃料汽车被写进《国家创新驱动发展战略纲要》《中国制造2025》《汽车产业中长期发展规划》等重要战略纲要中。这都表明国家正有计划地推动加氢站等基础设施建设，鼓励氢燃料电池汽车的发展。

氢能在中国的利用程度还不高，发展也较为缓慢。综观美国、日本等在氢能领域走在世界前列的国家，其在很早就已经将氢能的利用上升到国家能源战略高度，目前来看，中国也有望在氢燃料领域加大推广和普及力度，将其作为能源与动力电池的有效补充，推动能源产业向更环保、更安全的目标推进。

要推进氢能产业链的低碳发展，首先要推动氢燃料电池及关键零部件产业化，推动整车生产企业开展氢燃料电池汽车的样车开发和批量生产。应当在各省市建立具有产业基础和推广积极性高的重点区域，建设氢能推广应用试点示范区，重点在交通领域推广应用氢燃料电池物流车、叉车等，并配套建设商业加氢站，保障气源安全稳定供应。同时，试点选择公交线路推广氢燃料公交车。各区也将推动加氢站建设，鼓励加氢站与加油（气）站、充电站合建，推动资源集约利用。政府应该作为氢能燃料使用的先行者，发挥党政机关和国有企事业单位示范引领作用，更新购置公务用车时优先选用氢燃料电池车辆，带头使用并逐步扩大氢燃料电池车辆配备比例；规划临时性氢燃料电池汽车示范运营公交专线。另外，推动小规模氢燃料电池乘用车示范运营，试点引进乘用车开展示范运行；搭建车队运营管理平台和数据采集平台，逐步推广开展规模化应用。除了氢能的使用，还应该在产业链其他部分设置配套设施，如支持氢气制取、存储、运输环节的配套设施研发企业发展。

专栏二

日本汽车产业低碳发展的经验借鉴

日本从战略角度、技术角度、政策优惠角度等多方面对于汽车产业低碳发展进行大力支持。

第一，战略上的高度重视。日本最早关注汽车低碳化是在 20 世纪 70 年代。两次石油危机，使高速增长期建立起来的、以重化工业为主的日本经济遭受重大损失。1974 年，日本推出了"新能源技术开发计划"，旨在开发本土能源，减少石油的进口依赖。之后的数十年，日本又陆续颁布多项战略计划以推进汽车低碳化进程。表 1 列出了日本部分促进汽车低碳化的重要战略计划。可以说，正是政府从宏观角度的高度重视才使得日本能够走在汽车产业低碳化的前列。

表1　日本推进汽车低碳化的部分计划与法规

年份	事件	主要内容
1974	"新能源技术开发计划"	大力开发本土能源,减少对进口石油的依赖
1979	《节约能源法》	确立汽车制造业等技术密集型产业的主体地位
1997	《京都议定书》	限制发达国家温室气体排放量以抑制全球变暖
2006	"新国家能源战略"	计划未来 20 年的能源效率目标与石油依赖度目标
2007	"新一代汽车及燃料计划"	计划实现新一代电池、清洁柴油、氢燃料电池、生物燃料等技术
2008	"创建低碳社会的行动计划"	提出"新一代汽车"的推广目的、车型范围、推广目标及政策措施
2014	"汽车产业战略(2014)"	对氢能的价格、基础设施以及对公共充电设施建设进行部署
2018	面向 2050 年 xEV 战略	提出了新概念电动汽车,强化了对汽车"电动化"的支持

第二，在技术上推进汽车能源的多元化，特别是氢能的发展。由于国家整体资源的匮乏，日本除了高度重视能源节约之外，还一直努力探索代替化石燃料的途径，表现在汽车领域就是，既紧抓汽车节能，又鼓励车用能源多元化。其中大力发展氢燃料电池汽车就是典型代表。日本最早开始关注氢能的利用是在 2006 年。但是后续的几年内，政府并没有给予高度重

视，只是部分协会开展了一些向普通用户推广氢车的计划。直到 2011 年福岛核事故之后，日本放弃了对原子能的期待而更加重视氢能源。2013 年以来，日本推行了多项大力发展氢能的政策措施。

表2　日本推进氢能发展的法规条例

年份	事件	相关内容
2006	"新能源的国家战略"	初次提到氢能源的相关战略规划
2013	《日本再复兴战略》	把发展氢能源提升为国策，并启动加氢站建设的前期工作
2014	《第四次能源基本计划》	将氢能源定位为与电力和热能并列的核心二次能源，明确建设"氢能社会"总体思路
2015	修订《日本再复兴战略》	提出通过氢能发电站的商业运作来增加氢能流通量并降低价格
2017	《氢能基本战略》	从氢能供应、氢能利用等方面提出了具体发展目标，计划 2050 年燃料电池汽车全面普及
2019	《氢能及燃料电池战略路线图》	推动氢能及燃料电池汽车产业发展，为实现路线图中每个领域设定的目标

（四）通过数字科技和智能化节能

智慧城市、智能网联等的发展产生了大量交通数据，从而实现对交通流量、车辆信息的统筹运算仿真，可优化交通运行状况，节省资源，达到碳减排目的。

当前在汽车智能化技术领域，中国的发展速度处于世界第一梯队，如在外界环境感知、智能决策、自动控制、高精度地图与定位、信息交互等方面具有技术优势，可加大对该领域的支持力度，抓住机遇培养一批领先全球的企业。当然，在芯片、算法、制造工艺等领域也有一些短板，需加大基础研究投入，尤其是支持企业加大对基础传感器集成芯片、车载视觉系统、毫米

波雷达、激光雷达等领域的研发强度。在政府监管领域，对待自动驾驶等新鲜事物和模式，需坚持包容性监管和审慎监管态度，既不要管得过度，也不要放任自流。

积极发展智慧交通，全面引入大数据、互联网、云计算、5G 和人工智能技术，推动数据资源赋能交通发展，构建智慧交通管理和运行体系，集成车辆大数据研判、交通流量预警、"互联网＋交通信号管理"等功能，有效推进碳减排。

加快建立智能网联汽车部门间有效协同机制，在法律法规、技术标准等领域统筹考虑。完善《测绘法》《中华人民共和国产品质量法》《中华人民共和国道路交通安全法》等影响智能网联汽车商业化应用的相关法律环境。加强汽车、通信、电子信息、交通等多领域的协同，在车载感知、车载终端、测试评价等核心技术标准方面争取更多国际话语权。

（五）积极发展绿色制造和智能制造

要在生产环节实现碳减排，必须积极发展绿色制造。绿色制造是将碳减排融入产品全生命周期进行考虑，包括汽车绿色设计、绿色生产、绿色物流等，采用新技术、新设备、新材料，减少制造过程的能源消耗。绿色制造是一种考虑了环境影响和资源消耗的新制造模式，是制造业高质量发展的重要目标之一，符合当前经济社会发展趋势。

必须鼓励支持绿色制造研发中心的发展。绿色制造要兼顾环保、节能减排、质量和技术等，各环节都要有研发设计。需做出科学评估，对能源消耗做出评价，才可基于能源资源消耗做出相应的计算机辅助工艺设计。然后进行生命周期绿色评价，采用绿色先进工艺和可持续生产模式，就碳减排做出设计，并采用仿真设计提升绿色化性能，提出解决方案。

财政支持绿色制造研究，对相关领域加大研发投入。在制造环节，支持建立制造过程模型，重点对数控化改造进行研究。鼓励加强对绿色制造共性技术研究，比如在资源流模型、决策理论、决策支持技术、资源消耗特性、绿色公益规划等领域开展研究。支持开发应用软件，并鼓励将其应用在减量化、再利用、再制造、再循环等多场景中。重视人才培养。绿色制造涉及设计研发、制造、管理、环保等全流程，需要掌握多学科、多种专业知识，需要加强对复合型人才的培养。

完善绿色制造标准体系。以标准制定为切入点，继续推进汽车行业绿色制造相关标准的研制工作，加快实施国六排放标准，淘汰不符合时代要求的低端排放标准。同时，通过评价、评测、推广等手段推动汽车绿色产业链的形成；另外，以现有的工作模式和工作内容为核心，进一步固化绿色制造标准的渠道和流程，加强成功案例的宣传和推广，为其他企业提供更具时效的标准化服务，助力汽车企业高质量发展。

支持企业开展重点循环制造和绿色供应链实践。在保证安全性和稳定性的前提下，鼓励企业开展汽车零部件再制造，加强对汽车发动机缸盖、缸体、连杆、曲轴等的循环制造，加强逆向物流和绿色供应链管理。对于标准件，增强互换性，通过简化再造工艺，在零部件拆解回收、机械再加工技术、可持续制造、生产物流再回收利用方面重点应用，完善绿色供应链。

支持整车企业进行绿色化智能车间改造，提升汽车绿色低碳化制造技术。支持发展汽车数字化智能工厂，通过流程数字化，将运营技术、信息技术和数据库有效整合，利用实时数据，将整车制造经营连接起来，借助 AI 算法、大数据、工业互联网等技术进行智能化制造，并广泛应用在组装、喷涂、焊接、检测等多种场景中，以切实降低碳排放水平。鼓励企业普及工业工程和精益化管理思维降低碳排放，如通过计算机器人喷涂焊接的最佳路径、智能化零部件分拣等提高生产效率，降低碳排放。

（六）优化交通系统助力节能减排

加快构建安全便捷、绿色高效的综合交通运输体系，完善城市公共交通。

一是要依据国家发展规划，合理规划综合交通体系建设。大力发展公共交通，努力提高交通运行效率。统筹铁路、公路、水运、民航和邮政等基础设施建设。推动全国大通道大枢纽建设，加快构建便捷顺畅的城市群交通网，提高多式联运水平。推动干线铁路、城际铁路、城市轨道交通发展，推

动城市群快速公路发展，增强区域间连接通达性，打通道路微循环。提升以高铁、民航为主的客运服务质量，当前中国民航机场数量偏少，仅238个，相对不足，要完善航空网络，逐步加密机场网络，努力实现干线支线航空有效衔接，提高空运服务水平。完善管道建设，目前中国有12.2万公里的管道里程，其中输油管道里程5.5万公里，输气管道里程6.7万公里，与庞大的油气消费供给调动相比，需继续加快建设。

二是要实现交通服务快速化、便捷化。优化城市道路规划和市政布局，构建以公共交通为主体的城市交通规划体系，优化城市交通公共服务。提高城市轨道交通利用水平，加快轨道交通及快速公交专用车道建设，在城市群、城市间有效探索客运新模式，提升公共交通服务质量。

另外，城市公交系统和城市物流配送以新能源汽车为主，可推动公路货运实现碳减排。鼓励优先发展公共交通，合理引导私人机动车出行，鼓励绿色公共交通出行，加强城市道路规划和提高交通拥堵治理水平。

（七）坚持绿色多样化能源发展道路

汽车低碳发展，离不开能源绿色低碳发展，即新能源汽车和新能源需要统筹发展，能源低碳发展与汽车节能有效对接，能源低碳化要围绕电力、氢能、生物燃料等进行。能源低碳化是一项系统性工程，需要进一步综合施策，多方共同推进。要在能源消费和生产结构上向非化石能源转变，需积极推动能源生产和消费革命，积极研发低碳化各项技术并加快推广应用。

当前中国是世界第一大能源消费国，2019年中国一次能源消费总量占全球消费的24%。2019年，中国的一次能源消费结构是石油占19.7%，天然气占7.8%，煤炭占57.6%，核能占2.2%，水能占8%，非可再生能源占4.7%，传统能源是中国能源消费的绝对主体，虽然煤炭占比近年来有所下降，但仍然是绝对主力。从发电结构来看，2019年，中国发电总量为7.5万亿度，居世界第一，其中，煤电占比为64.7%，占比近2/3，油电占比为0.1%，天然气发电占比为3.2%，核电占比为4.6%，水电占比为16.9%，非水可再生能源发电占比为9.8%，其他占比为0.8%。可以看出，中国一次能源和二次能源消费，均高度依赖煤炭，在未来需逐步压缩煤炭消费，向低碳能源转型。

要支持风电、光伏等新能源产业发展。中国在风电、光伏领域存在后发优势，近年来生产能力处于世界领先水平。从装机容量来看，中国太阳能累计装机容量在 2043 亿瓦，美国仅为 622 亿瓦。风能累计装机容量方面，中国为 2100 亿瓦，美国仅为 1036 亿瓦。要转换能源生产消费结构，由化石能源更多地转向非化石能源。一是鼓励研发，降低新能源发电成本，对非化石能源给予必要补贴。二是适时推出碳定价政策，提高化石能源消费价格，鼓励更多地转向非化石能源。三是在重点用能产业领域推动电能替代。中国电能需求占终端能源需求的 1/4 左右，而电能又是可再生能源的主要实现方式，可以电能替代为突破口，加快新能源汽车产业发展，探索钢铁、水泥、运输等重工业领域电能替代路径。

要积极发展以能源互联网为载体的智慧电网，全面综合解决能耗效率低、能源利用结构不合理问题。汽车与新能源有效结合，关键在于推动智慧电网和分布式新能源发展。一是通过风电和光电大数据全生命周期管理、源荷储网互动、分布式和微网技术有效补充等手段，减少弃风弃光概率，实现就近消纳；二是通过对用户的大数据分析、能源综合管理、智慧家居建设等，有效提高能源利用效率。电能富裕时，能源互联网使得抽水蓄能、电动汽车储存多余电力、智能电器及时响应并消费多余电力等环节互联互通成为可能；当电力不足时，这些储能设施和智能用电器可作为虚拟电站，余电上网，通过释放电力及减少智能电器用电量来应对电力紧张局面，进而提高能源利用效率。

低碳化是大势所趋，需结合国际发展经验，积极探索低碳的路径和潜力，在经济允许区间内，根据所处发展阶段坚定不移推动低碳化。

（八）倡导共享绿色出行方式

汽车领域要实现碳减排，减少汽车使用频次和提高汽车使用效率也是一个比较重要的方法，共享出行方式是一个不错的选择。它连接着未来汽车、

交通、能源、城市社会的发展，是汽车科技公司重点布局的领域。共享出行在电动汽车、自行车、自动驾驶、客车等领域已经取得了不错的发展，将大幅提高汽车使用率，减少车辆碳排放。需倡导共享出行方式，完善相关法律法规，推动智能共享汽车发展。

一是要培育共享出行市场，引导市场需求。共享出行是一种新经济模式和业态，共享出行平台构建的生态系统更加复杂，政府、平台企业、司机、消费者等利益相关群体之间的互动也更加复杂，在转型发展初期，要积极培养共享出行市场，尤其是发挥好共享出行的需求拉动作用。首先从宣传鼓励等方面入手，建立起基于消费者保护和安全的信任环境，加强共享出行的宣传普及。营造社会氛围，鼓励绿色出行、共享出行。加强对碳减排的宣传教育，增强对气候变化的紧迫感，提高资源能源节约意识，减少私人交通出行需求。

二是要完善法律法规，促进行业发展。首先，建议针对当前共享出行领域出现的相关法律法规分散、管理缺位等问题，由交通管理部门牵头，协调工信、市场监管等相关职能部门，梳理现行法规和政策，高效统筹各类法规，为共享出行发展提供政策支持。其次，按照"包容审慎、鼓励创新"的基本原则，进一步深入研究共享出行平台在未来城市交通体系中的作用和地位，包括网约车与巡游出租车之间的关系问题等。在具体管理中，政府要发挥好监管职能，在准入、数据保护、安全、公平竞争等领域进行监管，同时对某些共享出行平台企业的经营活动进行监管，防止因服务不佳、押金不退等侵犯消费者权益。最后，对于一些法律意义上的难题，要留有一定余地，避免一次性"管死"的简单思维。针对出现的新问题，需包容性审慎监管。可探索对《道路安全法》等现行法律中不适应共享出行当前发展形势的条款进行修订完善，同时制定相关的法规对新业态进行规制。

三是要鼓励共享出行企业的投资、联盟与运营。为培育壮大共享出行市场，除了需求拉动外，还需培养更多的资方，鼓励社会资本进入共享出行领域。如在拼车领域，可探索采取增值税减让、融资支持、担保支持等方式鼓励更多社会资本进入该领域。鼓励整车制造企业自建共享出行平台，或与互联网企业联合建立平台，组建战略联盟，鼓励共享出行平台与整车汽车合作生产专门用于共享出行的新能源汽车等。对共享出行服务商采购共享车辆予以补贴，为其运营优先提供免租减租场地等。

四 政策建议

（一）持续优化汽车碳减排制度体系

双积分政策于 2017 年发布并实施以来，极大地促进了新能源汽车产业的发展，但也存在一些问题，如积分交易供需不匹配、积分价值未得到充分体现，传统车燃油技术激励不明显、油耗甚至出现反弹等。为此，从中短期来看，在新能源汽车产业成熟之前，需不断完善双积分政策。以双积分为主体，构筑后补贴时代新能源汽车政策体系。做好双积分政策与新能源补贴政策的过渡衔接，有序推动新能源补贴退出，做好预期，防止产业大起大落。完善新能源汽车双积分交易市场和配套政策，有效解决积分交易供需不匹配、企业节能技术推广力度不够、技术标准未更新等问题。严格执行汽车油耗和环保等法规，形成倒逼效应，推动新能源汽车产业和技术的健康发展。

从长期来看，宜探索由依靠双积分政策来促进汽车碳减排逐步转变为依靠碳排放交易机制。统一电耗带来的碳排放计量标准，对其碳排放进行统一管理。可将企业作为管控对象，针对电力、汽油等动力供应商，对其销售的电力、汽油等设定排放总量，并将公交、出租汽车公司纳入碳交易市场；对于公众，可尝试使用碳普惠机制，对公众停驶燃油车或使用新能源车予以激励。

（二）形成有助于汽车产业节能减排的市场环境

汽车产业统筹推进节能减排以 2060 年前实现碳中和目标，离不开良好

的市场环境。一是完善有利于节能技术发展的市场环境，建立统一开放的节能技术交易市场体系，形成要素集聚、载体丰富、服务专业、资源开放的良好生态。二是营造公平、开放、透明的市场环境，建立符合国际规则的政府采购制度，扩大低碳产品和服务的市场空间。大力发展低碳技术产权交易市场，利用"互联网＋"加快低碳生产要素开放流通。三是推进政务公开体系建设，探索制定"政务公开法""数据公开法"等法律。切实推进决策公开、执行公开、管理公开、服务公开、结果公开，同时紧贴汽车产业低碳发展背景，在依法加强安全保障和隐私保护的前提下，逐步开放各类数据，推动公共数据资源开放，方便全社会开发利用。四是加强事中事后监管，在强化监管力度、深化简政放权改革的基础上，进一步探索新的监管模式，在完善事中事后监管体系的基础上，探索人工智能监管、大数据监管等新型、高效的监管模式，打破信息孤岛，推动各级政府部门间信息畅通度，提高监管效率，净化市场环境。

（三）加大财政金融相关政策扶持力度

汽车产业低碳发展需加大财税金融政策的支持力度。一是完善节能低碳相关产业的信贷政策，尤其是针对不同风险类型的企业实施差异化贷款政策以促进节能低碳高质量发展。二是扩大资金支持的来源和渠道，充分运用民间资本，激发节能产业创新活力。加快发展天使投资，出台促进天使投资发展的政策措施，健全适应创业投资行业特点的差异化监管体制。鼓励支持从事汽车节能低碳发展的企业通过多种形式融资。三是完善汽车节能减排相关税收制度，深化增值税改革，持续推进减税降费效应的释放，切实提高汽车企业节能减排的积极性。四是转变政府对于低碳发展的金融支持方式，重点发挥政府分摊风险的作用，推动市场发挥作用。

（四）构筑面向低碳发展的创新体系

构建以低碳节能龙头企业为带动的协同创新体系，遵循创新的规律。一是发挥龙头企业在汽车产业节能减排过程中的带动作用，整合产业链上下游、产学研用各方资源，组建节能技术创新联盟，以市场为导向，完善利益分享机制，带动上下游协同创新。二是增强创新的开放性和包容性，大力支持以互联网平台为依托的众创、众设等开放式创新模式。三是完善对燃料电池、人工智能等专门领域的激励政策，鼓励企业向专精特新方向发展，在为整车企业提供配套服务的过程中提升能力水平。四是将低碳发展与区域产业集群建设相结合，以长三角、珠三角、京津冀、中西部城市群为依托，重点建设若干低碳发展创新集群。加快推进5G、工业互联网等新一代信息基础设施建设，提升整车制造企业数字化创新的能力，做到智能化节能。

另外，围绕整车节能的核心关键技术、基础材料、核心零部件、产业技术基础，充分发挥新型举国体制优势，整合资源，组织力量集中攻关，突破一批节能关键技术瓶颈，有效满足国内对汽车低碳减排的需求。充分利用人工智能、大数据、互联网等新一代信息技术，构建汽车产业低碳发展的开放式协同创新网络。

（五）深化体制机制改革，力争汽车产业碳中和目标如期达成

一是政府需要从汽车产业节能减排与经济发展结合的源头入手，以体制机制改革，打破管理部门分割、央地分割等阻碍。二是政府要加快职能转变，提升运行效率，避免在修正市场失灵的同时，因过分干预和与市场脱离而出现政策失灵的情况，比如针对共享绿色出行新模式，要采取轻前置手续、重后续监管的方式，为绿色低碳出行提供便捷化通道。三是减少汽车低碳节能发展过程中的非市场化障碍，避免在转型过程中出现与市场现实情况不匹配的政府无效供给情况，引入第三方机构与行业协会等市场主体参与政策制定过程，构建政策落实调查、审查、反馈机制，全面提升政府构建市场环境的政策供给质量。

附　　录

Appendixes

B.9
附录一　汽车产业相关统计数据

产销量及保有量

表1　2002~2019年中国汽车产销量及占世界产销量比重

单位：万辆，%

年份	产量			销量		
	中国汽车产量	世界汽车产量	占世界总产量比例	中国汽车年销量	世界汽车销量	中国占世界销量比例
2002	325	5878	5.5	325	5763	5.6
2003	444	6058	7.3	439	5964	7.4
2004	507	6450	7.9	507	6403	7.9
2005	571	6655	8.6	576	6592	8.7
2006	728	6922	10.5	722	6835	10.6
2007	888	7327	12.1	879	7156	12.3
2008	935	7053	13.3	934	6832	13.7
2009	1379	6170	22.4	1364	6557	20.8

续表

年份	产量			销量		
	中国汽车产量	世界汽车产量	占世界总产量比例	中国汽车年销量	世界汽车销量	中国占世界销量比例
2010	1826	7761	23.5	1806	7497	24.1
2011	1842	7999	23.0	1851	7817	23.7
2012	1927	8414	22.9	1931	8213	23.5
2013	2212	8751	25.3	2198	8561	25.7
2014	2372	8975	26.4	2349	8834	26.6
2015	2450	9078	27.0	2460	8968	27.4
2016	2811	9498	29.6	2803	9385	29.9
2017	2902	9730	29.8	2888	9566	30.2
2018	2781	9563	29.1	2808	9565	29.4
2019	2572	9179	28.0	2577	9136	28.2

数据来源：中国汽车产销量数据 2002~2018 年来自《中国汽车工业年鉴》，2019 年来自中国汽车工业协会《2019 年汽车工业经济运行情况》。世界汽车产销量数据 2002~2004 年来自 Automotive News，2005~2019 年来自国际汽车制造商协会。对部分历史数据进行了修正。

表2 2005~2019 年中国品牌轿车市场占有率

单位：万辆，%

年份	全国轿车销量	其中中国品牌销量	市场占有率
2005	276.77	72.66	26.3
2006	386.95	98.35	25.4
2007	479.77	124.53	26.0
2008	504.69	130.82	25.9
2009	747.10	221.73	29.7
2010	949.43	293.3	30.9
2011	1012.27	294.64	29.1
2012	1074.47	304.96	28.4
2013	1200.97	330.61	27.5
2014	1237.67	277.49	22.4
2015	1172.02	243.03	20.7
2016	1214.99	234.00	19.3

续表

年份	全国轿车销量	其中中国品牌销量	市场占有率
2017	1184.80	235.45	19.9
2018	1152.80	239.9	20.8
2019	1030.80	204.6	19.8

数据来源：相应年份《汽车工业产销快讯》，2019年数据来自中国汽车工业协会《2019年汽车工业经济运行情况》。

表3　2018年中国汽车产量（含改装车）分地区构成

单位：万辆

地区名称	汽车产量	地区名称	汽车产量
广东	296.00	安徽	72.59
湖北	230.05	河南	70.41
重庆	194.04	天津	58.20
江苏	187.90	陕西	51.38
山东	175.45	江西	45.88
上海	157.25	福建	18.11
浙江	151.14	山西	12.31
吉林	147.68	黑龙江	7.62
河北	146.18	内蒙古	5.84
北京	141.18	新疆	2.56
广西	115.77	云南	2.50
辽宁	110.98	甘肃	0.78
四川	105.98	贵州	0.78
湖南	104.99	海南	0.51

数据来源：《中国汽车工业年鉴》2019年版（宁夏产量不足千辆，青海、西藏产量为0）。

表4　2019年中国汽车分车型产销情况

单位：万辆，%

	产量	同比增长	销量	同比增长
汽车总计	2572.1	-7.5	2576.9	-8.2
乘用车	2136.0	-9.2	2144.4	-9.6
轿车	1023.3	-10.9	1030.8	-10.7
MPV	138.1	-18.1	138.4	-20.2

	产量	同比增长	销量	同比增长
SUV	934.4	-6.0	935.3	-6.3
交叉型	40.2	-4.3	40.0	-11.7
商用车	436.0	1.9	432.4	-1.1
客车	47.2	-3.5	47.4	-2.2
其中:客车非完整车辆	3.0	-14.0	3.0	-13.2
货车	388.8	2.6	385.0	-0.9
其中:半挂牵引车	58.1	23.6	56.5	16.9
货车非完整车辆	58.2	10.7	56.5	6.3

数据来源:中国汽车工业协会《2019 年汽车工业经济运行情况》。

表5 2001~2019 年中国民用汽车保有量

单位:万辆,%

年份	汽车保有量	私人汽车		
		保有量	占全国汽车保有量比重	其中:轿车保有量
2001	1802	771	42.80	—
2002	2053	969	47.20	—
2003	2383	1219	51.20	430
2004	2694	1485	55.10	600
2005	3159	1848	58.50	861
2006	3697	2333	63.10	1149
2007	4358	2876	66.00	1522
2008	5099	3501	68.70	1947
2009	6280	4575	72.85	2605
2010	7802	5939	76.12	3443
2011	9356	7327	78.31	4322
2012	10933	8839	80.85	5308
2013	12670	10502	82.89	6410
2014	14598	12339	84.53	7590
2015	16284	14099	86.58	8793
2016	18559	16559	89.22	10152
2017	20923	18695	85.98	11416
2018	24028	20730	86.27	12589
2019	26150	22635	86.56	14644

数据来源:2001~2015 年数据来自相应年份的《中国汽车工业年鉴》,2016~2019 年数据来自相应年份《国民经济和社会发展统计公报》。

经济效益

表6　2001～2018 年中国汽车工业总产值

单位：亿元，%

年份	汽车工业总产值	全国工业总产值	汽车工业总产值占全国工业总产值比例
2001	4433.2	95449.0	4.64
2002	6224.6	110776.5	5.62
2003	8357.2	142271.2	5.87
2004	9463.2	201722.2	4.69
2005	10223.3	251619.5	4.06
2006	13937.5	316589.0	4.40
2007	17242.0	386747.0	4.50
2008	18780.5	507448.0	3.70
2009	23437.8	548311.0	4.27
2010	30248.6	698591.0	4.33
2011	33155.2	844269.0	3.93
2012	35774.4	869597.1	3.59
2013	39225.4	1019405.3	3.85
2014	42324.2	1092198.0	3.88
2015	45014.6	1104026.7	4.08
2016	83345.3	1158998.5	7.19
2017	88207.3	1133160.8	7.78
2018	80484.6	1049490.5	7.67

注：1. 表中产值数据均为当年价；

2. 2016～2018 年汽车工业总产值数据为规模以上工业企业营业收入；2001～2006 年全国工业总产值数据为"全部国有及规模以上非国有企业"，2007 年以后数据为"全国规模以上企业"；2013～2015 年全国工业总产值数据为工业销售产值，2016～2018 年数据为规模以上工业企业营业收入。

数据来源：相应年份《中国汽车工业年鉴》《中国统计年鉴》。

表7 2001~2018年中国汽车工业增加值

单位：亿元，%

年份	汽车工业增加值	全国 GDP 总量	汽车工业增加值占 GDP 比例
2001	1055.6	110863.1	0.95
2002	1518.8	121717.4	1.25
2003	2153.4	137422.0	1.57
2004	2187.8	161840.2	1.35
2005	2209.9	187318.9	1.18
2006	3362.7	219438.5	1.53
2007	4141.4	270092.1	1.53
2008	4104.1	319244.6	1.29
2009	5378.7	348517.7	1.54
2010	6759.7	412119.3	1.64
2011	7451.7	487940.2	1.53
2012	7940.4	538580.0	1.47
2013	8606.2	592963.2	1.45
2014	9174.3	641280.6	1.43
2015	10578.0	685992.9	1.54
2016	12164.7	740060.8	1.64
2017	同比增长 12.2%，约为 13648.8	820754.3	约 1.66
2018	同比增长 4.9%，约为 14317.6	900309.5	约 1.59

数据来源：相应年份的《中国汽车工业年鉴》、《中国统计年鉴》2019 年版。对部分历史数据进行了修正。

表8 2001~2018年中国汽车工业利润及主营业务收入情况

单位：亿元

年份	主营业务收入	利润总额	利税总额
2001	4253.7	204.7	502.1
2002	5947.7	373.8	752.0
2003	8144.1	556.8	1032.8

续表

年份	主营业务收入	利润总额	利税总额
2004	9134.3	575.5	1063.6
2005	10108.4	430.4	981.9
2006	13818.9	738.2	1482.3
2007	17201.4	1027.0	1916.9
2008	18766.9	923.6	1821.6
2009	23817.5	1687.7	3033.9
2010	30762.9	2598.6	4205.5
2011	33617.3	2842.1	4600.2
2012	36373.1	3166.6	5063.6
2013	37155.3	2717.1	4862.2
2014	39942.0	2844.8	5135.6
2015	44617.5	3117.5	5871.5
2016	86553.2	7248.5	10228.2
2017	84826.4	7274.3	10858.5
2018	87316.5	7299.3	9126.7

数据来源：相应年份《中国汽车工业年鉴》。

进出口、对外投资等

表9　2001~2018年中国整车产品出口量

单位：万辆

年份	乘用车					商用车				
	总量	轿车	越野车	小客车≤9座	其他	总量	载货车	客车>9座	专用汽车	其他
2001	0.36	0.08	0.09	0.01	0.19	2.25	0.85	0.11	0.08	1.21
2002	0.23	0.10	0.04	0.03	0.06	2.64	1.05	0.21	0.12	1.26
2003	0.78	0.28	0.06	0.07	0.36	3.76	2.61	0.26	0.05	0.84
2004	7.32	0.93	0.08	0.28	6.03	6.30	5.28	0.48	0.13	0.42
2005	3.88	3.11	0.18	0.58	0.00	12.55	10.02	0.64	0.16	1.73
2006	11.55	9.33	0.80	1.42	0.00	22.79	16.31	1.29	0.45	4.75
2007	26.45	18.86	2.57	4.32	0.70	34.99	27.58	4.19	1.23	1.99

续表

年份	乘用车				商用车				
	总量	轿车	越野车	小客车≤9座	其他	总量	载货车	客车>9座	专用汽车	其他
2008	31.86	24.13	2.44	4.05	1.23	36.24	28.77	3.39	1.44	2.64
2009	15.30	10.24	1.23	1.79	2.04	21.70	17.79	2.33	0.89	0.69
2010	28.24	17.99	2.25	3.99	4.00	28.43	23.21	3.65	0.87	0.70
2011	47.01	37.21	2.43	6.41	1.32	37.97	32.21	4.24	1.28	0.28
2012	58.77	49.55	0.49	7.12	1.62	42.80	35.55	5.45	1.67	0.15
2013	55.33	42.45	0.31	10.31	2.27	39.52	31.07	6.31	1.73	0.41
2014	50.77	37.09	0.52	9.93	3.22	44.02	32.95	8.81	1.76	0.50
2015	42.34	30.80	0.30	5.92	5.32	33.19	25.21	5.92	1.71	0.35
2016	42.34	33.41	0.29	8.45	0.19	28.07	20.54	5.79	1.48	0.26
2017	75.46	50.79	0.62	9.63	14.42	30.88	23.09	5.64	1.69	0.47
2018	70.21	51.04	0.62	14.68	3.87	30.68	20.03	6.57	3.91	0.17

注：2005年和2006年乘用车分类与其他年份有所不同。

数据来源：根据相应年份《中国汽车工业年鉴》整理。

表10 2001~2018年中国整车产品出口贸易额

单位：亿美元

年份	乘用车				商用车				
	总金额	轿车	越野车	小客车≤9座	其他	总金额	载货车	客车>9座	专用汽车	其他
2001	0.33	0.13	0.08	0.01	0.11	1.81	0.55	0.54	0.47	0.24
2002	0.34	0.17	0.11	0.02	0.04	2.14	0.72	0.48	0.59	0.35
2003	0.61	0.31	0.14	0.04	0.13	3.11	1.59	0.43	0.79	0.29
2004	1.72	0.84	0.15	0.16	0.58	4.83	2.75	0.81	0.85	0.42
2005	3.25	2.71	0.22	0.32	0.00	11.86	6.82	1.97	1.18	1.89
2006	8.39	6.30	1.00	1.09	0.00	22.95	11.82	4.16	3.32	3.65
2007	20.86	14.02	2.72	3.53	0.59	52.20	32.58	9.01	9.55	1.06
2008	24.59	17.95	2.57	3.20	0.87	71.71	43.16	10.82	16.02	1.71
2009	11.02	8.04	1.10	1.27	0.61	40.88	25.46	6.38	7.94	1.10
2010	18.61	12.76	1.94	2.94	0.97	51.23	31.84	10.37	8.16	0.87
2011	33.40	25.98	2.26	4.42	0.74	76.06	48.13	15.36	11.84	0.73
2012	42.90	35.89	0.54	5.22	1.25	94.37	57.32	19.35	17.28	0.42
2013	41.04	31.13	0.46	8.26	1.20	87.94	48.49	21.42	17.19	0.83

续表

年份	乘用车					商用车				
	总金额	轿车	越野车	小客车 ≤9座	其他	总金额	载货车	客车 >9座	专用汽车	其他
2014	39.53	29.33	0.83	8.32	1.05	98.42	53.30	28.20	16.02	0.90
2015	35.80	29.17	0.85	4.36	1.41	88.51	48.02	23.11	16.68	0.69
2016	43.37	28.44	1.13	13.46	0.34	69.69	34.50	21.70	12.83	0.66
2017	65.60	48.64	1.65	12.46	2.84	75.37	41.54	20.94	12.08	0.80
2018	77.77	46.65	1.00	18.52	11.60	73.19	27.70	22.97	21.64	9.30

注：2005年和2006年乘用车分类与其他年份有所不同。

数据来源：根据相应年份《中国汽车工业年鉴》整理。

表11 2001~2018年中国汽车产品（含整车和零部件）进出口贸易额

单位：亿美元，%

年份	进口额	出口额	全国货物出口总额	汽车出口贸易额占全国货物出口贸易总额比例
2001	47.0	27.1	2661.0	1.01
2002	65.9	33.6	3256.0	1.03
2003	148.4	80.3	4382.3	1.83
2004	168.6	124.2	5933.2	2.09
2005	154.3	167.7	7619.5	2.20
2006	212.7	289.1	9689.8	2.98
2007	267.7	412.6	12204.6	3.38
2008	322.3	476.3	14306.9	3.33
2009	341.9	383.5	12016.1	3.19
2010	581.9	541.4	15777.5	3.43
2011	759.9	719.7	18983.8	3.79
2012	799.2	800.5	20487.1	3.91
2013	842.2	850.7	22090.0	3.85
2014	1004.1	914.9	23422.9	3.91
2015	788.4	842.1	22734.7	3.70
2016	813.02	758.79	20976.3	3.60
2017	882.71	834.11	22633.7	3.70
2018	857.76	698.76	24866.8	2.81

数据来源：进出口额根据相应年份《中国汽车工业年鉴》整理，2018年数据根据海关统计数据整理；历年全国货物出口总额来自相应年份的《中国统计年鉴》。

表 12　2018 年中国汽车进出口贸易额超过 10 亿美元的国家和地区

单位：万美元

国家或地区	进出口贸易总额	进口贸易额	出口贸易额
美国	3068224.6	1262634.5	1805590.1
德国	2653602.7	2388652.8	264949.9
日本	2265418.1	1821629.8	443788.3
英国	795793.2	656521.4	139271.8
韩国	400243.4	232944.9	167298.5
泰国	260691.5	111793.8	148897.7
伊朗	241458.9	11.9	241447
意大利	192868.3	95790.9	97077.4
瑞典	189411.1	158680.8	30730.3
加拿大	186109	48357.3	137751.7
法国	186014.1	87686.8	98327.3
俄罗斯联邦	176521.8	253.5	176268.3
印度	173350.2	10908.3	162441.9
菲律宾	164229.1	5240.7	158988.4
荷兰	156168.7	35362.2	120806.5
越南	149750.7	27242.8	122507.9
中国台湾	143177.4	50508.5	92668.9
印度尼西亚	135835.5	25292	110543.5
巴西	127131.9	2014.6	125117.3
澳大利亚	123555.9	2662.6	120893.3
西班牙	123332.1	54955.6	68376.5
比利时	114950.4	43553.6	71396.8
马来西亚	111238	20515.6	90722.4
智利	101451.9	1.8	101450.1

数据来源：根据海关统计数据整理。

表 13　2001~2018 年中国整车产品进口量

单位：辆

年份	乘用车					商用车				
	合计	轿车	越野车	小客车≤9座	其他	合计	载货车	客车>9座	专用汽车	其他
2001	61776	46632	10336	4551	257	9613	3138	4056	1171	1248
2002	115047	70329	32179	12348	191	13148	6692	3356	1112	1988
2003	153591	103017	39669	10812	93	18119	9862	4600	1285	2372
2004	162077	116085	35308	10510	174	13577	8078	2493	962	2044

续表

年份	乘用车					商用车				
	合计	轿车	越野车	小客车≤9座	其他	合计	载货车	客车>9座	专用汽车	其他
2005	154835	76542	65966	12326	0	6490	3032	1336	552	1570
2006	218312	111777	86273	20262	0	9461	5582	1840	625	1414
2007	302096	139867	142228	19144	857	12034	9147	1558	435	894
2008	395799	154521	215062	24674	1542	13970	10171	2311	498	990
2009	409225	164837	207381	35693	1314	11471	8201	1902	375	993
2010	791126	343653	351408	89919	6146	22219	14977	5092	333	1817
2011	1011871	410270	430886	162911	7804	26751	19453	5196	214	1888
2012	1108730	446992	456362	179508	25868	23301	19452	2526	235	1088
2013	1179979	423439	505343	230915	20282	15061	11197	2386	224	1254
2014	1411561	469639	588921	344179	8822	14285	11501	1031	298	1455
2015	1091386	352460	471750	264340	2836	10380	7062	899	211	2208
2016	1062509	377373	465739	206190	13207	14395	11542	737	179	1937
2017	1228346	447740	528361	224796	27449	18169	15459	1073	170	1467
2018	1134681	485724	448400	181027	19530	19530	14315	383	232	4561

注：2005年和2006年乘用车分类与其他年份有所不同。

数据来源：根据相应年份《中国汽车工业年鉴》整理。

<h3 align="center">表14　2001~2018年中国整车产品进口贸易额</h3>

单位：万美元

年份	乘用车					商用车				
	合计	轿车	越野车	小客车≤9座	其他	合计	载货车	客车>9座	专用汽车	其他
2001	12.61	9.47	2.46	0.66	0.03	4.51	1.20	0.93	1.88	0.50
2002	26.06	16.14	7.67	2.21	0.04	6.04	2.60	0.86	1.86	0.71
2003	44.38	30.83	11.36	2.17	0.02	8.38	4.26	0.76	2.33	1.04
2004	45.95	32.69	10.94	2.24	0.07	8.21	4.04	0.57	2.54	1.06
2005	46.75	25.94	18.19	2.61	0.00	4.89	1.93	0.50	1.62	0.84
2006	69.28	39.94	25.38	3.95	0.00	6.34	3.31	0.69	1.64	0.70
2007	98.28	50.10	43.74	4.27	0.17	11.76	8.95	0.54	1.96	0.31
2008	140.33	63.56	71.21	5.23	0.33	12.31	8.14	0.89	2.80	0.47
2009	143.54	65.66	70.79	6.79	0.30	11.17	7.68	0.83	2.20	0.46
2010	288.99	141.48	127.11	18.57	1.83	18.86	13.16	2.32	2.58	0.81
2011	408.71	186.30	178.85	41.62	1.94	24.15	18.53	2.57	2.14	0.91
2012	454.68	195.70	204.95	47.76	6.27	22.14	18.63	1.49	1.22	0.80

续表

年份	乘用车					商用车				
	合计	轿车	越野车	小客车 ≤9 座	其他	合计	载货车	客车 >9 座	专用 汽车	其他
2013	474.53	176.21	232.03	60.34	5.96	15.46	11.23	1.24	1.63	1.36
2014	596.87	210.36	284.24	96.85	5.42	12.39	8.66	0.63	1.59	1.51
2015	441.82	137.97	226.54	75.21	2.10	9.03	5.01	0.48	1.24	2.32
2016	439.88	135.00	226.76	68.97	9.15	9.57	6.61	0.34	0.75	1.86
2017	498.99	153.13	251.49	74.66	19.70	11.19	8.78	0.47	0.68	1.27
2018	494.07	193.72	236.25	64.11	0.00	11.06	8.13	0.17	0.87	1.73

注：2005 年和 2006 年乘用车分类与其他年份有所不同。

数据来源：根据相应年份《中国汽车工业年鉴》整理。

表 15　2001～2018 年中国汽车配件进出口情况

单位：亿美元

年份	进口金额	出口金额	净出口额
2001	26.18	16.32	-9.86
2002	23.12	16.61	-6.51
2003	73.84	54.2	-19.64
2004	86.8	79.46	-7.34
2005	76.85	98.89	22.04
2006	105.25	192.48	87.23
2007	120	286.91	166.91
2008	126.81	271.97	145.16
2009	145.73	254.74	109.01
2010	211.67	362.48	150.81
2011	250.93	459.53	208.6
2012	257.23	511.81	254.58
2013	427.3	632.92	205.62
2014	371	701.29	330.29
2015	317.22	643	325.78
2016	341.33	577.7	236.37
2017	388.21	685.95	297.74
2018	351.01	550.23	199.22

数据来源：2001～2017 年数据根据《中国汽车工业年鉴》2018 年版整理，2018 年数据根据海关统计数据整理。

表16　2014～2018年中国汽车企业对外投资发展情况

单位：笔，亿美元

年份	海外并购数量	海外并购金额	海外投资数量	海外投资金额
2014	23	45.7	42	71
2015	20	106.2	36	23
2016	18	30.3	51	32
2017	16	70.3	61	66
2018	15	15.3	55	34

数据来源：《中国汽车工业年鉴》，2019。

人员、研发及相关产业等

表17　2001～2018年中国汽车工业从业人数及劳动生产率（增加值）

单位：万人，元/（人·年）

年份	汽车工业年末从业人数	工程技术人员数	研发人员数	全员劳动生产率
2001	150.6	15.6	4.5	69269
2002	157.0	16.8	5.3	96342
2003	160.5	17.3	6.2	134301
2004	169.3	20.0	7.1	130451
2005	166.9	19.3	8.9	133549
2006	185.5	22.0	9.1	185255
2007	204.1	24.5	10.9	210166
2008	209.4	25.4	12.4	209256
2009	216.5	26.7	16.3	255947
2010	220.3	31.1	16.9	316725
2011	241.7	35.5	18.7	319684
2012	250.8	37.3	20.2	353077
2013	339.9	42.4	26.2	224532
2014	350.5	47.6	26.6	261731
2015	360.0	49.3	33.8	293808

续表

年份	汽车工业年末从业人数	工程技术人员数	研发人员数	全员劳动生产率
2016	615.1	—	44.6	—
2017	630.0	95.7	—	—
2018	551.0	—	45.3	—

数据来源：根据相应年份《中国汽车工业年鉴》整理。

表18　2001～2019年中国石油对外依存情况

单位：万吨，%

年份	原油产量	石油表观消费量	对外依存度
2001	1.65	2.28	27.8
2002	1.70	2.48	31.3
2003	1.70	2.71	37.2
2004	1.75	3.17	44.9
2005	1.81	3.25	44.4
2006	1.84	3.47	46.9
2007	1.86	3.64	48.8
2008	1.90	3.87	50.9
2009	1.89	3.99	52.8
2010	2.02	4.48	55
2011	2.01	4.66	56.8
2012	2.05	4.89	58.1
2013	2.08	5.00	58.3
2014	2.09	5.18	59.6
2015	2.13	5.40	60.5
2016	1.98	5.55	64.4
2017	1.92	5.88	67.4
2018	1.89	6.25	69.8
2019	1.91	6.56	70.8

数据来源：中国石油集团经济技术研究院相应年份《国内油气行业发展报告》。

世界汽车工业

表19　2001～2019年世界主要汽车生产国汽车产量

单位：万辆

年份	美国	德国	法国	意大利	英国	日本	韩国	印度	全球总计
2001	1143	569	363	158	169	978	295	85	5577
2002	1227	547	369	143	182	1026	315	89	5878
2003	1211	551	362	132	185	1029	318	116	6058
2004	1199	557	367	114	186	1051	347	151	6449
2005	1198	576	355	104	180	1080	370	163	6647
2006	1129	582	317	121	165	1148	384	202	6922
2007	1078	621	302	128	175	1160	409	225	7327
2008	871	604	257	102	165	1156	381	231	7053
2009	573	521	205	84	109	793	351	264	6170
2010	776	591	223	86	139	963	427	354	7761
2011	865	631	224	79	146	839	466	394	7999
2012	1033	565	197	67	158	994	456	415	8414
2013	1108	573	174	66	159	963	452	389	8751
2014	1166	591	182	70	160	977	452	384	8993
2015	1208	603	197	101	168	928	456	412	9078
2016	1220	606	208	110	182	920	423	449	9498
2017	1119	565	223	114	175	969	411	478	9730
2018	1131	512	227	106	160	973	403	517	9563
2019	1088	466	220	92	138	968	395	451	9179

数据来源：2001～2016年数据来自相应年份《中国汽车工业年鉴》。2017～2019年数据来自国际汽车制造商协会。

表20　2001～2019年世界主要汽车生产国汽车销量

单位：万辆

年份	美国	德国	法国	意大利	英国	日本	韩国	印度
2001	1747	363	275	264	277	591	145	82
2002	1713	355	261	257	289	579	162	88
2003	1697	350	244	249	294	583	132	108

续表

年份	美国	德国	法国	意大利	英国	日本	韩国	印度
2004	1729	356	247	252	296	584	109	134
2005	1744	362	255	248	283	585	114	144
2006	1705	377	249	259	273	574	116	175
2007	1645	348	258	279	279	535	122	199
2008	1349	343	257	243	248	508	124	198
2009	1060	405	269	236	222	461	146	226
2010	1177	319	271	217	231	496	157	304
2011	1304	351	269	194	219	421	159	329
2012	1479	339	233	153	234	537	156	358
2013	1588	326	221	142	260	538	154	324
2014	1693	331	218	146	284	556	166	318
2015	1783	356	236	172	304	505	192	342
2016	1787	371	248	205	312	497	182	367
2017	1755	381	255	219	291	524	183	406
2018	1770	382	263	212	273	527	183	440
2019	1748	402	269	213	268	520	180	382

数据来源：相应年份《中国汽车工业年鉴》，2016～2019 年数据来自国际汽车制造商协会。

表21 2001～2019 年世界主要汽车生产国整车出口情况

单位：万辆

年份	美国	德国	法国	西班牙	英国	日本	意大利	韩国	巴西
2001	1146.2	391.6	373.5	—	98.6	41.6	—	150.1	38.6
2002	165.9	387.5	391.7	232.7	119.7	469.9	73.4	150.6	41.5
2003	161.4	393.6	404.6	249.5	123.6	475.6	70.4	181.5	53.5
2004	179.4	392.4	426.9	247.9	130.8	495.8	59.6	237.9	64.8
2005	206.4	408.1	431.9	224.7	131.6	505.3	49.8	258.6	89.7
2006	205.5	418.3	312.6	227.3	124.2	596.7	59.6	264.8	63.3
2007	239.6	466.4	469.7	238.9	131.7	654.9	65.1	284.7	64.4
2008	196.6	450.0	432.2	218.1	125.4	672.7	56.1	268.4	56.9
2009	110.7	358.4	388.3	188.3	82.9	361.6	38.3	214.9	47.5
2010	150.2	448.1	478.6	208.0	104.7	484.1	44.02	277.2	76.7
2011	172.8	482.7	489.3	212.1	119.4	446.4	42.4	315.2	57.9
2012	194.1	—	440.4	172.9	127.5	480.4	40.7	317.0	47.3
2013	209.1	440.5	437.3	187.9	124.9	467.4	39.3	308.9	59.1
2014	222.8	466.6	—	206.0	123.0	446.6	43.9	306.3	33.4
2015	211.7	465.0	—	227.4	127.5	457.8	67.6	297.4	41.7

续表

年份	美国	德国	法国	西班牙	英国	日本	意大利	韩国	巴西
2016	207.1	498.7	—	243.2	140.9	463.4	—	262.1	52.0
2017	211.1	—	—	231.8	—	470.6	—	253.0	78.5
2018	—	399.3	655.7	230.4	123.8	481.7	85.4	245.0	62.9
2019	—	348.7	—	231.0	105.6	481.8	73.6	241.2	42.8

数据来源：2001~2013年数据来自相应年份的《中国汽车工业年鉴》，2014~2017年数据来自北京富欧睿，2018~2019年数据来自中汽协及各国汽车协会。

表22 2018~2019财年全球汽车整车和零部件企业研发投入百强

单位：百万欧元，%

排名	公司名称	国别	2018~2019财年研发投入	研发投入年度增长	销售额	销售额年度增长	研发投入强度
1	VOLKSWAGEN 大众	德国	13640.0	3.8	235849.0	2.7	5.8
2	DAIMLER 戴姆勒	德国	9041.0	4.4	167362.0	2.0	5.4
3	TOYOTA MOTOR 丰田汽车	日本	8264.7	−1.4	238184.3	2.9	3.5
4	FORD MOTOR 福特汽车	美国	7161.6	2.5	140033.1	2.3	5.1
5	BMW 宝马	德国	6890.0	12.8	97480.0	−0.8	7.1
6	GENERAL MOTORS 通用汽车	美国	6812.2	6.8	128427.0	1.0	5.3
7	HONDA MOTOR 本田汽车	日本	6580.1	12.2	125205.4	3.4	5.3
8	ROBERT BOSCH 博世	德国	6189.0	4.3	78465.0	0.5	7.9
9	NISSAN MOTOR 日产汽车	日本	4122.4	5.5	91207.3	−3.2	4.5
10	DENSO 电装	日本	3919.7	11.2	42259.7	5.0	9.3
11	FIAT CHRYSLER AUTOMOBILES 菲亚特克莱斯勒	荷兰	3683.0	−14.0	110412.0	−0.5	3.3
12	PEUGEOT（PSA）标致－雪铁龙	法国	3649.0	24.7	74027.0	18.9	4.9
13	RENAULT 雷诺	法国	3516.0	18.9	57419.0	−2.3	6.1
14	CONTINENTAL 大陆	德国	3367.0	5.4	44404.4	0.9	7.6
15	ZF 采埃孚	德国	2055.0	−3.7	36929.0	1.3	5.6
16	HYUNDAI MOTOR 现代汽车	韩国	2035.8	10.8	75784.2	0.5	2.7
17	SAIC MOTOR 上汽集团	中国	2029.1	52.9	109589.9	3.5	1.9

续表

排名	公司名称	国别	2018 ~ 2019 财年研发投入	研发投入年度增长	销售额	销售额年度增长	研发投入强度
18	VALEO 瓦莱奥	法国	1966.0	36.5	19124.0	3.5	10.3
19	TATA MOTORS 塔塔汽车	印度	1957.4	-18.0	37461.9	3.8	5.2
20	AISIN SEIKI 爱信精机	日本	1593.3	10.5	31860.5	3.4	5.0
21	TESLA 特斯拉	美国	1275.4	6.0	18743.5	82.5	6.8
22	SUZUKI MOTOR 铃木汽车	日本	1245.7	13.4	30508.1	3.0	4.1
23	KIA MOTORS 起亚汽车	韩国	1163.8	-1.0	42403.7	1.2	2.7
24	MAZDA MOTOR 马自达汽车	日本	1061.1	-1.0	28090.5	2.6	3.8
25	APTIV 安波福	英国	1008.7	31.0	12607.0	-16.4	8.0
26	FERRARI 法拉利	荷兰	845.7	14.0	3420.3	0.1	24.7
27	BRIDGESTONE 普利司通	日本	816.0	3.8	28763.6	0.2	2.8
28	YAMAHA MOTOR 雅马哈	日本	809.8	3.6	13184.6	0.2	6.1
29	SUBARU 斯巴鲁	日本	809.4	-15.2	24905.5	-7.2	3.3
30	SCHAEFFLER 舍弗勒	德国	785.0	-8.1	14241.0	1.6	5.5
31	MAHLE 马勒	德国	750.8	0.4	12580.8	-1.6	6.0
32	GEELY AUTOMOBILE 吉利汽车	中国	711.1	65.3	13584.7	14.9	5.2
33	HELLA 海拉	德国	703.3	-8.0	6990.0	-1.0	10.1
34	HYUNDAI MOBIS 现代摩比斯	韩国	655.2	7.7	27514.6	0.0	2.4
35	MICHELIN 米其林	法国	648.0	1.1	22028.0	0.3	2.9
36	GUANGZHOU AUTOMOBILE 广州汽车	中国	623.0	63.8	9224.2	1.1	6.8
37	DONGFENG MOTOR 东风汽车	中国	605.9	11.3	13323.2	-17.0	4.5
38	AUTOLIV 奥托立夫	美国	542.1	-11.8	7579.2	6.7	7.2
39	WEICHAI POWER 潍柴动力	中国	533.3	234.5	19729.6	5.2	2.7
40	MITSUBISHI MOTORS 三菱汽车	日本	518.5	17.4	19815.5	14.7	2.6
41	GREAT WALL MOTOR 长城汽车	中国	504.0	18.4	11869.2	-3.0	4.2
42	NIO 蔚来	中国	496.3	51.9	631.0	—	78.7

续表

排名	公司名称	国别	2018~2019 财年研发投入	研发投入年度增长	销售额	销售额年度增长	研发投入强度
43	NINGBO JOYSON ELECTRONIC 宁波华翔电子	中国	466.9	85.0	7085.2	112.4	6.6
44	BORGWARNER 博格华纳	美国	384.4	8.0	9196.2	7.5	4.2
45	GOODYEAR 固特异	美国	370.3	4.4	13515.3	0.6	2.7
46	TOYOTA BOSHOKU 丰田纺织	日本	370.1	−0.9	11169.2	0.7	3.3
47	TOYOTA INDUSTRIES 丰田工业	日本	343.7	12.2	17454.2	10.5	2.0
48	KOITO MANUFACTURING 小糸制作所	日本	268.1	−5.8	6511.1	−2.7	4.1
49	VISTEON 伟世通	美国	256.8	14.4	2606.1	−5.1	9.9
50	ANHUI JIANGHUAI AUTOMOBILE 安徽江淮	中国	253.8	3.3	6001.5	3.1	4.2
51	RHEINMETALL 莱茵金属	德国	241.0	7.6	6148.0	4.3	3.9
52	TOYODA GOSEI 丰田合成	日本	238.4	8.6	6625.0	4.1	3.6
53	NEXTEER 耐世特	美国	238.1	11.5	3416.7	0.9	7.0
54	ASTON MARTIN LAGONDA GLOBAL HOLDINGS 阿斯顿马丁拉贡达	英国	237.1	−4.7	1215.8	25.2	19.5
55	PIRELLI 倍耐力	意大利	219.0	−1.1	5194.5	−2.9	4.2
56	ZHENGZHOU YUTONG BUS 郑州宇通	中国	217.1	16.1	3736.8	−4.9	5.8
57	CHONGOING CHANGAN 长安汽车	中国	214.6	−35.2	7924.9	−17.6	2.7
58	TOKAI RIKA 东海理化	日本	203.8	1.8	4000.3	5.3	5.1
59	SUMITOMO RUBBER INDUSTRIES 住友橡胶	日本	203.2	0.2	7046.8	1.9	2.9
60	CHONGQING SOKON INDUSTRY 重庆小康工业	中国	197.9	103.8	2421.7	−8.4	8.2
61	JIANGLING MOTORS 江铃汽车	中国	191.1	−26.2	3474.0	−9.3	5.5
62	ADIENT	爱尔兰	187.8	55.8	15230.6	7.6	1.2

续表

排名	公司名称	国别	2018～2019财年研发投入	研发投入年度增长	销售额	销售额年度增长	研发投入强度
63	MAHINDRA & MAHINDRA 马恒达	印度	180.2	1.0	11644.4	12.9	1.5
64	WABCO 威伯科	美国	173.2	29.8	3345.8	15.9	5.2
65	HARLEY - DAVIDSON 哈雷戴维森	美国	167.3	9.4	4992.9	1.2	3.4
66	EBERSPAECHER 埃贝赫	德国	162.4	3.8	4480.9	3.6	3.6
67	WEBASTO 伟巴斯特	德国	162.4	5.5	3433.1	-2.2	4.7
68	CHENG SHIN RUBBER INDUSTRY 正新橡胶	中国台湾	151.4	4.7	3103.8	-2.7	4.9
69	AUTOHOME 汽车之家	中国	144.7	29.2	921.8	16.5	15.7
70	STANLEY ELECTRIC 斯坦雷电气	日本	143.9	11.8	3421.0	-1.8	4.2
71	BRP	加拿大	141.9	11.8	3357.3	17.8	4.2
72	LEAR 李尔	美国	134.1	3.8	18470.3	3.3	0.7
73	HANON SYSTEMS 翰昂系统	韩国	133.2	8.2	4647.9	6.3	2.9
74	NHK SPRING NHK 弹簧	日本	132.6	4.4	5366.5	3.2	2.5
75	HANKOOK TIRE 韩泰轮胎	韩国	128.1	9.1	5319.1	-0.3	2.4
76	AMERICAN AXLE & MANU-FACTURING 美国车桥	美国	127.7	-9.5	6349.7	16.0	2.0
77	VDL GROEP VDL 集团	荷兰	122.0	20.8	5856.2	19.5	2.1
78	HAIMA AUTOMOBILE GROUP 海马汽车	中国	120.6	42.9	625.2	-46.6	19.3
79	RED BULL TECHNOLOGY 红牛技术	英国	119.6	10.5	323.1	17.6	37.0
80	YOKOHAMA RUBBER 横滨轮胎	日本	119.5	0.5	5124.0	0.6	2.3
81	GARRETT MOTION 盖瑞特	美国	111.8	7.6	2947.6	9.0	3.8
82	COOPER - STANDARD HOLDINGS 库博标准汽车配件	美国	107.0	-4.3	3169.7	0.3	3.4
83	MANDO CORPORATION 万都	韩国	106.3	11.4	4434.4	-0.3	2.4

续表

排名	公司名称	国别	2018～2019财年研发投入	研发投入年度增长	销售额	销售额年度增长	研发投入强度
84	HYSTER - YALE MATER-IALS HANDLING 海斯特耶鲁材料处理	美国	96.9	6.1	2772.4	10.0	3.5
85	BENTELER INTERNATIONAL 本特勒国际	奥地利	95.6	25.5	8071.6	2.7	1.2
86	SHOWA 昭和	日本	95.1	10.8	2259.2	-1.8	4.2
87	FORD OTOMOTIV 福特土耳其公司	土耳其	93.9	13.4	5521.8	31.4	1.7
88	GENTEX 捷恩特克斯	美国	93.6	7.4	1601.8	2.2	5.8
89	DANA 德纳	美国	90.0	1.0	7111.8	13.0	1.3
90	AISAN 爱三	日本	89.1	0.9	1682.4	0.5	5.3
91	ZOTYE AUTOMOBILE 东洋轮胎	中国	88.3	17.9	1817.4	-28.7	4.9
92	GESTAMP AUTOMOCION 海斯坦普汽车组件	西班牙	85.8	17.9	8547.6	4.2	1.0
93	TOYO TIRE 东洋轮胎	日本	85.7	-0.6	3098.7	-2.9	2.8
94	FAW CAR 一汽轿车	中国	85.6	69.5	2767.8	-9.4	3.1
95	HUF 霍富	德国	85.2	9.1	1174.3	2.3	7.3
96	NOK	日本	82.4	10.8	5275.6	-8.2	1.6
97	XIAMEN JINGLONG MOTOR 厦门金龙	中国	81.4	2.4	2214.1	2.7	3.7
98	ELRINGKLINGER	德国	80.6	20.4	1699.0	2.1	4.7
99	TI FLUID	英国	76.2	-0.5	3472.8	-0.5	2.2
100	MINTH 敏实集团	中国	75.3	27.4	1599.8	10.3	4.7

资料来源：欧盟 Economics of Industrial Research Innovation。

B.10
附录二 2019年1月至2020年6月发布或开始实施的部分汽车政策法规

本部分全面梳理2019年1月至2020年6月，中共中央、国务院、各有关部门发布的汽车产业相关政策与法规等，并从中筛选出对产业影响较大、与产业发展紧密相关的63条，录入本书，涵盖新能源汽车（9条）、智能网联（4条）、回收利用（4条）、节能环保（9条）、交通运输（3条）、财税（5条）、准入管理（4条）、进出口（8条）以及其他政策（消费、产品质量、能源等，共17条），供读者参考。

序号	政策名称	发布部门	内容要点	发布/实施时间	分类
1	汽车产业投资管理规定	发改委	取消汽车投资项目核准事项、提高投资项目准入标准；严格控制新增传统燃油汽车产能，提高新建纯电动汽车企业项目条件等；混合动力汽车、插电式混合动力汽车将划归燃油汽车类，电动车只针对由电动机驱动的汽车	2019年1月10日	准入管理
2	道路机动车辆生产企业准入审查要求和道路机动车辆产品准入审查要求	工信部	该两个审查要求是《道路机动车辆生产企业及产品准入管理办法》的配套实施文件，进一步明确了各类车辆生产企业及产品准入的具体条件以及审查办法	2019年1月21日	准入管理

续表

序号	政策名称	发布部门	内容要点	发布/实施时间	分类
3	进一步优化供给推动消费平稳增长促进形成强大国内市场的实施方案	发改委、工信部、民政部、财政部、住建部、交通部、农业部、商务部、卫健委、市场监管总局	多措并举促进汽车消费，更好满足居民出行需要。有序推进老旧汽车报废更新，持续优化新能源汽车补贴结构，促进农村汽车更新换代，稳步推进放宽皮卡车进城限制范围，加快繁荣二手车市场，进一步优化地方政府机动车管理措施	2019年1月28日	其他
4	关于《家用汽车产品修理、更换、退货责任规定（修订征求意见稿）》公开征求意见的公告	市场监管总局	为进一步规范汽车售后质量担保行为，加大对消费者的保护力度，拟对家用电动汽车主要零件的三包责任作出规定，并进一步加大对消费者合法权益的保护力度	2019年3月14日	其他
5	关于进一步加强新能源汽车产品召回管理的通知（市监质函〔2019〕531号）	市场监管总局	对动力电池、电机和电控系统等零部件生产者和新能源汽车生产者做出产品溯源、缺陷报告等方面的具体要求	2019年3月15日	其他
6	关于进一步完善新能源汽车推广应用财政补贴政策的通知（财建〔2019〕138号）	财政部、工信部、科技部、发改委	加大补贴退坡力度，2019年补贴标准在2018年基础上平均退坡50%，至2020年底前退坡到位；完善清算制度，提高资金效益，从2019年开始对有运营里程要求的车辆，完成销售上牌后即预拨一部分资金，满足2万公里后再予以清算	2019年3月26日	新能源汽车
7	十三届二中全会政府工作报告	国务院	汽车制造业现行增值税税率将从16%大幅下降到13%	2019年4月1日	财税政策

续表

序号	政策名称	发布部门	内容要点	发布/实施时间	分类
8	关于2015年及以前年度、2016年度、2017年度新能源汽车推广应用补助资金清算审核和2017年度、2018年度补助资金预拨审核情况的公示	工信部	为工信部对2015年及以前年度、2016年度、2017年度新能源汽车推广应用补助资金清算审核和2017年度、2018年度补助资金预拨审核情况的公示	2019年4月3日	新能源汽车
9	关于2018年度乘用车企业平均燃料消耗量与新能源汽车积分情况的公示	工信部	为工信部对企业递交的2017年乘用车企业平均燃料消耗量与新能源汽车积分执行情况年度报告进行公示	2019年4月9日	节能环保
10	关于支持在条件成熟地区开展二手车出口业务的通知	商务部、公安部、海关总署	积极稳妥开展二手车出口业务，严格甄选出口企业，严格履行二手车交易登记和注销手续，确保出口产品质量与安全，做好境外售后服务保障，强化监管，优化服务	2019年5月6日	进出口业务
11	关于支持新能源公交车推广应用的通知（财建〔2019〕213号）	财政部	享受补贴政策的新能源公交车的技术指标与补贴标准，参照《关于进一步完善新能源汽车推广应用财政补贴政策的通知》执行；同时，地方可继续对购置新能源公交车给予补贴支持	2019年5月8日	新能源汽车
12	关于印发《交通运输新业态用户资金管理办法（试行）》的通知	交通运输部等六部门	针对网络预约出租汽车、汽车分时租赁和互联网租赁自行车等运营企业责任意识不强、用户资金管理要求未能落实等问题，从用户资金收取、开立专用存款账户存管，以及建立联合工作机制强化监管等方面作出具体规定，从源头防范用户资金风险、加强用户权益保障	2019年5月16日	交通运输

续表

序号	政策名称	发布部门	内容要点	发布/实施时间	分类
13	关于车辆购置税有关具体政策的公告	财政部、税务总局	明确了不属于应税车辆的范围、车辆购置税的纳税义务发生时间、应纳税额的具体计算方式	2019 年 5 月 24 日	财税政策
14	关于征求《报废机动车回收拆解企业技术规范》国家标准意见的通知	商务部	为规范报废机动车回收拆解企业经营行为,保障道路交通安全,防止环境污染,提高资源利用效率,提升报废机动车回收拆解行业技术水平,制定本标准,拟代替GB22128—2008《报废汽车回收拆解企业技术规范》	2019 年 5 月 24 日	回收利用
15	关于《报废机动车回收管理办法实施细则(征求意见稿)》公开征求意见的通知	商务部	为《报废机动车回收管理办法》的实施细则征求意见,旨在规范报废机动车回收拆解活动,加强报废机动车回收拆解行业管理,从资质认定与管理、拆解、回收行为规范、监督管理、法律责任等方面进行了规定	2019 年 5 月 31 日	回收利用
16	绿色出行行动计划(2019～2022 年)	交通运输部、中宣部、发改委、工信部、公安部、财政部、环境部、住建部、市场监管总局、国管局、中国工会、中国铁路	推进绿色车辆规模化应用,加快充电基础设施建设,加大对充电基础设施的补贴力度,将新能源汽车购置补贴资金逐步转向充电基础设施建设及运营环节	2019 年 5 月 31 日	节能环保
17	道路机动车辆生产企业及产品准入管理办法	工信部	简化汽车产品品类的划分,鼓励"代工"生产模式,对车企的准入条件增设了"豁免"特权,鼓励车企采用新技术、新工艺、新材料	2019 年 6 月 1 日	准入管理

续表

序号	政策名称	发布部门	内容要点	发布/实施时间	分类
18	报废机动车回收管理办法	国务院	取消了报废机动车回收行业限制,降低了行业门槛;发动机、方向机、变速器、前后桥、车架"五大总成"再制造解禁;对报废汽车拆解工作进行了规范	2019年6月1日	回收利用
19	推动重点消费品更新升级畅通资源循环利用实施方案(2019～2020年)	发改委、环境部、商务部	提出各地不得对新能源汽车实行限行、限购,已实行的应当取消;鼓励地方对无车家庭购置首辆家用新能源汽车给予支持;鼓励有条件的地方在停车费等方面给予新能源汽车优惠,探索设立零排放区试点	2019年6月3日	其他
20	市场监管总局关于2018年全国汽车安全与召回状况的通告(2019年第16号)	市场监管总局	总结了2018年汽车产业质量安全状况和产品召回情况,提出要继续推进汽车召回制度建设,完善召回监管体系,夯实技术支撑能力,加强汽车安全政策研究,加大汽车召回宣传力度	2019年6月3日	其他
21	国家税务总局关于车辆购置税征收管理有关事项的公告	国家税务总局	明确了车购税"一车一申报"制度,纳税义务发生时间,申报地点,申报纳税、退税申报所附资料,计税价格核定,完税信息更正,过渡期安排等事项,最大限度方便广大纳税人	2019年6月21日	财税政策
22	交通运输部关于修改《道路运输车辆技术管理规定》的决定	交通运输部	结合机动车维修经营许可审批制度已经取消,将第十八条中的"资质"修改为"条件";明确对于从事普通货运经营的总质量4500千克及以下普通货运车辆,不适用本规定	2019年6月21日	交通运输
23	交通运输部关于修改《机动车维修管理规定》的决定	交通运输部	推进机动车维修经营许可改为备案制管理,并具体规定、细化和规范有关机动车维修经营备案管理的具体程序、做法、要求	2019年6月21日	其他

序号	政策名称	发布部门	内容要点	发布/实施时间	分类
24	中华人民共和国车辆购置税法	全国人大	调整税收范围,取消最低计税价格限制,取消纸质完税证明,增加和调整部分免税事项	2019年7月1日	财税政策
25	关于继续执行的车辆购置税优惠政策的公告	财政部、税务总局	对回国服务的在外留学人员购买车辆、挂车购置、北京2022年冬奥会和冬残奥会组委会购车等特殊项目的购置税进行了规定和说明	2019年7月1日	财税政策
26	关于修改《机动车维修管理规定》的决定(中华人民共和国交通运输部令2019年第20号)	交通运输部	删除了关于机动车维修经营许可的全部内容;建立了关于机动车维修经营备案的制度体系;依法调整优化了有关事中事后监管措施	2019年7月8日	其他
27	关于征求《污染源源强核算技术指南 陶瓷制品制造(征求意见稿)》《污染源源强核算技术指南 汽车制造(征求意见稿)》等两项标准意见的函	环境部	规定了汽车制造废气、废水、噪声、固体废物污染源源强核算的基本原则、内容、核算方法及要求	2019年7月17日	节能环保
28	关于开展2018年及以前年度新能源汽车推广应用补助资金清算的通知(财办建〔2019〕87号)	财政部、工信部、科技部、发改委	对2016～2018年度销售上牌、此前未获得中央财政补助的车辆,开展补助资金清算	2019年7月26日	新能源汽车
29	国务院办公厅关于加快发展流通促进商业消费的意见	国务院办公厅	实施汽车限购的地区要结合实际情况,探索推行逐步放宽或取消限购的具体措施。有条件的地方对购置新能源汽车给予积极支持。促进二手车流通,进一步落实全面取消二手车限迁政策,大气污染防治重点区域应允许符合在用车排放标准的二手车在本省(市)内交易流通	2019年8月16日	其他

续表

序号	政策名称	发布部门	内容要点	发布/实施时间	分类
30	关于对原产于美国的汽车及零部件恢复加征关税的公告（税委会公告〔2019〕5号）	国务院关税税则委员会	自2019年12月15日12时01分起,对原产于美国的汽车及零部件恢复加征关税	2019年8月23日	进出口业务
31	关于进一步促进汽车平行进口发展的意见	商务部、工信部、公安部、生态环境部、交通运输部、海关总署、市场监管总局	允许探索设立平行进口汽车标准符合性整改场所,推进汽车平行进口工作常态化制度化,进一步提高汽车平行进口贸易便利化水平	2019年8月30日	进出口业务
32	公开征求对《道路机动车辆生产企业及产品准入新技术、新工艺、新材料应用评估程序》《道路机动车辆生产企业集团化试点管理实施细则》《道路机动车辆产品系族管理实施细则》（征求意见稿）的意见	工信部	对道路机动车辆申请准入豁免的流程、提交材料等进行了规定;推行道路机动车辆产品系族化管理,简化车辆产品准入,减轻企业负担	2019年9月1日	准入管理
33	关于进一步规范新能源汽车事故报告的补充通知	市场监管总局	强化新能源汽车产品安全召回监管,进一步规范新能源汽车事故报告制度	2019年10月8日	其他
34	关于印发制造业设计能力提升专项行动计划（2019～2022年）的通知	工信部、发改委等十三部门	争取用4年左右的时间,推动制造业短板领域设计问题有效改善,工业设计基础研究体系逐步完备,公共服务能力大幅提升,人才培养模式创新发展。在高档数控机床、工业机器人、汽车、电力装备、石化装备、重型机械等行业,以及节能环保、人工智能等领域实现原创设计突破	2019年10月11日	其他

续表

序号	政策名称	发布部门	内容要点	发布/实施时间	分类
35	关于对进口汽车零部件产品推广实施采信便利化措施的公告(海关总署公告2019年第157号)	海关总署	对涉及CCC认证的部分进口汽车零部件产品(见附件),海关在检验时采信认证认可部门认可的认证机构出具的认证证书,原则上不再实施抽样送检	2019年10月16日	进出口业务
36	关于进一步规范进口机动车环保项目检验的公告(海关总署公告2019年第168号)	海关总署	各地海关按照相关国标要求,实施进口机动车环保项目外观检验、车载诊断系统检查,并按不低于同车型进口数量1%的比例实施排气污染物检测	2019年10月28日	进出口业务
37	关于加快推进二手车出口工作有关事项的通知	商务部、公安部、海关总署	简化出口二手车转移登记手续、二手车出口许可证由"一车一证"改为"一批一证"、二手车出口适用全国通关一体化模式,企业可自主选择出口报关地和出境口岸	2019年10月28日	进出口业务
38	关于印发《绿色生活创建行动总体方案》的通知	发改委	推动交通基础设施绿色化,推广节能和新能源车辆,到2022年,力争60%以上的创建城市绿色出行比例达到70%以上,绿色出行服务满意率不低于80%	2019年10月29日	节能环保
39	发展改革委修订发布《产业结构调整指导目录(2019年本)》(中华人民共和国国家发展和改革委员会令第29号)	发改委	鼓励汽车关键零部件、轻量化材料应用、新能源汽车关键零部件、车载充电机、汽车电子控制系统,以及智能汽车、新能源汽车及关键零部件、高效车用内燃机研发能力建设。鼓励废旧汽车、工程机械等废旧机电产品及零部件再利用、再制造;区域性废旧汽车等资源循环利用基地建设	2019年10月30日	其他

续表

序号	政策名称	发布部门	内容要点	发布/实施时间	分类
40	新能源汽车动力蓄电池回收服务网点建设和运营指南公告（工信部公告2019年第46号）	工信部	对动力电池回收服务网点选址、布局、场地、设施、安全管理、环保等提出要求，以及包装、贮存、运输等细节进行了规定	2019年11月7日	新能源汽车
41	关于推动先进制造业和现代服务业深度融合发展的实施意见（发改产业〔2019〕1762号）	发改委、工信部、中央网信办等15部门	加快汽车由传统出行工具向智能移动空间升级。推动汽车智能化发展，加快构建产业生态体系。加强车况、出行、充放电等数据挖掘应用，为汽车制造、城市建设、电网改造等提供支撑。加快充电设施建设布局，鼓励有条件的地方和领域探索发展换电和电池租赁服务，建立动力电池回收利用管理体系。规范发展汽车租赁、改装、二手车交易、维修保养等后市场	2019年11月10日	智能网联汽车
42	公开征求对《国家车联网产业标准体系建设指南（车辆智能管理）》的意见	工信部	以推动车联网技术在公安交通管理领域应用、保障车联网智能网联汽车运行安全为核心，提出了构建包括智能网联汽车登记管理、身份认证与安全、道路运行管理、车路协同管控与服务等方面标准在内的标准体系，列出了标准明细	2019年11月21日	智能网联汽车
43	关于《机动车零部件再制造管理暂行办法（征求意见稿）》公开征求意见的公告	发改委	详细规定了再制造企业应具备的基本条件、明确了企业要构建合理的逆向物流体系及旧件回收网络，强调对收购的报废汽车五大总成进行溯源管理、明确了再制造市场及其监管管理，县级以上地方市场监管部门肩负了重要的监管职责	2019年12月2日	回收利用

续表

序号	政策名称	发布部门	内容要点	发布/实施时间	分类
44	对《新能源汽车产业发展规划(2021~2035年)》(征求意见稿)公开征求意见	工信部	到2035年,中国新能源汽车核心技术达到国际领先水平,质量品牌具备较强国际竞争力,中国进入世界汽车强国行列。纯电动汽车成为主流,燃料电池汽车实现商业化应用,公共领域用车全面电动化,高度自动驾驶智能网联汽车趋于普及,有效促进节能减排水平和社会运行效率提升	2019年12月3日	新能源汽车
45	《新能源汽车废旧动力蓄电池综合利用行业规范条件(2019年本)》《新能源汽车废旧动力蓄电池综合利用行业规范公告管理暂行办法(2019年本)》公告(工信部公告2019年第59号)	工信部	加强新能源汽车废旧动力蓄电池综合利用行业管理,规范行业发展,推动废旧动力蓄电池资源化、规模化、高值化利用	2019年12月16日	新能源汽车
46	关于批准发布《汽车及挂车外部照明和光信号装置的安装规定》等21项国家标准的公告	市场监管总局、国家标准化管理委员会	发布包括《报废机动车回收拆解企业技术规范》《汽车及挂车外部照明和光信号装置的安装规定》在内的国家标准	2019年12月17日	其他
47	关于推广实施进口汽车零部件产品检验监管便利化措施的公告(海关总署公告2019年第219号)	海关总署	决定在北京、天津、上海、重庆、广州、深圳、杭州和宁波推广实施进口汽车零部件产品(见附件)检验监管便利化措施	2019年12月27日	进出口业务

续表

序号	政策名称	发布部门	内容要点	发布/实施时间	分类
48	关于公布2020年度符合申请汽车、摩托车、非公路用两轮摩托车及全地形车出口许可证条件企业名单的公告（商务部工业和信息化部海关总署市场监管总局公告2019年第67号）	商务部、工信部、海关总署、市场监管总局	审核确定了2020年度符合申领汽车和摩托车产品出口许可证条件的企业名单，并予以公布	2019年12月31日	进出口业务
49	关于印发《智能汽车创新发展战略》的通知（发改产业〔2020〕202号）	发改委、中央网信办、科技部、工信部、公安部、财政部、自然资源部、住建部、交通运输部、商务部、市场监管总局	提出到2025年，中国标准智能汽车的技术创新、产业生态、基础设施、法规标准、产品监管和网络安全体系基本形成。同时，实现有条件自动驾驶的智能汽车达到规模化生产，实现高度自动驾驶的智能汽车在特定环境下市场化应用	2020年2月10日	智能网联汽车
50	市场监管总局关于2019年全国汽车和消费品召回情况的通告（2020年第6号）	市场监管总局	总结了2019年汽车产业质量安全状况和产品召回情况，提出要继续健全制度，完善机制，提升评估和调查能力，加强对新技术新业态的研究，促进产业持续稳定健康发展	2020年3月20日	其他
51	关于印发《国家车联网产业标准体系建设指南（车辆智能管理）》的通知（工信部联科〔2020〕61号）	工信部、公安部、国家标准化管理委员会	分阶段建立车辆智能管理标准体系。到2025年，系统形成能够支撑车联网环境下车辆智能管理的标准体系，制修订道路交通运行管理、车路协同管	2020年4月15日	智能网联汽车

续表

序号	政策名称	发布部门	内容要点	发布/实施时间	分类
52	认监委关于发布汽车强制性产品认证实施规则的公告（公告〔2020〕8号）	市场监管总局（认监委）	便捷认证实施和结果采信，降低汽车行业制度性交易成本；厘清各方质量责任边界，保障汽车产品质量安全；对新材料新技术包容审慎，设立绿色通道鼓励技术创新；深化管理制度衔接，提升CCC认证制度友好性；推动认证制度国际接轨，支持汽车产业"走出去"	2020年4月16日	其他
53	关于新能源汽车免征车辆购置税有关政策的公告（财政部 税务总局 工业和信息化部公告2020年第21号）	财政部、税务局、工信部	自2021年1月1日至2022年12月31日，对购置的新能源汽车免征车辆购置税，明确了车型范围、审核流程、责任划分等	2020年4月16日	新能源汽车
54	关于征求国家环境保护标准《重型车远程排放监控技术规范（征求意见稿）》意见的函	生态环境部	为防治装用压燃式及气体燃料点燃式发动机的汽车排气对环境的污染，规范车辆远程排放监控的平台技术要求、车载终端技术要求、通讯协议及数据格式等	2020年4月17日	节能环保
55	市场监管总局关于汽车用制动器衬片产品由生产许可转为强制性产品认证管理实施要求的公告（2020年第19号）	市场监管总局	对汽车用制动器衬片产品由生产许可转为强制性认证（CCC认证）管理。对申请流程、衔接过程等做出了规定	2020年4月17日	其他
56	关于完善新能源汽车推广应用财政补贴政策的通知（财建〔2020〕86号）	财政部、工信部、科技部、发改委	将原定2020年底到期的补贴政策合理延长到2022年底，平缓补贴退坡力度和节奏。适当优化技术门槛，设置清算门槛，加速落后产能退出，提高产业集中度。实施差异化补贴，提高政策精准度。完善配套政策，落实相关方责任，强化资金监管	2020年4月23日	新能源汽车

续表

序号	政策名称	发布部门	内容要点	发布/实施时间	分类
57	关于充分发挥全国道路货运车辆公共监管与服务平台作用支撑行业高质量发展的意见	交通运输部	进一步发挥货运平台在促进道路货运行业转型升级高质量发展中的作用,全面提升行业数字化服务和安全监管能力,推进行业治理体系和治理能力现代化	2020年4月26日	交通运输
58	关于稳定和扩大汽车消费若干措施的通知(发改产业〔2020〕684号)	发改委、科技部、工信部、公安部、财政部、生态环境部、交通运输部、商务部、人民银行、税务总局、银保监会	调整国六排放标准实施有关要求;完善新能源汽车购置相关财税支持政策;加快淘汰报废老旧柴油货车;畅通二手车流通交易;用好汽车消费金融	2020年4月28日	其他
59	关于调整轻型汽车国六排放标准实施有关要求的公告	生态环境部、工信部、商务部、海关总署	自2020年7月1日起,全国范围实施轻型汽车国六排放标准,禁止生产国五排放标准轻型汽车,进口轻型汽车应符合国六排放标准	2020年5月13日	其他
60	关于征求国家环境保护标准《汽车工业污染防治可行技术指南(征求意见稿)》意见的函	生态环境部	提出了汽车工业废气、废水、固体废物和噪声污染防治可行技术,可作为汽车工业企业或生产设施建设项目环境影响评价、国家污染物排放标准制修订、排污许可管理和污染防治技术选择的参考	2020年6月17日	节能环保

续表

序号	政策名称	发布部门	内容要点	发布/实施时间	分类
61	关于修改《乘用车企业平均燃料消耗量与新能源汽车积分并行管理办法》的决定(中华人民共和国工业和信息化部 财政部 商务部 海关总署 国家市场监督管理总局令第53号)	工信部、财政部、商务部、海关总署、市场监管总局	明确了2020~2023年新能源汽车积分比例要求,分别为14%、16%、18%;同续航里程,积分下降超一半;增加积分结转方式减少正积分供给;增加引导传统能源乘用车节能措施;关联企业认定范围变大	2020年6月22日	节能环保
62	关于建立实施汽车排放检验与维护制度的通知	生态环境部、交通运输部、市场监管总局	充分认识建立汽车排放检验与维护制度的重要意义、落实汽车排放检验和汽车排放性能维护修理主体责任、实施汽车排放检验、维护和违法处罚联动管理、强化汽车排放检验与维护的监督管理	2020年6月22日	节能环保
63	2019年度中国乘用车企业平均燃料消耗量与新能源汽车积分情况公告(中华人民共和国工业和信息化部 商务部 海关总署 市场监管总局公告2020年第31号)	工信部、商务部、海关总署、市场监管总局	对2019年度中国乘用车企业平均燃料消耗量与新能源汽车积分情况进行了公告	2020年6月30日	节能环保

权威报告・一手数据・特色资源

皮书数据库
ANNUAL REPORT(YEARBOOK)
DATABASE

分析解读当下中国发展变迁的高端智库平台

所获荣誉

- 2019年，入围国家新闻出版署数字出版精品遴选推荐计划项目
- 2016年，入选"'十三五'国家重点电子出版物出版规划骨干工程"
- 2015年，荣获"搜索中国正能量 点赞2015""创新中国科技创新奖"
- 2013年，荣获"中国出版政府奖・网络出版物奖"提名奖
- 连续多年荣获中国数字出版博览会"数字出版・优秀品牌"奖

成为会员

通过网址www.pishu.com.cn访问皮书数据库网站或下载皮书数据库APP，进行手机号码验证或邮箱验证即可成为皮书数据库会员。

会员福利

- 已注册用户购书后可免费获赠100元皮书数据库充值卡。刮开充值卡涂层获取充值密码，登录并进入"会员中心"—"在线充值"—"充值卡充值"，充值成功即可购买和查看数据库内容。
- 会员福利最终解释权归社会科学文献出版社所有。

数据库服务热线：400-008-6695
数据库服务QQ：2475522410
数据库服务邮箱：database@ssap.cn
图书销售热线：010-59367070/7028
图书服务QQ：1265056568
图书服务邮箱：duzhe@ssap.cn

社会科学文献出版社 皮书系列
SOCIAL SCIENCES ACADEMIC PRESS (CHINA)
卡号：864729995349
密码：

S 基本子库
SUB DATABASE

中国社会发展数据库（下设 12 个子库）

整合国内外中国社会发展研究成果，汇聚独家统计数据、深度分析报告，涉及社会、人口、政治、教育、法律等 12 个领域，为了解中国社会发展动态、跟踪社会核心热点、分析社会发展趋势提供一站式资源搜索和数据服务。

中国经济发展数据库（下设 12 个子库）

围绕国内外中国经济发展主题研究报告、学术资讯、基础数据等资料构建，内容涵盖宏观经济、农业经济、工业经济、产业经济等 12 个重点经济领域，为实时掌控经济运行态势、把握经济发展规律、洞察经济形势、进行经济决策提供参考和依据。

中国行业发展数据库（下设 17 个子库）

以中国国民经济行业分类为依据，覆盖金融业、旅游、医疗卫生、交通运输、能源矿产等 100 多个行业，跟踪分析国民经济相关行业市场运行状况和政策导向，汇集行业发展前沿资讯，为投资、从业及各种经济决策提供理论基础和实践指导。

中国区域发展数据库（下设 6 个子库）

对中国特定区域内的经济、社会、文化等领域现状与发展情况进行深度分析和预测，研究层级至县及县以下行政区，涉及地区、区域经济体、城市、农村等不同维度，为地方经济社会宏观态势研究、发展经验研究、案例分析提供数据服务。

中国文化传媒数据库（下设 18 个子库）

汇聚文化传媒领域专家观点、热点资讯，梳理国内外中国文化发展相关学术研究成果、一手统计数据，涵盖文化产业、新闻传播、电影娱乐、文学艺术、群众文化等 18 个重点研究领域。为文化传媒研究提供相关数据、研究报告和综合分析服务。

世界经济与国际关系数据库（下设 6 个子库）

立足"皮书系列"世界经济、国际关系相关学术资源，整合世界经济、国际政治、世界文化与科技、全球性问题、国际组织与国际法、区域研究 6 大领域研究成果，为世界经济与国际关系研究提供全方位数据分析，为决策和形势研判提供参考。

法律声明

　　"皮书系列"（含蓝皮书、绿皮书、黄皮书）之品牌由社会科学文献出版社最早使用并持续至今，现已被中国图书市场所熟知。"皮书系列"的相关商标已在中华人民共和国国家工商行政管理总局商标局注册，如LOGO（ ▉ ）、皮书、Pishu、经济蓝皮书、社会蓝皮书等。"皮书系列"图书的注册商标专用权及封面设计、版式设计的著作权均为社会科学文献出版社所有。未经社会科学文献出版社书面授权许可，任何使用与"皮书系列"图书注册商标、封面设计、版式设计相同或者近似的文字、图形或其组合的行为均系侵权行为。

　　经作者授权，本书的专有出版权及信息网络传播权等为社会科学文献出版社享有。未经社会科学文献出版社书面授权许可，任何就本书内容的复制、发行或以数字形式进行网络传播的行为均系侵权行为。

　　社会科学文献出版社将通过法律途径追究上述侵权行为的法律责任，维护自身合法权益。

　　欢迎社会各界人士对侵犯社会科学文献出版社上述权利的侵权行为进行举报。电话：010-59367121，电子邮箱：fawubu@ssap.cn。

社会科学文献出版社